Yvonne Liebing

ALL YOU NEED IS BEAT

Jugendsubkultur in Leipzig 1957–1968

Herausgegeben von
Uwe Schwabe und Rainer Eckert
im Auftrag des
Archivs Bürgerbewegung Leipzig e.V.

FORUM VERLAG LEIPZIG

Mein besonderer Dank gilt allen Leipzigern, die Zeit fanden, ihre Erinnerungen an die 50er und 60er Jahre in der DDR mit mir zu teilen. Ohne ihre Bereitschaft wäre das Buch in dieser Form nicht zustande gekommen. Das gilt auch für die zahlreichen Kollegen in den Archiven der Bundesbeauftragten für die Unterlagen des Staatssicherheitsdienstes der ehemaligen Deutschen Demokratischen Republik, Außenstelle Leipzig, dem Sächsischen Staatsarchiv in Leipzig, dem Zeitgeschichtlichen Forum Leipzig, dem Deutschen Kleingärtnermuseum in Leipzig, der Deutschen Fotothek in Dresden, der Polizeihistorischen Sammlung beim Polizeipräsidenten in Berlin, dem Bundesarchiv Berlin, dem Deutschen Historischen Museum und dem Deutschen Rundfunkarchiv Potsdam. Speziell danke ich dem Archiv Bürgerbewegung Leipzig e.V. Hier wurde die Idee zu diesem umfangreichen Forschungsprojekt geboren und hier erhielt ich während der vergangenen zwei Jahre tatkräftige Unterstützung bei meiner Arbeit. Die Förderung der Stiftung zur Aufarbeitung der SED-Diktatur hat dieses Vorhaben ermöglicht.

Yvonne Liebing

Yvonne Liebing:
All you need is beat: Jugendsubkultur in Leipzig 1957–1968.
hrsg. v. Uwe Schwabe und Rainer Eckert
ISBN 3-931801-55-1

1. Auflage 2005
FORUM VERLAG LEIPZIG
Buch-Gesellschaft mbH

Gesamtgestaltung: Marina Siegemund, Berlin
Druck und Binden: P. P. Evan, Warschau

www.forumverlagleipzig.de

Gedruckt mit freundlicher Unterstützung
der Stiftung zur Aufarbeitung der SED-Diktatur

Inhalt

Begleitwort — 9

Vorwort — 10

»Rowdys beeinträchtigen ein normales Leben« — 13

Sehnsucht im »Grauen Osten« nach den Sternen des »Goldenen Westens« 1956 – 1962 — 17

Das Scheitern der Jugendpolitik im Rahmen einer sozialistischen Nationalkultur — 18
Lipsi statt Presley
Der Versuch der totalen Abschottung

Die Maßnahmen gegen das Rowdytum — 23
»Es lebe die Frontstadt, hoch, hoch, hoch!«
Der Aufbau des Gegners
»Das ganze Auftreten der Rowdys betrachten wir von uns aus als eine direkte Provokation.«
»Heiße Musik und kalter Krieg«

Meuternde Jugendliche erobern die Straßen und Plätze Leipzigs — 32
»Gefährdung durch bürgerliche Denkweise«
»30 Minuten Jazz für die verwahrloste Jugend der Ostzone«
Die Debatte um die »Vogelscheuchen in der Petersstraße«

Zu Hause im wilden Osten: Lichtspieltheater »auf dem Broadway« — 46
»Arbeiterviertel« – »Räuberviertel« – »Blues-Osten«:
Sicht der Zeitzeugen
»Schwerpunktbehandlung« Revier Nordost:
Die Sicht der Sicherheitsorgane

»Brennpunkt Clara-Zetkin-Park« — 50
Treffpunkt der Halbstarken
Kulturpark als sozialistische Erziehungsstätte
Die Anfechtung des SED-Monopols auf öffentlichen Raum

Rock'n'Roll vom »Sender Freies Holzhausen« ... 55
Wunschsong mit Extragruß
Verdacht auf Propaganda

Erfolgreiche Regierungsmaßnahme? ... 59

Die Geschichte der Leipziger »Beatdemonstration« 1963–1965 ... 61

Vertrauen versprechen und Misstrauen bewahren ... 62
»Der Jugend Vertrauen und Verantwortung«
»Zu einigen Fragen der Jugendarbeit und dem
Auftreten der Rowdygruppen«

Beatlemania in der Kontrolllücke ... 66
Die Verwirklichung des ZK-Beschlusses an der Pleiße
Der Mythos um die »Schlacht in der Waldbühne«
Dem Mißbrauch der Jugend keinen Raum
Kein Raum für Gegendarstellungen
Der Aufruf

Die Akte »Beat« ... 75
Die Zentrale Akte »Spieler«
Pfiffe im Jugend-Filmklub

Räumketten auf dem Wilhelm-Leuschner-Platz ... 79
Der Polizei-Großeinsatz am 31. Oktober 1965
Erinnerungen an die Beatdemo
Arbeitserziehung in der Braunkohle
»Nur noch Beat«
Der Abschluss der Akte »Beat«

Gedenken an den »Beat-Aufstand« ... 91
Die »Aktion Tanne«
»Banane« am Filmtheater »Golipa«

Der Kampf gegen das »Gammlertum« in Leipzig 1965–1968   95

Der erneute Sieg der Hardliner   96
Das »Kahlschlag-Plenum«
Die geheimpolizeiliche Bekämpfung der
»politisch-ideologischen Diversion«
»Negative Beat-Gruppen, Gammler und Arbeitsbummelanten«

»Immergrün« und schwarze Scheiben   104
Der Stil der Szene
Szene-Gespräche I: Schwarzhandel auf der Georg-Schwarz-Straße
Szene-Gespräche II: Treffpunkt »Capitol« und der Gänsemarsch
Informelle Kulturorganisation in der Gartenkneipe
Informelle Musikdistribution: der Leipziger Schallplattenring
Rote Gitarren für die Stars
»Sender Freies Paunsdorf«
Die Szene lässt sich nicht verbieten

Inoffizielle Methoden   117
IM-Werbungen in der Szene
Filtrierpunkt für Langhaarige zum »Fest der Freundschaft«

»Time is on my side«   123

Die Etablierung der Leipziger Szene   124

Quellen und Anmerkungen   126
Herausgeber und Autorin   152

Begleitwort

Liebe Beatfreunde,

vor ziemlich genau 40 Jahren, am 31. Oktober 1965, wurde auf dem Leipziger Leuschner-Platz eine friedliche Demonstration gegen das Verbot unserer und einer Reihe weiterer Beatbands mit Polizeihundertschaften gewaltsam beendet. Die »Leipziger Volkszeitung« hatte schon vorher gegen uns Front gemacht und die Stimmung angeheizt. Immer wieder wurde versucht, uns als Gammler, Arbeitsscheue oder gar Kriminelle hinzustellen. So schrieb uns die Abteilung Kultur beim Rat der Stadt Leipzig am 21. Oktober 1965 zur Begründung des Verbots: »Während tausende junge Menschen unserer Stadt in der Volkskunstbewegung Freude, Erholung, Bildung und ästhetische Befriedigung suchen und finden, müssen wir feststellen, dass Ihre Gitarrengruppe der sozialistischen Laienkunst Schaden zufügt. Das Auftreten Ihrer Kapelle steht im Widerspruch zu unseren moralischen und ethischen Prinzipien.«[1]
Zudem wurde uns Steuerhinterziehung vorgeworfen.

Dass diese Vorgehensweise in jeder Hinsicht System hatte und wie sie von langer Hand geplant wurde, können Sie in diesem Buch erfahren. Wir waren entsetzt, mit welchem Aufwand die Unterdrückung der Beatbewegung Mitte der 60er Jahre in der DDR betrieben worden ist. Dank umfassender Recherchen der Autorin in mittlerweile zugänglichen Archiven erfahren Sie und auch wir erstmals alle Hintergründe.

Beim Lesen dieses spannenden Buches haben uns oft die bedrückenden Empfindungen von damals eingeholt. Ironie der Geschichte, dass die Leipziger Montagsdemonstrationen das Gott sei Dank unblutige Ende der DDR-Diktatur herbeigeführt haben.

Nun, über 16 Jahre nach dem Herbst 1989, wollen manche die Ereignisse wie die im Herbst 1965 vergessen, verharmlosen oder verdrängen. Das Buch »All you need is beat« ist auch deshalb so wertvoll, weil es diesen Tendenzen widersteht. Dafür sagen wir der Autorin Yvonne Liebing, dem Archiv Bürgerbewegung Leipzig und nicht zuletzt dem Verlag herzlichen Dank.

Klaus Renft & Hans-Dieter Schmidt
Leipzig, Oktober 2005

---

1 Rat der Stadt Leipzig, Abteilung Kultur, An den Leiter der Kapelle »The Butlers« Herrn Klaus Jentzsch, Die Abteilung Kultur beim Rat der Stadt Leipzig spricht hiermit Ihnen und den Mitgliedern der Kapelle »The Butlers« ein unbefristetes Spielverbot aus, 21.10.1965, Archiv Klaus Jentzsch, Berlin.

Vorwort

Fünfzehn Jahre nach der friedlichen Revolution und der durch ihren Sieg ermöglichten deutschen Wiedervereinigung sind Opposition, Widerstand und Repression in der zweiten deutschen Diktatur zwar gut erforscht, im kollektiven Bewusstsein der Deutschen jedoch nur wenig präsent. Das liegt sicher zuerst darin begründet, dass die Nation schwerwiegende Probleme zu meistern hat. Die Palette dieser Schwierigkeiten ist breit gefächert, sie reicht von der unerträglichen Massenarbeitslosigkeit bis zu immer weiter klaffenden Lücken in der Finanzierung der sozialen Sicherungssysteme. Gerade in einer solchen Situation kann ein Blick in die Geschichte, auf die Probleme, die etwa nach dem Zweiten Weltkrieg zu meistern waren, oder auf die sich auch unter schwersten Bedingungen immer wieder behauptende Zivilcourage deutscher Bürger hilfreich und notwendig sein.

Bisher speist sich das Geschichtsbewusstsein der Bundesrepublik weitgehend aus einem schrecklichen Erbe, der deutschen Verantwortung für Völkermord, Aggressionskriege und menschenverachtende Ideologie während der Herrschaft des Nationalsozialismus. Dagegen ist das Bewusstsein für deutsche Freiheitstraditionen gering ausgeprägt. Beim Ringen um neue Selbstgewissheit sollte sich dies ändern; auch Deutsche kämpfter gegen Unterdrückung, Fremdherrschaft, Ungerechtigkeit und Unfreiheit. Diese Tradition lässt sich bis ins Mittelalter zurückverfolgen. Sie ist verbunden mit den antinapoleonischen Befreiungskriegen, mit den Revolutionen von 1848/49 und 1918, aber in erster Linie mit dem Kampf gegen das nationalsozialistische Gewaltsystem. Dazu kommt der Anteil der Ostdeutschen am Widerstand gegen die totalitäre Herrschaft der deutschen Kommunisten. Zuerst gehören hier die in ihren Ansätzen stecken gebliebene Revolution von 1953 und die siegreiche friedliche Revolution von 1989/90 ins öffentliche Bewusstsein. Aber auch andere Aktionen von Opposition und Widerstand in der Sowjetischen Besatzungszone und in der DDR zählen zum Kernbestand demokratischer Traditionen in Deutschland.

Nach 15 Jahren intensiver Arbeit ist der Forschungsstand zum politischen Widerstand unter kommunistischer Herrschaft in Ostdeutschland überraschend positiv. Dennoch ist über das Widerstehen im subkulturellen Milieu noch immer zu wenig bekannt. Das liegt vielleicht auch daran, dass unter demokratischen Bedingungen »normale« Formen des Abweichens vom Mainstream der Meinungen alltäglich sind und von der Öffentlichkeit zumindest partiell als positiv bewertet werden. Dagegen verlangen in der Diktatur auch kleine Befehlsverweigerungen Mut und sind mit Gefährdungen verbunden. Dazu gehörte in der DDR etwa, der kommunistischen Jugendorganisationen FDJ nicht beizutreten, die Staatsfahne an Feiertagen nicht zu hissen oder einer aufmüpfigen Jugendsubkultur anzugehören.

In der zweiten Hälfte der 50er Jahre nahmen die staatlichen Sicherheitsorgane den Tatbestand »Rowdytum« in ihre Register auf, weil ihnen das subkulturelle Treiben von jugendlichen Rock 'n' Roll-Fans zunehmend suspekt erschien. In den 60er Jahren entwickelte sich schließlich die mit dem Beat verbundene Jugendkultur in der DDR zu einem Problem für die Staatspartei und die Organe der Staatsmacht. Die Anhänger beider Jugendkulturen brachen durch Kleidung, Haarlänge und Gestus aus dem vorgegebenen Konform-Gehäuse aus. Sie hatten eigene Rituale und Treffpunkte. Insbesondere Ende der 60er Jahre trampten an den Wochenenden Tausende Beat-Jugendliche durch die DDR oder im Sommer nach Bulgarien, besuchten die »angesagten« Feste und trafen sich in den DDR-weit bekannten »Beatschuppen«. Beatniks und Tramper kannten einander, verehrten die gleichen Bands und folgten ihnen zu Konzerten bis in Kleinstädte und Dörfer. Dies alles war eine Form des Protests gegen die durch Mauer und Stacheldraht, durch Geheimpolizei und staatliche Jugendpolitik eingeengten Lebensverhältnisse.

Aber das war nicht alles. Mit der abweichenden und daher verfolgten Lebensweise war das Gefühl verbunden, anders als die graue Mehrheit in der Diktatur zu sein. Außerdem machte das Widerstehen gegen die »etablierten Alten« und das ausschweifende Feiern auf den unzähligen Fêten und Partys einfach auch viel Spaß. Viele Jugendliche träumten zwar einerseits von den Freiheiten des Westens und versuchten immer wieder, aus der DDR zu entkommen, schufen sich aber andererseits eigene Freiräume und Lebensbereiche. Schließlich war es abenteuerlich, mit der Geheimpolizei im Nacken durch die DDR zu trampen, sich mit Gleichgesinnten auf der Budapester Margareteninsel zu treffen oder sich auf den Weg zu einem Konzert in Soppot zu machen. Mit allem war eine Sehnsucht nach Freiheit verbunden, die westdeutsche Jugendliche auf der organisierten Klassenfahrt nach Paris oder dem Urlaub in der Toskana so sicher nicht spürten. Opposition brachte in der zweiten deutschen Diktatur auch ein Lebensgefühl und eine Gemeinschaft hervor, nach denen sich heute viele zurücksehnen.

Leipzig war während der gesamten kommunistischen Diktatur ein Zentrum widerständigen Verhaltens. Dazu gehörten der studentische Widerstand an der Universität, das unabhängige Denken der Jungen Gemeinden, der Aufstand am 17. Juni 1953, die Bürgerrechtsgruppen in den 80er Jahren, die Friedensgebete und die Demonstranten der friedlichen Revolution. Begleitet wurde dies von den Versuchen unangepasster junger Menschen, sich unabhängige Lebensräume zu schaffen, die eigene Musik zu hören und ihr Recht in Anspruch zu nehmen, »Ich« zu sagen. Einen dieser Versuche unternahmen mehrere hundert Jugendliche, als sie sich am 31. Oktober 1965 in der Leipziger Innenstadt versammelten, um gegen das Verbot »ihrer« Bands zu protestieren. Die Staatsmacht reagierte brutal, sie knüppelte die Demonstranten auseinander, nahm Jugendliche fest und ließ sie zu Haftstrafen oder Zwangsarbeit verurteilen.

Die Leipziger Vorgänge des Jahres 1965 gehörten bislang zu den Protestaktionen, über die nur wenige gesicherte Kenntnisse vorlagen. Diese Lücke hat Yvonne Liebing in beeindruckender Weise geschlossen. Es gelingt ihr nicht nur, die Vorgänge um die Beatdemonstration von 1965 aufzuklären, sondern sie schildert auch das Scheitern der SED-Jugendpolitik als Teil einer »sozialistischen Nationalkultur«, die Maßnahmen der Staatsmacht gegen »Rowdys« und »Gammler« sowie das Treiben der Jugendcliquen. Hier wird das subkulturelle Leben im Leipziger Clara-Zetkin-Park, vor dem Kino »Capitol« und in

Tanzsälen wieder lebendig. Die »Beatlemania« war mit dem starren Herrschaftssystem des Staatssozialismus unvereinbar, denn »Gammler« verabscheuten nun einmal den staatlichen Jugendverband, und schließlich blieb der SED-Führung nichts anderes übrig, als den DDR-Beat zu fördern. Dessen Aufstieg war letztlich ein Sieg über die Tugendwächter der Staatspartei, wenngleich diese immer wieder versuchten, die Beatmusik zur Systemstabilisierung zu missbrauchen. Für die Fans in der DDR hieß es »Time is on my side«: Es änderte sich erst nach der deutschen Wiedervereinigung – doch ist dies bereits ein anderes Kapitel.

Unsere Kenntnisse über widerständiges Verhalten und oppositionelle Jugendsubkulturen werden durch die vorliegende Arbeit reichhaltiger und farbiger. Hier gilt es in Zukunft anzuknüpfen; gerade bei der Sicht auf das Alltagsleben in der Diktatur und den Anteil von Rock und Beat daran wird noch vieles, bisher unter dem grauen Mantel der Diktatur Verborgenes zu finden sein.

Rainer Eckert

»Rowdys beeinträchtigen ein normales Leben«

Im Herbst 1989 suchte der DDR-Staatsratsvorsitzende Erich Honecker nach einer passenden Bezeichnung für die meuternde Masse. Es fiel ihm das Wort »Rowdys« ein. Als im SED-Bezirksorgan »Leipziger Volkszeitung« zu lesen war »Rowdys beeinträchtigten ein normales Leben«, riefen die friedlichen Demonstranten am darauf folgenden Montag auf dem Leipziger Ring zuerst: »Wir sind keine Rowdys.«[1] Der Begriff hatte eine lange Tradition in der Geschichte der SED-Diktatur.

Die Wurzel des Übels lag in einem musikalischen Phänomen, das Systemgrenzen sprengte: dem Rock 'n' Roll. Für dessen »abnorme« Fangemeinden in der DDR führte die SED-Justiz Mitte der 50er Jahre den Tatbestand »Rowdytum« ein. Analog verfuhren die staatlichen Ordnungshüter mit den Anhängern der zweiten internationalen Musikwelle, des Beat. Dessen identitätsstiftende Wirkung unter Teenagern und Twens der 60er war auch mit dem »Kahlschlag-Plenum« des Zentralkomitees der Sozialistischen Einheitspartei (ZK der SED) nicht einzudämmen. Wie sich diese beiden Jugendsubkulturen in Leipzig bildeten, was sie zusammenhielt, was sie begeisterte und was sie zum Protest trieb, wird hier ausführlich berichtet.

In den 50er Jahren und bis in die 60er hinein bezeichneten sich jugendliche Straßencliquen in Leipzig als »Meuten«. Anhänger der Rock 'n' Roll- und Halbstarken-, später auch der Beatszene waren in der Öffentlichkeit meist in Cliquen an bestimmten Plätzen und Parkanlagen der Stadt anzutreffen, wo sie nach Möglichkeit laut Kofferradio hörten.[4] Mit dieser Form der Vereinnahmung öffentlicher Räume schufen sie sich ein eigenes Umfeld in Abgrenzung zur Agitprop-Kultur des Staatssozialismus. Allein dies war ein Verstoß gegen staatliche Formierungsansprüche. Der sozialistischen Gesellschaft, die Arbeitswelt wie Privatleben nach dem Willen der Partei unter dem Verdikt des allumfassenden sozialistischen Menschenbildes geregelt sehen wollte, brachten die Jugendlichen eine hedonistische Haltung entgegen. Mit der Verweigerung gegenüber der restriktiven Freizeitgestaltung stellten sie das Gegenbild zum strebsamen und stets bereiten FDJ-ler dar. Grund genug für Gegenmaßnahmen der Staatsorgane. Das Zitat aus dem Halbstarken-DEFA-Kultfilm »Berlin – Ecke Schönhauser« sowie der Auszug aus dem ZK-Jugend-Beschluss von 1956 belegen, dass Halbstarke von der SED nicht nur als »Eckensteher« sondern auch als »Abseitsstehende« disqualifiziert wurden. Ähnlich erging es den Beatfans zehn Jahre später, als Hartmut König im Chor mit dem »Oktoberklub« beschwörend sang »Sag mir, wo Du stehst!«[5]

Während die Halbstarken durch Elvis-Tollen und Entenstietze à la Bill Haley den örtlichen Organen aufgefallen waren, machte der Pilzkopf oder die »wilde Mähne« im Stil von Mick Jagger auf den ausgemachten Beatfan aufmerksam und misstrauisch. Überdies ließ eine DDR-Jugendmode bis Ende der 60er Jahre auf sich warten, und so waren trendige

Kleidungsstücke und Accessoires westlicher Herkunft besonders gefragt, sie verhalfen ihren Trägern in der Szene zu einem Sonderstatus.

Auf Grund ihres auffällig »westlichen« Erscheinungsbildes identifizierte die SED die Jugendlichen mit dem »Klassenfeind«. Sie wurden schlicht zum Sicherheitsrisiko erklärt.[6] Die informellen Jugendgruppen der 50er und 60er Jahre sah man als organisierte »Banden« mit kriminellen Absichten. Um der latenten Bedrohung Herr zu werden, bedienten sich die SED-Sicherheitspolitiker der Strategie der gesellschaftlichen Ausgrenzung.

»Warum kann ich nicht leben, wie ich will? Warum habt ihr lauter fertige Vorschriften? Wenn ich an der Ecke stehe, bin ich halbstark. Wenn ich Boogie tanze, bin ich amerikanisch. Und wenn ich das Hemd über der Hose trage, ist es politisch falsch.«[2]

Rock 'n' Roll- und Beat-Jugendliche wurden als »Rowdys« und »Asoziale«, »Gammler« und »Arbeitsbummelanten« diffamiert und somit zu Gegnern der sozialistischen Gesellschaftsordnung erklärt, in deren Mittelpunkt das Leitbild des Arbeiters stand.

Letztlich schlug die Ausgrenzungsstrategie fehl. Die Jugendlichen zeigten sich unnachgiebig, was ihre kulturellen Präferenzen anging. Ihr »westlicher Stil« sollte der Öffentlichkeit ihre Zugehörigkeit zur Musikszene, nicht aber eine politische Haltung signalisieren. Die Ächtung förderte den Zusammenhalt und steigerte die subkulturellen Stilmerkmale zu Symbolen und Ritualen gesellschaftlicher Nonkonformität, vor allem gerichtet gegen einen grauen Alltag. Anstatt sich nach der Beatdemo Ende Oktober 1965 auf den sozialistischen Fortschritt zu besinnen und den »westlichen Kitsch« zu vergessen, beschmutzten die Fans die sauberen sozialistischen Fassaden mit ihrem eigenen Kampfruf. An Leipzigs HO-Konsum-Schaufenster und zentrumsnahe Litfasssäulen schrieben sie mit Farbe: »Nur noch beat«.

Von heute aus gesehen gelangt der Betrachter unschwer zu der Erkenntnis, dass der Konflikt zwischen den Repräsentanten des SED-Staates aller Ebenen und den Anhängern der Jugendsubkulturen auf einer Reihe von Missverständnissen im Sinne von kulturellen Missdeutungen basierte. Die Staatsorgane einerseits und die Jugendlichen andererseits wiesen bestimmten Artikulations- und Verhaltensweisen, Formen der Lebensgestaltung, Gebrauchs- und Kleidungsstücken gänzlich unterschiedliche Bedeutungen zu.

Die Frage nach subkulturellen Jugendgruppen in der DDR kann ohne den Blick hinter die Kulissen des Sicherheitsapparates der Diktatur nicht beantwortet werden. Bedingt durch den politischen Auftrag der Deutschen Volkspolizei (DVP) sowie aller Organe der Staatssicherheit fiel eine Reihe von zeitgenössischen Freizeitbeschäftigungen unter das Verdikt der Staatsgefährdung. Gegen Ende der 50er Jahre entwickelte sich innerhalb der Kriminalpolizei in der DVP das Sachbearbeitungsgebiet »Jugendkriminalität und Rowdytum«, später Arbeitsbereich VII genannt. Grund für diese Strukturerweiterung waren die hohen Raten delinquenter Jugendlicher. Mitte der 60er Jahre betrug deren Anteil an allen ermittelten Straftätern republikweit knapp 50 Prozent.[7]

So basiert das Buch zum Großteil auf einer kritischen Auseinandersetzung mit Aktenmaterial der DVP, insbesondere der Leipziger Bezirksbehörde der Deutschen Volkspolizei

(BDVP), sowie mit Dokumenten der Bezirksverwaltung für Staatssicherheit Leipzig (BVS Leipzig) und des Ministeriums für Staatssicherheit (MfS) im Archiv der Bundesbeauftragten für die Unterlagen der Staatssicherheit in der ehemaligen DDR (BStU).[8] Die »Geschichte von oben« beschreibt und analysiert die Ebene der staatlichen Sicherheitsorgane, wo Entscheidungen getroffen und Maßnahmen vollzogen wurden. Das Bild, das die Aktenschreiber von der Gesellschaft zeichnen, kann nicht mit der Alltagswirklichkeit gleichgesetzt werden. »Mit ihren Berichten, Einschätzungen und Maßnahmeplänen arbeiteten Funktionäre und Inspekteure fortwährend an einer entdifferenzierten und homogenisierten Wirklichkeitskonstruktion, die nur die Übersichtlichkeit des offiziellen Freund-Feind-Schemas zuließ und den vielfältigen Eigen-Sinn sozialer Akteure auslöschte.«, schreibt der Kulturhistoriker Alf Lüdtke.[9]

> »Nicht alle Jugendlichen nehmen bewusst und mit ganzer Energie an der Schaffung der Grundlagen des Sozialismus, an der Stärkung und Festigung der Deutschen Demokratischen Republik teil. Viele Jugendliche lassen sich vom allgemeinen Strom des neuen Lebens mitziehen, ohne daß ihnen die große Sache des Aufbaus des Sozialismus bewußt ist [...] Es gibt Jugendliche, die abseits stehen oder dem Einfluß des Gegners unterliegen.«[3]

Die Staatssicherheit richtete ihre Arbeit als geheimdienstliche und geheimpolizeiliche Organisation primär auf Einzelpersonen aus, solche, die als politisch gefährlich oder gefährdet galten und die daher »aufgeklärt« und »gesichert« wurden, oder Personen, die sie selbst nutzte oder zu nutzen beabsichtigte. Durch die personengebundene Vorgehensweise ist der Zugang zum Aktenfundus erschwert. Schon deshalb kann kein Anspruch auf Vollständigkeit erhoben werden. Der Quellenwert der Unterlagen kann allerdings insofern relativ hoch eingeschätzt werden, da die Tätigkeit der Staatssicherheit den Versuch darstellte, ein Handicap auszugleichen, das allen Diktaturen innewohnt: die Abwesenheit einer echten Öffentlichkeit.[10]

Den DDR-Bürgern stand zur Befriedigung ihrer Informationsbedürfnisse hingegen offiziell nur das monopolistische SED-Mediensystem zur Verfügung. Ein Novum, welches einer Revolution im DDR-Rundfunk gleichkam, war das 1964 eingerichtete Jugendradio »DT 64«. Es konnte zwar die populären »westlichen« Schlagersendungen nicht ersetzen, aber je nach politischer Großwetterlage gab es jugendlichen Musikfans in der SED-Diktatur eine Stimme im Kampf um den modernen Geschmack. Während die Jugendzeitschriften »Forum« und bisweilen die »Junge Welt« liberalere Tendenzen zeigten, veranschaulichten die SED-Organe »Neues Deutschland« (ND) und »Leipziger Volkszeitung« (LVZ) nahezu ausnahmslos die harte konservative Linie des ZK der SED.

Wie fern die sozialistische Medienwelt der Wirklichkeit stand, deuten die Gespräche mit alten Leipzigern an. Es gab auch in der DDR eine bunte Jugendmusikszene. Die Erinnerungserzählungen von 16 Zeitzeugen bieten Einblicke in damalige Lebenswelten und Hinweise, wie sich die Rock 'n' Roll- und Beatjugendlichen selbst wahrnahmen, welche Motive ihr Handeln prägten. Zwar können die Gespräche nicht als repräsentativ verstanden werden, aber sie eröffnen die Perspektive »von unten«. Die subjektive Sicht steht unter dem Vorbehalt des Erinnerungsbruchs von 1989/90, da sich mit dem Ende der DDR die Lebensbedingungen für die Ostdeutschen grundlegend geändert haben.

Der Titel »All you need is beat«, vorgeschlagen von Falk Johne, einem Musiker der legendären Leipziger Rock 'n' Roll- und Beatcombo »The Butlers«, entstand in Anlehnung an den »Beatles«-Hit »All you need is love«. Die alten »Butlers« verstanden sich als »Diener der Musik« (Hans-Dieter Schmidt), sie wollten den Wünschen des Publikums nach zeitgemäßer Musik gerecht werden. Nach wie vor interpretieren die »Butlers« die Hits der 60er Jahre im originalen Beatrhythmus, der die Fans nicht nur damals, sondern noch heute auf die Tanzflächen Leipzigs bringt. Offenbar kann man sich dem Beat nicht mehr entziehen, wenn man ihn einmal zu lieben beginnt.

Sehnsucht im »Grauen Osten« nach den Sternen des »Goldenen Westens«

1956–1962

Das Scheitern der Jugendpolitik im Rahmen einer sozialistischen Nationalkultur

Vor der Mauer, in den Jahren 1949 bis 1961, machten die 15- bis 25jährigen ein Drittel der DDR-Flüchtlinge aus.[1] Der Zentralrat der Freien Deutschen Jugend (FDJ) hatte bis Januar 1956 einen Beschluss mit dem Titel »An Euch alle, die ihr jung seid« ausgearbeitet. Ziel war es, die noch nicht organisierten Jugendlichen zu integrieren. »Woran liegt es, daß es noch unter uns Menschen gibt, die bereit sind, alles zu nehmen, aber nichts zu geben, die sich an den Rand der großen Straße des sozialistischen Aufbaus stellen und die Gemeinschaft der schaffenden und um das bessere Leben ringenden Menschen an sich vorbeiziehen lassen? Wir haben diese Frage ernsthaft geprüft und wollen mit der Kritik an uns selbst, an den Funktionären der Freien Deutschen Jugend beginnen. [...] Viele unserer Jugendfreunde [...] glaubten, leichtfertig an jedem Jugendlichen vorbeigehen zu können, der sich noch nicht mit den großen Ideen des gesellschaftlichen Fortschritts vertraut gemacht hat. So wurde es den Rattenfängern vom RIAS, aber auch den ewig gestrigen Überbleibseln einer kapitalistischen Epoche in unserer Republik leicht gemacht, mit ihren Verlockungen und Verleumdungen, Teile unserer Jugend zum Abwarten, manche zum feindlichen Handeln und zum Abwandern aus unserer Republik [...] zu verleiten.«[2] Der Zentralrat betonte seine Bereitschaft zur Auseinandersetzung mit Meinungen und Interessen. Von früheren dogmatischen Positionen wurde Abstand genommen. Doch der Versuch einer durchgreifenden Reform scheiterte. Der Kurswechsel in Moskau und die daraus folgenden Erschütterungen im Inneren der staatssozialistischen Länder kamen dazwischen.

Die Offenbarungen über die Herrschaftsmethoden Stalins auf dem XX. Parteitag der Kommunistischen Partei der Sowjetunion (KPdSU) im Februar 1956 stellten die bisherige Herrschaftspraxis der SED-Führung in Frage. Die Inhalte der von Parteichef Nikita Chruschtschow gehaltenen Geheimrede »Über den Personenkult und seine Folgen« drangen über westliche Medien an die Öffentlichkeit. Auf FDJ-Jugendforen übten Teilnehmer offen Kritik an den Verhältnissen in der DDR und überforderten die Veranstalter mit ihren Fragen. Die SED-Führung nahm die ungarischen und polnischen Aufstandsbewegungen im Oktober als eine direkte Bedrohung ihrer Machtposition wahr. Anfang 1957 leitete Walter Ulbricht, der Erste Sekretär des Zentralkomitees der SED (ZK), auf dem 30. Plenum des ZK wieder einen harten Kurs ein. Die Ereignisse in Ungarn interpretierte er als konterrevolutionären Aufstand und sah darin einen Beweis für die Gefahren so genannter »revisionistischer« Bestrebungen. Unter diesem Diktum handelte er zugleich die innenpolitischen Reformversuche des Vorjahres ab. Der Zentralrat der FDJ wurde im Frühjahr verpflichtet, sich allein auf die ideologische Erziehungsarbeit zu konzentrieren. Die Mitglieder waren im Sinne des Bildes von der »allseitig gebildeten sozialistischen Persönlichkeit« zu einem höheren »sozialistischen Bewusstsein« zu führen, um diese aktiv für den

Aufbau des Sozialismus einsetzen zu können. Dahinter stand die Utopie, dass das Engagement einiger überzeugter FDJler weite Teile der Jugend für den Sozialismus begeistern könnte.[3]

Der erneute Rückgriff auf orthodoxe Strategien schlug fehl. Ende der 50er Jahre musste die SED-Führung sich eingestehen, dass der Anteil Jugendlicher unter den »Republikflüchtigen« unvermindert hoch lag. Eine Jugendkommission wurde ins Leben gerufen, die ein Konzept mit dem Ziel erarbeiten sollte, den Einflussbereich der FDJ über die Grenzen der eigenen Organisation hinaus zu vergrößern. Das im Februar 1961 veröffentlichte Jugendkommuniqué des Politbüros gab an, auf die Interessen und Bedürfnisse seiner Zielgruppe reagieren und moderne Formen der Freizeitgestaltung bieten zu wollen. »Natürlich hat sich in unserer Zeit ein anderer Geschmack gebildet, andere Tänze, andere Formen der Freizeitbeschäftigung, als das bei früheren Generationen der Fall war, sind entstanden. Wir grenzen uns entschieden von der sogenannten westlichen Lebensweise ab, die die Jugendlichen moralisch verseucht [...] Schundliteratur, Horrorfilme, Verstümmelung der Sprache, Musik und Tanz, Rücksichtslosigkeit gegenüber Erwachsenen sowie Rohheit in den Beziehungen zwischen den Geschlechtern zeichnen diese ›abendländische Kultur‹ aus.«[4] Der einseitig ausgerichtete Erziehungsanspruch der SED-Führung blieb wiederum unangetastet. Zu einem Dialog war die SED-Führung nach den Erfahrungen von 1956 nicht mehr bereit.[5]

Lipsi statt Presley

Im Zuge verkürzter Arbeitszeiten und gestiegener Einkommen im Verlauf der 50er Jahre wurde die Freizeitgestaltung im Leben der Jugendlichen wichtiger. Kinos und Tanzveranstaltungen, die Musik vom Schlager bis zum Big-Band-Jazz boten, spielten besonders in den Städten eine immer größere Rolle. Die musikalischen Trends kamen aus dem Westen.[6] Hits aus Übersee breiteten sich über Radio AFN (American Forces Network), Radio Luxemburg und RIAS aus und dominierten die Tanzsäle. Bei SED-Funktionären stießen sie offiziell auf vehemente Ablehnung, wie die kulturpolitischen Debatten um Jazz und Boogie-Woogie und die Kampfansage an den Rock 'n' Roll im letzten Drittel der 50er Jahre zeigten. Dies hatte drei miteinander verbundene Gründe:

In musikalischer Hinsicht brach Rock 'n' Roll – geprägt von Schlagzeug, E-Gitarren, Lautstärke – mit den melodischen, harmonischen Idealen des Schönen, die sich von der klassisch-romantischen E-Musik ableiteten. In seiner Darbietungsform forderte er zudem sämtliche Konventionen in den Tanzlokalen heraus, wo es noch keine Trennung zwischen jung und alt gab. Die neue rhythmische Musik und jugendlichen Tanzpaare im Publikum schienen alle Normen des Maßhaltens und der Selbstkontrolle aufzukündigen.[7] Kapellen, die mit der Zeit gingen, hatten eine oder mehrere Rock 'n' Roll-Serien im Repertoire. Als kulturpolitische Offensive gegen die Rock 'n' Roll-Welle wurde Anfang 1958 die »Anordnung über die Programmgestaltung bei Unterhaltungs- und Tanzmusik«[8] erlassen. Danach hatten sich die Programme zu 60 Prozent aus Titeln sozialistischer und zu 40 Prozent aus westlicher Produktion zusammenzusetzen. Die so genannte 40/60-Regel konnte

»Rock around the clock«
am besten mit Kofferradio

sich im Veranstaltungsalltag nicht durchsetzen, da sich die meisten Veranstalter an den Bedürfnissen der Fans orientierten.[9]

Zum Zweiten gehörten die Angriffe gegen den Rock 'n' Roll und seine prominentesten Vertreter Bill Haley und Elvis Presley zu den Bemühungen der SED-Führung, die kulturelle Überlegenheit des Sozialismus zu betonen und den Alleinvertretungsanspruch der DDR auf das deutsche Kulturerbe geltend zu machen.[10] Gegen das Rock 'n' Roll-Fieber sollten unter der Bezeichnung »Sozialistische Tanz- und Unterhaltungsmusik« in direktem Bezug auf den V. Parteitag und das dort formulierte Programm zum »Aufbau einer sozialistischen Nationalkultur« eigene Tanzkonzepte entwickelt werden. Ziel blieb die Erziehung zum »neuen sozialistischen Menschen«. Walter Ulbricht verkündete anlässlich der ersten Bitterfelder Konferenz im Frühjahr 1959: »Es genügt nicht, die kapitalistische Dekadenz in Worten zu verurteilen, gegen Schundliteratur und spießbürgerliche Gewohnheiten zu Felde zu ziehen, gegen die ›Hotmusik‹ und die ›ekstatischen Gesänge‹ eines Presley zu sprechen. Wir müssen etwas Besseres bieten. Beweisen wir doch, daß wir bessere Schlager komponieren können als der Westen. Wir sind doch nicht gegen Schlager, wir sind gegen den westlichen Kitsch.«[11]

Als echte populärmusikalische Alternative priesen die Kulturpolitiker den so genannten »volkseigenen Lipsi«, einen 1958 in Leipzig kreierten Gesellschaftstanz.[12] Trotz einer groß angelegten Kampagne von Kulturministerium, dem Verband der Komponisten und Musikwissenschaftler, der FDJ, den staatlichen Medien und einigen Musikverlagen stellte sich der erwünschte Effekt der Massenwirksamkeit und der Zurückdrängung westlicher Einflüsse letztendlich nicht ein.[13]

Schließlich begeisterte Rock 'n' Roll-Musik vor allem Jugendliche aus der Arbeiterschaft. Jazz hingegen hatte seine Anhängerschaft in der überschaubaren Gruppe von Intellektuellen. Nachdem der Rock 'n' Roll-Film »Außer Rand und Band« (»Rock around the

Autogrammkarten von Peter Kraus   Ted Herold   Elvis Presley

clock«) im September 1956 in bundesdeutschen Kinos angelaufen war, initiierten so genannte Halbstarke nach den Vorstellungen in zahlreichen Städten Verkehrsblockadeaktionen oder spielten Passanten und Polizei andere Streiche. Immer wieder kam es zu Straßenschlachten. Höhepunkt waren die Ausschreitungen im West-Berliner Sportpalast anlässlich der Bill-Haley-Tournee 1958.[14] Die Tournee nahm die DDR-Presse zum Anlass für eine groß angelegte Kampagne gegen die Musik des Klassenfeindes. Sie wertete den Rock 'n' Roll als dekadent und manipulativ und diffamierte seine Stars als »geist- und gedankenlose Marionetten, Vollstrecker unternehmerischer Profitsucht und kriegerischer Infiltration«. Verteidigungsminister Willi Stoph behauptete, der Rock 'n' Roll sei von den »imperialistischen Mächten« als »Mittel der psychologischen Kriegsführung« eingesetzt worden, »um die Jugend systematisch zu vergiften und für den Atom-Krieg reif zu machen.«[15]

Der Versuch der totalen Abschottung

Vom Bau der Berliner Mauer am 13. August 1961 und der Schließung der Westgrenze versprach sich die SED nicht nur die wirtschaftliche Konsolidierung des Staates, sondern auch die dauerhafte Abwehr westlich-kapitalistischer Einflüsse. Nach der so genannten »Störfreimachung« nach außen ordnete sie eine »Störfreimachung« nach innen an. In einer gigantischen Kampagne des FDJ-Zentralrates unter der Losung »Blitz kontra NATO-Sender« zogen Anfang September Ordnungsgruppen der FDJ durch Leipzig und andere Städte der DDR, verteilten Flugblätter, inszenierten Kundgebungen, beriefen Versammlungen ein und mobilisierten die Medien. Mit dem Aufruf, die Antennen »in Richtung auf den Sozialismus [...] mit Kurs auf den Sieg des Sozialismus«[16] zu drehen, wendeten FDJ-ler nicht selten brachiale Methoden an, stiegen auf die Dächer, um Antennen gen

Bereitschaftspolizei am 13. August 1961 am Brandenburger Tor

DDR-Sender auszurichten oder sie gar abzuknicken. Schüler und Lehrlinge wurden aufgefordert, sich durch eine schriftliche Erklärung gegen das »Abhören« westlicher Rundfunkstationen zu verpflichten. Derartige Maßnahmen waren dazu gedacht, Zustimmung in der Bevölkerung und insbesondere in der Jugend herbeizuführen. Aus der Erfahrung des vorangegangenen Jahrzehnts rechneten die SED-Politiker mit Protesten; erhöhte »Wachsamkeit« war geboten, Gegenstimmen wurden nicht geduldet.[17]

Die Maßnahmen gegen das Rowdytum

Nach Grenzschließung gingen die staatlichen Sicherheitsorgane besonders brutal gegen laut Andersdenkende vor. Nach dem 13. August 1961 erhöhte sich das Strafmaß für Staatsverbrechen[1] drastisch und die Anzahl der Verurteilungen nahm deutlich zu. Mitunter wurden Straftaten konstruiert, die gar nicht oder nicht in dieser Form stattgefunden hatten. Die SED bezweckte damit, potentielle Dissidenten einzuschüchtern.[2] Schauprozesse sollten ebenso abschreckend wirken. Exemplarisch ist der Fall der »Glatzkopfbande«. Der Film gleichen Titels, den die DEFA nach Auflagen des Ministeriums für Staatssicherheit (MfS) in Anlehnung an Auseinandersetzungen zwischen Volkspolizei und Jugendlichen auf einen Zeltplatz an der Ostsee drehte, beruhte vorgeblich auf Tatsachen.[3] Angetrunkene in Jeans, Lederjacken und – auf Grund einer verlorenen Wette – mit Glatzen hatten Spottlieder auf die DDR gesungen. Die SED-Justiz legte die verfügbaren Informationen im Sinne einer angeblichen »Bandenverschwörung« aus und hoffte, mit dem Propagandafilm Stimmung gegen Halbstarke zu machen.[4]

»Es lebe die Frontstadt, hoch, hoch, hoch!«

Ähnlich erging es einer Gruppe Halbstarker in der Leipziger Innenstadt, die einen knappen Monat nach der Errichtung des »antifaschistischen Schutzwalls«, am Eröffnungswochenende der Leipziger Herbstmesse und vor den Augen zweier Besucher aus dem kapitalistischen Ausland im feuchtfröhlichen Zustand über die staatlichen Stränge schlugen: Am 4. September 1961 um 22.25 erreichte die Bezirksbehörde der Deutschen Volkspolizei (BDVP) Leipzig die Meldung, dass 13 Jugendliche der Abteilung Kriminalpolizei im Volkspolizeikreisamt (VPKA) Leipzig zugeführt worden seien. Die Ermittlungen ergaben, dass es sich bei den jungen Männern zum größten Teil um »jugendlich[e] Rowdys [handele], darunter zwei Angehörige der Transportpolizei Leipzig, [die] bereits auf der Kleinmesse, Cottaweg zum Teil aus der Hafenschänke verwiesen wurden wegen Randalieren und lautem Singen von Westschlagern.«[5] Die Strafbarkeit ihres Verhaltens begründete die Kriminalpolizei damit, dass die Gruppe in der Innenstadt vor der HO-Gaststätte »Riebeck-Bräu« beim Aufkreuzen eines westlichen PKW Typ Volkswagen im Jubelchor geschrien hatte:

»Es lebe Elvis Presley, es lebe der Zonen-Elvis Lutz Jahoda,
es lebe die Bundesrepublik, es lebe die Frontstadt, hoch, hoch, hoch.
Hoch lebe Conny, der Bundesopa.«[6]

Laut Rapport wehrten sich die beiden Trapo-Polizisten massiv gegen die Festnahme. Die Idee, in die Stadt zu gehen, um zu randalieren, sollte von einem der beiden Polizisten gekommen sein, so ein Vernehmungsprotokoll. Dagegen gab ein weiterer Verhafteter den Namen eines anderen angeblichen »Rädelsführers« preis. Dieser sowie zwei weitere Jugendliche wurden noch in derselben Nacht der Dienststelle zugeführt.[7]

Merkwürdiger Weise sind die Namen der beiden verhafteten Polizisten in der Tags darauf verfassten Strafanzeige gegen insgesamt 14 Jugendliche im Alter zwischen 15 und 20 Jahren nicht mehr vorhanden. Es scheint, als hätten die Kriminalbeamten die Namen ihrer Kollegen vorsorglich getilgt. Die übrigen, nunmehr zu einer »Meute« gruppiert, beschuldigte die BDVP Leipzig, »am 03.09.1961 (Eröffnung der Leipziger Herbstmesse) um 22.00 Uhr auf der Leipziger Kleinmesse in der ›Hafenschänke‹ sich zusammengerottet zu haben mit dem Ziel, in der Innenstadt von Leipzig die öffentliche Ruhe und Ordnung zu stören. Gleichzeitig wurde sich geschworen, gegen die Volkspolizei gemeinsam vorzugehen, wenn diese versuchen sollte, Beschuldigte wegen ihrer Teilnahme an der Zusammenrottung festzunehmen. In Leipzig C 1, Am Brühl, wurden von ihnen hetzerische Äußerungen, wie ›Es lebe die Frontstadt Westberlin!‹ gebrüllt, und die zusammengerotteten Beschuldigten gaben durch ›Hochrufe‹ und ›Gejohle‹ ihre Zustimmung. Beim Eintreffen der Volkspolizisten, die versuchten, die Jugendlichen dem Volkspolizeikreisamt zuzuführen, leisteten sie Widerstand und begingen Tätlichkeiten.«[8]

Eine entscheidende Nuancierung nahmen die Verfasser des Schlussberichts mit der Behauptung vor, die Meute hätte sich an der Haltestelle »Höhe Clara-Zetkin-Park«, später heißt es sogar nur noch »im« Clara-Zetkin-Park, zusammengerottet. Tatsächlich ist die Straßenbahnhaltestelle nahe Kleinmesse ganz woanders, nämlich auf der Jahnallee am Sportforum. Da der Clara-Park seinerzeit in den Akten der örtlichen Polizeiregister zu den »Brennpunkten des Rowdytums« zählte, ist es nicht verwunderlich, dass die Volkspolizei diese kleine Verzerrung des Ereignisverlaufs vornahm, um die Beschuldigten in das rechte, also schlechte Licht zu rücken. In einem Zug gelang es den Ordnungshütern darüber hinaus, durch Informationen aus den nächtlichen Einzelverhören und Wohngebiets- und Betriebsermittlungen bei einigen der Beschuldigten einst begangene Bagatelldelikte wie Zigaretten- und Süßigkeitendiebstahl in die Strafanzeige einfließen zu lassen. Zudem wurden ihnen Verstöße gegen das Jugendschutzgesetz (Verbreiten von westlichem »Schund- und Schmutz«), das Passgesetz (geplante Republikflucht) und Zollbestimmungen (Währungsumtausch) angelastet. Der Vorwurf der »Rädelsführerschaft« zu Lasten des Hauptbeschuldigten ging auf die Aussage *eines* Mitbeschuldigten zurück beziehungsweise folgerten die Kriminalisten dies aus dessen bisherigem Freizeitverhalten. So wäre er nicht nur ein Stammgast der Kleinmesse gewesen, sondern hätte überdies die westlichen Verhältnisse mit Verweis auf seine persönlichen Erlebnisse gegenüber anderen Jugendlichen verherrlicht. Entgegen der Darstellung in der Strafanzeige, wo es hieß, die Trapo-Polizisten wären die Anstifter gewesen, behauptete der Schlussbericht, dieser Jugendliche allein habe die anderen am bewußten Abend dazu aufgefordert, in der Leipziger Innenstadt »Stimmung« zu machen.[9]

Anhand von vier Punkten begründeten die Sachbearbeiter die »besondere Verwerflichkeit« der Handlungen: Die Beschuldigten hätten erzieherische Ratschläge verschiedener Aufsichtspersonen nicht beachtet. Die Widerrechtlichkeit ihrer Handlung hätte ihnen aus den Berichten in der Leipziger Presse über Auseinandersetzungen mit vergleichbaren

ABV-Kontrolle eines Streifenwachtmeisters in einer Gaststätte

»Rowdygruppierungen« bekannt sein müssen. Indem sie gegen die Grenzsicherungsmaßnahmen der DDR-Regierung protestierten, hätten sie sich »auf die Seite der Feinde« des Arbeiter- und Bauernstaates gestellt. Nach den Ergebnissen der Betriebsermittlungen hätten sie ausgerechnet in dieser brisanten Aufbauzeit durch ihren zum Teil undisziplinierten, schlechten und unehrlichen Arbeitsstil pflichtwidrig nicht zur Erfüllung der Produktionspläne beigetragen.[10] Die aufgezeigten »Umstände«, so resümiert der Berichterstatter, sprächen klar für die Vorsätzlichkeit der Tat: »Trotz ihres jugendlichen Alters haben die Beschuldigten das Verwerfliche ihres Handelns eingesehen und vorher auch gewußt, daß sie eine mit Strafe bedrohte Handlung begehen, was daraus hervorgeht, daß sie sich Gedanken machten was passiert, wenn sie von der Volkspolizei auf Grund ihrer Zusammenrottung und des Aufruhrs festgenommen werden. Weiter wird diese Tatsache dadurch bewiesen, daß sie bewußt und organisiert aufgetreten sind, und daß sie an der Straßenbahnhaltestelle Friedrich-Ludwig-Jahn-Allee in Höhe des Clara-Zetkin-Parkes gemeinsam den Schwur ablegten immer zusammenzubleiben, und wenn die Volkspolizei ihre Zusammenrottung zerschlagen sollte, gemeinsam gegen diese vorzugehen.«[11]

Das Plädoyer für ein hohes Strafmaß im Abschlussbericht enthält einen ausdrücklichen Verweis auf vergleichbare Auseinandersetzungen mit Rowdygruppierungen in der Vergangenheit. Den Tatbestand »Rowdytum« hatte die Hauptabteilung Deutsche Volkspolizei (HVDVP) schon in den 50er Jahren definiert. Die Anweisung für die polizeiliche Praxis blieb in den folgenden Jahrzehnten maßgeblich.

Der Aufbau des Gegners

Im März 1956 wies die Untersuchungsabteilung der HVDVP erstmals die Bezirksbehörden an, Analysen anzufertigen zum »Rowdytum« als einer »Methode [...] des Klassengegners, Unruhe in die Bevölkerung zu tragen« und dabei auf »Gruppen- und Bandenbildungen« zu achten.[12] In den Jahren zuvor war die Jugendkriminalität von 14,1 Prozent (1953) auf 15,4 Prozent (1955) gestiegen. Eine Ursache für den »relativ hohen Stand« Mitte der 50er Jahre wurde in der »ungenügenden vorbeugenden Arbeit« der Organe der Volkspolizei und der Strafvollzüge, anderer Erziehungsträger sowie im Mangel an speziellen Jugendsachbearbeitern bei der Kriminalpolizei gesehen. In der an Walter Ulbricht gerichteten Bestandsaufnahme des Amtes für Jugendfragen hieß es unmissverständlich, dass Kriminalpolizei und Jugendhilfe respektive Heimerziehung für »Gefahrenherde durch herumtreibende Jugendliche« verantwortlich seien.[13] Dieser Kritik nahm sich die HVDVP im Frühjahr 1956 an. Ihre Anweisung enthielt das für die folgenden Jahre geltende Berichtsschema, welches nach registrierten Straftaten, Mehrtäterschaft, Täteranalyse nach Schulbesuch und Westverbindungen, Einflüssen westlicher Medien, politischen und unpolitischen Motiven und Alkoholeinfluss unterschied.[14] Die Definition Rowdytum übernahmen DDR-Strafrechtswissenschaftler von polnischen und sowjetischen Kollegen. Demnach waren solche Handlungen dem Rowdytum zuzurechnen, »die der Täter begeht, um zum Ausdruck zu bringen, dass er die Grundsätze der gesellschaftlichen und staatlichen Disziplin bewusst missachtet, sie nicht anerkennt und dadurch die öffentliche Sicherheit und Ordnung verletzt.«[15] Der »symbolische Ausdruck der Missachtung« brachte das Rowdytum in die Nähe des politischen Meinungs- oder Gesinnungsdelikts. Da dem Staatsverständnis der SED entsprechend staatliche und gesellschaftliche Interessen identisch waren, stellte sich auch derjenige gegen den Staat, den obersten Hüter der gesellschaftlichen Normen, der Straftaten beging, um seine Missachtung dieser Normen auszudrücken.[16]

Das Rowdytum und seine Bekämpfung gewannen einen zentralen Stellenwert für das Selbstverständnis des SED-Staats.[17] »Im Rowdytum liegt nicht nur – wie oftmals angenommen – die Gefahr von Körperverletzungen und Sachbeschädigungen, sondern die Gefahr einer schweren, gegen die Staats- und Gesellschaftsordnung in der DDR gerichteten Kriminalität. Es besteht die Gefahr der Ausnutzung der bestehenden Gruppen durch die aggressiven imperialistischen Kräfte zur Inszenierung staatsfeindlicher Provokationen.«[18], lautete die Interpretation des Rowdytums als Mittel »des Gegners« zur »psychologischen Kriegsführung«. Ende 1957 ersann die Hauptabteilung der Kriminalpolizei in Berlin umfangreiche Gegenmaßnahmen, um das Problem aus der Welt zu schaffen. »Alle Cliquen-Angehörigen, deren Anführer, Stellvertreter, Leibgardisten und ähnliche Mitglieder« sowie die zugehörigen Spitznamen sollten in einer Kartei registriert werden.[19]

Die »Rowdytumkartei«, auch bloß »Rowdykartei« genannt, war tatsächlich eine Erfindung der Leipziger Kriminalpolizei und wurde später in anderen ostdeutschen Städten adaptiert. In einer »Beratung in der HVDVP über die Verbesserung der Bekämpfung des Rowdytums« Ende 1958 in Berlin brachten die Referenten zum Ausdruck, »daß die Leipziger Erfahrungen in der Bekämpfung des Rowdytums dargelegt werden sollen, um die

Arbeit in dieser Frage im Republikmaßstab wesentlich [...] verbessern zu können«. In den größeren Städten der Republik sollte eine einheitliche »Rowdytum-Kartei« mit Lichtbildern angelegt und die VP-Angehörigen mit dem Ziel einer »allumfassende[n] Bekämpfung des Rowdytums« speziell geschult werden.[20]

Über die Zusammenarbeit mit allen Dienstzweigen der VP, den örtlichen Staatsorganen, Parteien und Massenorganisationen hinaus sollten die Kreisdienststellen des MfS in die Bearbeitung enger einbezogen werden. Vor »größer[en] Gegenmaßnahmen« waren Rowdy-Vorkommnisse mittels Presse, Nationaler Front[21], Schule einzeln auszuwerten. Amtsleiter waren angehalten, Aussprachen mit den Rowdys und ihren Eltern zu führen. Sollte dies zu keinem sichtbaren Erfolg führen, müssten »wirksamere operative Maßnahmen« in Form »von Razzien und persönlichen Überprüfungen« getroffen werden. Deren Ziele:

1.) Beunruhigung der jugendlichen Banden und Cliquen durch schlagartige Maßnahmen der VP;
2.) Aufdeckung bisher unbekannter Verbindungen der Cliquen zueinander und Verbindungen von Cliquen zu solchen Gruppen Jugendlicher, die bisher noch nicht erfasst wurden;
3.) Schaffung von neuen Kontaktpersonen;
4.) Fahndungsmäßige Überprüfung;
5.) Aufdeckung evtl. bestehender Verbindungen nach Westberlin und Westdeutschland.[21]

Zwei Aspekte unterschieden diesen Maßnahmenkatalog von anderen, eher pädagogisch ausgerichteten Reaktionsweisen auf Jugendkriminalität: Die Cliquen wurden wie militärische Einheiten behandelt, denen man eine Hierarchie von Anführern und Stellvertretern zuschrieb. Für den Fall, dass die Vorwarnung nicht den gewünschten Erfolg erzielte, wurden Unbelehrbare zum Gegner erklärt, der durch einen Überraschungsangriff zu schlagen war. Überdies galt es, alle geheimpolizeilichen Ermittlungsmethoden zum Einsatz zu bringen, welche der VP im Rahmen ihrer Kompetenzabgrenzung zum MfS zur Verfügung standen.[22]

»Das ganze Auftreten der Rowdys betrachten wir von uns aus als eine direkte Provokation«

Der Leiter der BDVP Leipzig hatte Anfang 1958 eine Anweisung erlassen, nach der das Rowdytum von der allgemeinen Jugendkriminalität gesondert ermittelt und die verdächtigen Jugendlichen in der so genannten »Beschuldigtenkartei«, dem Vorläufer der späteren »Rowdykartei« beziehungsweise »Jugendschutzkartei«, erfasst werden sollten. Parallel dazu existierten eine »Spitznamen-« sowie eine »Banden-Kartei«.[23]

Wie sich das Auftreten dieser so genannten Rowdys im Leipziger Stadtbild zeigte und wie die Anweisung umgesetzt wurde, verdeutlicht das Protokoll einer »Beratung über Fragen der Jugendkriminalität und des Rowdytums« Ende Oktober 1958 in der BDVP Leipzig.[24] Am Tisch saßen Vertreter der Bezirksleitung und des Kreisamtes der VP, der SED-Bezirksleitung, der Bezirksstaatsanwaltschaft, des Bezirksgerichts, der FDJ-Stadt- und -Bezirks-

Amtsleiter der Volkspolizei Bitterfeld mit freiwilligen Helfern

leitung sowie ein Vertreter der Jugendhilfe. Zu Beginn räsonierte der VPKA-Leiter Major Mittelstädt über die Lage: »Seit den Sommermonaten 1958 war an verschiedenen Brennpunkten im Stadtgebiet Leipzigs eine starke Konzentration Jugendlicher festzustellen, deren Kleidung, Musik, Ausrüstung u.s.w. ausschließlich auf Amerikanismus und Geflogenheiten – wie sie im Rahmen der Jugendkriminalität in Westdeutschland in Erscheinung treten – ausgerichtet war. Da diese Jugendlichen in der Öffentlichkeit aktiv gegen die Bevölkerung tätig wurden und aus ihnen nachweislich Verbrechen organisiert wurden, mußte diesem Gebaren von den zuständigen Stellen Einhalt geboten werden.«[25] Durch dieses Eingreifen, konstatierte der Leiter der BDVP, Oberst Hoppe, hätte sich die Lage verbessert. Seiner Schätzung nach waren bis dato 150 Rowdys in der gleichnamigen Kartei erfasst.[26] Diese würden kriminell in Erscheinung treten, wenn nichts vorbeugend unternommen würde. »Das ganze Auftreten der Rowdys betrachten wir von uns aus als eine direkte Provokation. Deshalb haben wir uns in der Leitung der BDVP Leipzig vorgenommen, neben der erzieherischen und aufklärenden Tätigkeit auch noch die Zwangsmaßnahmen in ganz bestimmten Fällen anzuwenden.«[27]

Gemeint waren die Jugendlichen, die Original-Jeans trugen. Man plante, diese vermeintlichen Provokateure zu einem günstigen Zeitpunkt den VP-Revieren zuzuführen, um die Kleidungsstücke zu beschlagnahmen. Der Bezirksstaatsanwalt stellte heraus, dass man das Rowdytum nicht als eine Moderichtung abtun dürfe, da in diesen Kreisen auch politische Forderungen laut geworden seien, »wie z.B. die Abschaffung der Nationalen Streitkräfte, Abschaffung der Grenzpolizei und Kampfgruppen sowie Einsetzung des Fürsten Ester-Hazy in seine alten politischen sowie wirtschaftlichen Rechte in Ungarn.«[28] Dies, schlussfolgerte Genosse Kampfrad, sei ein unmissverständliches Zeichen für die »RIAS-Hörigkeit und Beeinflussung durch den Klassengegner.«[29]

Der Vertreter der SED-Bezirksleitung schlug vor, auf die »Handwerker«, beispielsweise die Friseure, einzuwirken, so dass diese keine »übertriebenen Frisuren« mehr schneiden würden. Auch sollten Belehrungen bei den Gewerkschaften stattfinden und die Gaststätten stärkeren Kontrollen unterzogen werden. Genosse Wirth berichtete namens der FDJ-Stadtleitung, dass die bisherigen Aussprachen mit Friseuren nur zum Teil erfolgreich verlaufen wären. Verschiedene Gaststätten- und Kapellenleiter hätten in einer Versammlung zum Zwecke der Aufklärung über Rowdys zum Ausdruck gebracht, dass diese in ihren Lokalen nicht auftreten würden. Da weiterhin der gegenteilige Eindruck bestehe, regte Wirth an, von Seiten der Staatsorgane mehr Kontrollen durchzuführen. Nachfragen in den Betrieben hätten ergeben, dass die Mehrzahl der Jugendlichen dort gute Arbeit leiste. Zwecks Einleitung besonderer Maßnahmen schlug der Bezirksstaatsanwalt schließlich vor, »einige besondere Typen dieser Rowdys in der Zeitung mit Bild [zu] veröffentlichen und der Bevölkerung [zu] zeigen«[30], um mehr Unterstützung zu erlangen. Ferner empfahl er, Ermittlungen anzustellen, um möglicherweise einzelnen Jugendlichen nachweisen zu können, »daß sie im Auftrage von irgendwelchen westlichen Dienststellen handeln.«[31] Dies solle man dann veröffentlichen.

Der Minderheit wurde ein äußerst bedrohliches Potential zugetraut. Weitere Jugendliche könnten in deren »negativen« Einflussbereich geraten. Die FDJ, so war sich die Versammlung einig, habe bei dem noch »ungefestigten Teil der Jugend« verstärkt Überzeugungsarbeit zu leisten. Betrieben, und Sicherheitsorganen kam die Aufgabe zu, die Unbelehrbaren durch Zwangsmaßnahmen einzuschüchtern.[32]

Bis Anfang der 60er Jahre wurden im Einzelnen präventive Maßnahmen durch die örtlichen Organe der BDVP Leipzig in die Wege geleitet:
Die Schutzpolizei, das heißt Abschnittsbevollmächtigte und Freiwillige Helfer, wurde beauftragt, sich bildende Gruppierungen, auch kleinere, zu beobachten und ihre Informationen zur Registrierung in der »Rowdy-Kartei« an die Abteilung Kriminalpolizei weiterzugeben. Es wurden zahlreiche Aussprachen mit Erziehungsberechtigten geführt. Friseurmeister, Tanzkapellmeister, Gaststättenleiter, Schneidermeister wurden zu Aussprachen zum Oberbürgermeister gebeten, um sie für die Förderung der sozialistischen Kultur zu gewinnen.

Mitte 1959 bildeten sich FDJ-Ordnungsgruppen für den Einsatz an so genannten »Brennpunkten«, wo sie die gefährdeten Jugendlichen für die FDJ-Arbeit begeistern sollten. In diesem Zusammenhang kam es Anfang Dezember 1959 zu einem Beschluss über die Zusammenarbeit der FDJ und des VPKA Leipzig.[33] Anfang 1960 formierte sich die »Kommission zum Schutze und zur Förderung der Jugend«, die eine umfassende Übersicht auf dem Gebiet der Jugendkriminalität mit Reformvorschlägen zu erarbeiten hatte. Danach sollten alle gesellschaftlichen Organisationen erzieherisch tätig werden. Ihr Aufgabenbereich umfasste unter anderem die Anleitung der Ortsausschüsse der Nationalen Front und der Funktionäre der Gesellschaft für Sport und Technik (GST), die durch Agitationseinsätze die Jugendlichen für ihre Zwecke gewinnen sollten.[35]

Die Akten des Amtes für Jugendfragen gewähren einen kleinen Einblick in die Pläne und Reformdiskussionen um die Jugendschutzarbeit Ende der 50er Jahre. Insbesondere ein Bericht über den Erfahrungsaustausch der Jugendstaatsanwälte bei der Obersten

Staatsanwaltschaft der DDR in Berlin vom Juli 1960 enthält vielseitige Kritik an der Praxis der Arbeitsgemeinschaften für Jugendschutz. Deren Tätigkeit und Wirksamkeit insgesamt wurde als ungenügend empfunden. So bemerkte eine Bezirksjugendstaatsanwältin, dass die Kader in den Referaten für Jugendfragen »oft säuerliche Jungfern« seien und sich demnach als ungeeignet für die Jugendarbeit erwiesen hätten.[36] Der Minister für Volksbildung gab darauf zu, dass der Kaderbestand überaltert sei. Als einen Grund unter anderen führte er an, dass es bis 1959 keine Ausbildung für Jugendfürsorger gegeben und die mehrjährige Vollausbildung erst im September 1959 begonnen hätte.[37]

Die Anzahl der in der Leipziger »Rowdykartei« erfassten Personen stieg stetig weiter. Im Oktober 1959 waren 210 Jugendliche registriert, im Juli 1960 umfasste das neuerdings als »Jugendschutzkartei« bezeichnete Verzeichnis 274 Namen, im Oktober 1960 waren es 348 und im Dezember 1960 fielen 391 jugendliche Personen unter den Verdacht des latenten Rowdytums.[38] Im Jahr 1962 beschlagnahmte der Zoll im Bezirk Leipzig insgesamt 374 Sendungen Schund- und Schmutzliteratur, davon 224 in der Stadt Leipzig.[39]

»Heiße Musik und kalter Krieg«

Die SED-Kulturfunktionäre gaben sich große Mühe, ihr Bild von der »psychologischen Kriegsführung des Westens an Mann und Frau zu bringen. So veröffentlichte die SED 1960 eine Aufklärungsbroschüre mit dem Titel »Heiße Musik und kalter Krieg« in der Absicht, Erzieher und Zöglinge vom Gefahrenpotential des Rock 'n' Roll zu überzeugen: »Unsere Dokumentation soll helfen, diese Gefahren [›welchen unsere Jugend in den heutigen Tagen gegenübersteht‹] zu bannen und alles Schlechte und Unheilvolle von unserer Jugend fernzuhalten«, heißt es zum Geleit. »Die einen reden offen vom Atomkrieg, die anderen arbeiten mit feineren Methoden. Mit ›heißer Musik‹ und ›christlicher Radiomission‹ versuchen sie über den Rundfunk unsere Jugend zu umgarnen. ›Spezialisten ihres Faches‹ – mit anderen Worten Psychologen des Krieges – wurden ausgebildet, um die ›heilige Mission der geistigen Befreiung der Jugend in den östlichen Ländern‹ zu übernehmen. [...] Die Sendetätigkeit aller NATO-Rundfunkstationen, ob sie ›Stimme Amerikas‹, ›Radio Freies Europa‹, ›RIAS‹, ›Norddeutscher Rundfunk‹ oder ›Radio Luxemburg‹ heißen, richtet sich neben der Niederhaltung allen fortschrittlichen Gedankenguts im eigenen Land besonders gegen die DDR und das gesamte sozialistische Lager. Ihnen ist das sozialistische Weltsystem, das heute von der Elbe bis zum gelben Meer reicht, ein spitzer Dorn im Auge. Deshalb spucken sie über ihre Sender Gift und Galle und benutzen sie zum aktiven Kampf gegen den Sozialismus.«[40]

Funktionäre vor Ort bemühten sich, »ihre Bürger« über Skandalmeldungen in der Lokalpresse zu erreichen. Die Leipziger initiierten Schauprozesse[41], die von der LVZ, dem Bezirksorgan der SED, begleitet wurden. Außerdem hielten sie die LVZ-Leser mit Anzeigen und Berichten über Jugendaussprachen mit der Volkspolizei auf dem Laufenden. So berichtete das Blatt Mitte Oktober 1960 über eine Aussprache im Volkspolizeikreisamt mit der »jugendlichen Bande Wilde 13« und kündigte ein »Elternforum über Jugendkriminalität und Rowdytum« im Stadtbezirk Südost an. Der Artikel »Sie nannten sich ›Wilde 13‹«

informiert über den Werdegang von neun »Banden«-Mitgliedern, die wegen Anpöbeleien und Obstplünderungen von der Polizei gestellt und mit ihren Eltern zu einer Aussprache geladen worden waren. Die Eltern zeigten sich angeblich reuig, ihnen wurde klar, so heißt es im Artikel, »daß ihre Söhne gerade noch am Rande des Verbrechens entlangbalanciert sind«. Abschließend klärt die Zeitung darüber auf, dass die »verderblichen Anregungen« aus der »Schund- und Schmutzliteratur« stammen. Ein Beweis dafür, dass die westlichen »Imperialisten« solche »Schwarten« vorsätzlich als Lockmittel für die Jugend der DDR einsetzen würden, sei darin zu sehen, dass die Westernschmöker in der Bundesrepublik für eine D-Mark, in Westberlin aber zum Sonderpreis von 30 Pfennigen verkauft würden.[42]

Meuternde Jugendliche erobern die Straßen und Plätze Leipzigs

In den Schulungsmaterialien der BDVP Leipzig von 1960 heißt es, dass das Rowdytum in Gestalt von Banden oder Meuten »besonders seit dem Jahr 1957 als eine neue Form der Jugendkriminalität in Erscheinung« trat, die ihren Ursprung in der Entwicklung Westdeutschlands und Westberlins« hatte:[1] »[D]ort bemüht man sich, diese Art der Jugendkriminalität als ›Halbstarkenproblem‹ abzutun. [...] Die Verantwortlichen in Westdeutschland und Westberlin scheuen sich aber zu sagen, daß die jungen Menschen dort seit 1945 von den Besatzern Anschauungsunterricht erhalten haben.«Und: »Außerdem sind solche Erscheinungen die Folge des hysterischen Gekreisches und der ekstatischen Verrenkungen, die mit Musik und Tanz nichts mehr zu tun haben und an die niedrigsten Instinkte der Menschen appellieren. Wir lehnen es ab, bei uns von einem Halbstarkenproblem zu sprechen.«[2]

»Gefährdung durch bürgerliche Denkweise«

Auf diese Weise sollte der offizielle Standpunkt aufrecht erhalten werden, dass es im Sozialismus weder Formen abweichenden Verhaltens noch Jugendkriminalität gäbe. In einer Beratung hielten die Abteilungsleiter des Amtes für Jugendfragen im April 1958 fest: »Die Jugendverwahrlosung ist eine gesetzmäßige Erscheinung kapitalistischer Produktionsverhältnisse. [...] Die Gründe und Ursachen für die noch vorhandene Jugendgefährdung in der DDR [...] liegen nicht im Charakter unseres Staates. [...] Die noch vorhandene Jugendgefährdung bei uns hängt zusammen mit der politischen Lage in Deutschland und der bewußten Wühlarbeit des Klassengegners auch unter der Jugend sowie der noch vorhandenen bürgerlichen Denkweise bei einem Teil der Eltern und Erzieher. [...] die erste Voraussetzung für einen umfangreichen Jugendschutz und die Bekämpfung der Jugendgefährdung ist die Beseitigung der kapitalistischen Ausbeutung, der Schutz der Jugend vor ihr selbst.«[3]

Die »Jugendgefährdung« trat an zentralen Punkten der Bezirks- und Kreisstädte in Erscheinung, als »Meuten« oder »Eckensteher«, ungern gesehene »Rowdygruppen«. Schwerpunkte der polizeilichen Bekämpfung im Leipzig der 50er und 60er Jahre lagen in den Stadtbezirken Mitte, West, Nordwest und Nordost.[4] Kinos machten die Viertel attraktiv. Erst wenige Privathaushalte besaßen einen Fernseher, Filmtheater waren noch ein Mittelpunkt im städtischen Leben.[5] Das beliebteste Kino Leipzigs war das »Capitol« in der Petersstraße, im Zentrum der Innenstadt. Um beim Publikum einen guten Ruf zu erwerben, musste ein Film im »Capitol« angelaufen sein. Gegenüber dem Kino, in der Messehofpassage, und in der Milchbar nebenan traf sich die so genannte »Capitol-Meute«. In den Sommermonaten versammelte sich die Clique, aber auch Gruppen aus anderen Stadtteilen, im Clara-Zetkin-Park, hauptsächlich in der Nähe der Parkbühne, wo mehrmals in der Woche Freilichtkinovorführungen liefen. Die beiden bekanntesten Treffpunkte im Westen der Stadt waren die »Lindenfels-Lichtspiele« in der Karl-Heine-Straße, der nahe gelegene Karl-Heine-Platz, im Volksmund »Knochenplatz«, und die »Schauburg-Lichtspiele« am Adler. Im nordwestlichen Leutzsch gab es in der Georg-Schwarz-Straße zwei große Kinos, die »Central-Lichtspiele« und den »Filmpalast«, die nur drei Blocks trennten. Ähnlich verhielt es sich im Nordosten, in der Ernst-Thälmann-Straße [heute Eisenbahnstraße, Y. L.], zwischen Neustädter und Hermann-Liebmann-Straße, wo die Kinos »Wintergarten« und »Lichtschauspielhaus« wenige Meter voneinander entfernt lagen.[6] Die beiden zentralen Promenaden auf der Georg-Schwarz- und der Ernst-Thälmann-Straße nannten die Jugendlichen über die 50er Jahre hinaus »Broadway«.[7] In den Abendstunden trafen sich zudem regelmäßig Gruppen in der Osthalle des Hauptbahnhofs oder auf dem Bahnhofsvorplatz, worin die Volkspolizei Mitte der 50er Jahre »noch kein rowdyhaftes Verhalten« sah.[8]

»30 Minuten Jazz für die verwahrloste Jugend der Ostzone«

Erstmals zur Herbstmesse 1957 trat »das organisierte Rowdytum besonders in Erscheinung«, hielt die BDVP fest. Gemeint war ein so genannter Auflauf vor der Polizeiwache auf der Leipziger Kleinmesse Ende August 1957, an dem sich insgesamt 500 Jugendliche beteiligt hatten.[9] Über diesen Vorfall sowie über den anschließenden Prozess gegen zwölf Beteiligte berichtete die LVZ unter der Überschrift »Gerichtliches Rock 'n-Roll-Nachspiel«: »Christoph Häuser war mit der Hauptverantwortliche. Schon mehrmals hatte er auf der ›Mondrakete‹ seine in Westdeutschland erlernten Rock'n-Roll-Künste gezeigt und damit das Missfallen der Werktätigen, die sich hier einige vergnügte Stunden machten, erregt. So kamen er und eine Gruppe von Freunden auf die Idee, damit auch einmal die VP zu provozieren und dann unerkannt in der Menge zu verschwinden. Als Christoph Häuser es dann am 31. August wieder besonders toll trieb, sollte er zwecks Belehrung einem Polizisten zu der Sonderwache folgen. Die anwesenden Jugendlichen stürmten grölend und pfeifend hinterher. Einer der Jugendlichen, Klaus Thieme, der ihnen begegnete, forderte Christoph Häuser auf, zu fliehen: dieser tat das, und Klaus Thieme wurde deswegen auf die Wache zur Personenfeststellung mitgenommen. Weitere Jugendliche kamen hinzu. Man bewarf die Polizeiwache mit Steinen und forderte unter Johlen die ›Freigabe‹ Klaus Thiemes. Thomas Fritzsche, der aus Wut, weil ihm am Vortage von einem Polizisten eine Wasserspritzpistole weggenommen worden war, zu den Urhebern der ganzen Angelegenheit gehörte, putschte die Menge durch Rufe, den faschistischen Gruß usw. auf. Kurze Zeit später konnte dann durch die Volkspolizisten die Ruhe wiederhergestellt werden.«[10]

Nach dem Spruch des Jugendgerichts erhielt Christoph Häuser laut LVZ acht Monate Freiheitsentzug wegen Rädelsführerschaft und Aufruhr, Klaus Thieme auf Grund vorangegangner zusätzlicher »Bandendiebstähle« insgesamt eineinhalb Jahre Zuchthaus. Weitere Angeklagten wurden zu Freiheitsstrafen von drei und. fünf Monaten, Geldstrafen und teilweise Schutzaufsicht verurteilt.

Die Schulungsmaterialien der BDVP Leipzig geben einen Hinweis auf die strafrecht-

Der störende
Treffpunkt 1957

liche Vorgehensweise in diesem Präzedenzfall.[11] Aus zwei Gründen sahen die staatlichen Sicherheitsorgane in dem hauptverantwortlichen Jugendlichen einen Rowdy-Anführer. Er frönte nicht nur öffentlich der als »dekadent« klassifizierten amerikanischen »Unkultur« des Rock 'n' Roll-Tanzens, sondern er war überdies bereits einmal dem SED-Staat abtrünnig geworden, aber wieder zurückgekehrt. Demnach ging aus Sicht der Sicherheitsorgane von ihm eine doppelte Bedrohung aus. Im Allgemeinen urteilten sie auf Grund der Annahme, dass die Zuzügler und Rückkehrer aus der Bundesrepublik in den Meuten »meist die Rolle des Bandenführers usw. spielen.«[12] Rock 'n' Roll-Fans mit Kofferradios auf Volksfesten, vor größeren Kinos und in zentralen Parkanlagen zeigten sich nun häufiger. Für die BDVP wurde es »offensichtlich [...], daß die Tätigkeit der Rowdys bewußt durchgeführt und zentral inspiriert sein musste.«[13] Dabei waren Kleinmesse und Weihnachtsmarkt für die Fans deshalb besonders anziehend, weil die zum Teil westlichen Schausteller Rock 'n' Roll-Musik spielten.

Die so genannte »Capitol-Meute« entdeckte die BDVP Anfang 1958 als »erste organisierte Gruppe, welche einen bandenartigen Charakter trug und einen Anführer hatte.«[14] Das Aktenprofil der auch als »Capi-Meute« bezeichneten Gruppe: »Typisch war, daß sich die Anführer im Hintergrund hielten und wenig offiziell in Erscheinung traten. [...] Es wurde nunmehr festgestellt, daß es sich um organisierte Gruppierungen handelte, die von Rückkehrern und Zuzügen geleitet wurden. Ein Teil der Jugendlichen hatte sich ausgerüstet mit Messern und Schlagringen, mit Totschlägern und Gaspistolen. Ihre westliche Kleidung verschafften sie sich bei ihren häufigen Westberlinfahrten. Sie trugen fast ausschließlich Niethosen und auffällige Texashemden, farbige Söckchen und Halsketten mit faschistischen Abzeichen (eiserne Kreuze, ja sogar Ritterkreuze).«[15] Mitte 1959 sollen Cliquenangehörige »Dienstgradabzeichen« vom Gefreiten bis zum Major in Form von Knöpfen und Totenkopfabbildungen an Hemden und Krädern getragen haben. Angeblich begrüßten sie sich »durch Erheben der Hand bis zur Gürtellinie mit dem Wort ›Heil‹«. Im Herbst 1960 fielen der VP in der Petersstraße nach 19.00 Uhr Motorräder mit Ringen an der Hinterradfederung, Micky-Maus-Aufklebern und anderen Dekorationen auf. Man trug Spitznamen, der vermeintliche »Boss« nannte sich »Banane«. Im Unterschied zu anderen bis dato im Polizeiregister verzeichneten Gruppen waren auch weibliche Meuteanhänger regelmäßig vor dem »Capitol«-Kino anzutreffen.[16]

Als Jugendliche auf dem Pressefest der LVZ im Juni 1958 versuchten, die Volkspolizei gewaltsam daran zu hindern, einige aus der »Capitol-Meute« wegen Rock 'n' Roll-Tanzens festzunehmen, wurden 20 von 37 Beteiligten zugeführt. Sie wurden beschuldigt, einen »Aufruhr inszeniert« zu haben.[17] Die LVZ denunzierte die Angehörigen der »Capitol-Meute« als »Vogelscheuchen«. Darauf zog die Gruppe protestierend durch die Innenstadt. So genannte »fortschrittliche Bürger« griffen gewaltsam ein, es kam zu einer Schlägerei. Weitere Angehörige der Meute wurden verhaftet, Ermittlungsverfahren wegen Landfriedensbruch und Staatsverleumdung folgten.[18] Gegen einzelne Gruppenmitglieder liefen bereits Verfahren, weil sie bei der 550-Jahrfeier der Karl-Marx-Universität für Unruhe gesorgt und schließlich eine Schlägerei provoziert hatten.[19] Zudem prügelte sich »Capitol-Meute« und »Lindenfels-Meute« regelmäßig auf der traditionellen Kleinmesse.[20] Zu den Feierlichkeiten des 10. Jahrestages der DDR im Oktober 1959 vereinigten sich jedoch die beiden Cliquen, um »miteinander gegen die öffentliche Ruhe und Ordnung und insbesondere gegen freiwillige Helfer der Volkspolizei und gegen die Volkspolizei selbst vorzugehen«, so die BDVP. »Sie randalierten, verherrlichten Elvis Presley, belästigten Bürger und führten sich entsprechend im Tanzpavillon [im Clara-Zetkin-Park] auf. Sie überfielen u. a. 5 Studenten, von denen sie annahmen, daß es sich um Freiwillige Helfer der Deutschen Volkspolizei handelt.« Elf Hauptverdächtige wurden inhaftiert.[21]

Die »Lindenfels-Meute«, die sich in der Nachbarschaft der »Lindenfels-Lichtspiele« aufhielt, war der Volkspolizei ein weiterer Dorn im Auge.[22] Die Jugendlichen verkehrten auch im »FDJ-Klubhaus der Freundschaft« (später »Junge Garde«) auf der Karl-Heine-

Straße, beteiligten sich jedoch nicht an den FDJ-Veranstaltungen, sondern nutzten die Räume zu anderweitigen Unterhaltungszwecken, vor allem zum Fernsehen.[23] Im Norden der Stadt zog die »Wahrener Bande« oder »Wahrener Meute« Mitte April 1959 einen so genannten »Aufklärungsmarsch« vom Rathaus Wahren über die Georg-Schumann-Straße bis zur Lützowstraße in Gohlis durch. In den Akten wird diese Aktion auch als »Presley-Demo« bezeichnet. Sprechchor der »Meuternden«:

»Es lebe Elvis Presley. Wir wollen
keinen Lipsi und keinen Alo Koll, wir wollen Elvis Presley mit seinen
Rock'n-Roll.«
und:
»Hier ist der Freiheitssender 904.
Wir bringen 30 Minuten Jazz für die
verwahrloste Jugend der Ostzone.«[24]

Die Westpresse griff diese Aktion auf. Die »Frankfurter Rundschau« berichtete, die Jugendlichen hätten Marschrituale parodiert, indem sie im Gänsemarsch skandierend durch die Straßen gezogen seien:

Vorsprecher: »Es lebe Walter Ulbricht und die Ostzone!«,
Antwort: Chor: »Pfui, pfui, pfui!«
Vorsprecher: »Es lebe Fred Frohberg!«
Antwort Chor: »Pfui, pfui, pfui!«
Vorsprecher: »Es lebe Elvis Presley!«
Antwort Chor: »Yes, yes, yes!«[25]

Von insgesamt 50 beteiligten Jugendlichen im Alter von 16 bis 21 Jahren wurden gegen 25 Ermittlungsverfahren wegen Landfriedensbruchs, Staatsverleumdung, sexuellen Missbrauchs, Einbruchdiebstahls und Sachbeschädigung eingeleitet. Ferner waren einer der Anführer, genannt »Boss«, sowie weitere acht Jugendliche »Rückkehrer«. Von den Beschuldigten gehörten neun »nur formal« der FDJ an, sieben weitere waren bereits ausgetreten. Sie erhielten Freiheitsstrafen von sechs Monaten bis zu viereinhalb Jahren.[26] Nach der »Zerschlagung« ihrer Clique schlossen sich ehemalige Mitglieder der »Wahrener Meute« zur »Nordbande« zusammen, die sich regelmäßig an der Ecke Lindenthaler/Georg-Schumann-Straße aufhielt. Straffällig wurde diese Clique nicht, auch hatte sie kein »festes Organisationsgefüge«. Die Mehrheit trug lediglich, angelehnt an den damaligen Halbstarken-Stil, schwarz-weiß-rote Kluft.[27]

Weitere »Brennpunkte« in der Bekämpfung des Rowdytums um 1960: die »Adler-Bande« am »Schauburg-Lichtspiele« beziehungsweise »Am Adler«, die »Edda«-Bande an den »Edda-Lichtspielen«, die »Graue Spinne« beziehungsweise die genannte »Wilde 13« am Freiligrathplatz, die »Auensee-Meute«, in Lößnig die »Sternbande« an den »Sternlichtspielen« und der »Borsdorfer Roller-Club«.[28] Im März 1960 berichtete die BDVP Leipzig an den Stellvertreter Operativ der HVDVP, dass sie bei der Bearbeitung der »Lindenfels-Bande« wie auch der »Wahrener Bande« auf »Verbindungen zu Agentenorganisationen (auch verdeckt)« gestoßen seien.[29] Zum Fall eines 24-jährigen »Rückkehrers« aus der »Lindenfels-Bande« heißt es: »Bei ihm wurde festgestellt, daß er für den amerikanischen

Conny-Zentral-Clubausweis
Sci-Fi-Deutschland-Clubausweis

Brief von Elvis-Fanclub

München, den 22. 8. 59

Liebe Margret!

Herzlichen Dank für Deinen Brief. Leider komme ich erst jetzt dazu, ihn zu beantworten, da ich im Urlaub fort war.

Ich hoffe, daß mit Deiner Erkältung ist wieder in Ordnung. Wenn nicht, gute Besserung!

Selbstverständlich nehme ich Dich gerne in den Club auf. Ich sende Dir Deinen Clubausweis zu. Solltest Du Dich inzwischen allerdings anders entschieden haben und Du willst nicht mehr in den Club eintreten, so sende ihn mir bitte wieder zurück, das verlangen die Clubregeln so.

Es tut mir leid, daß Du El nicht oft hören kannst. Wenn man sich vorstellt, daß wir hier im Club alle Platten von El haben (etwa 130 Lieder) und so oft Rock'n'Roll auf unseren Tanzpartys tanzen können wie wir wollen. Außerdem hören wir auch jeden Tag AFN, den es in München selbstverständlich auch gibt und dessen große Sensation zur Zeit Elvis' neueste Platte "A big hunk o' lovin'" mit Rückseite "My wish came true" ist. "I need your love tonight" (Auf Deutsch "Ich brauche Dich dazu") ist natürlich große Klasse.

Was Elvis selbst betrifft, er ist am 8. Januar 35 geboren ist also jetzt 24 Jahre alt.

Ich sende Dir Bilder mit. So, nun ich denke das wäre alles für heute. Grüße mir Deine El-begeisterte Freundin schön und wenn Du Fragen hast, wende Dich an mich. Schreibe bald.

Mit den besten Grüßen
Judy
und alle Elvis-fans

ACHTUNG! An alle Film- und Schlager-Star-Clubs

Die Fans in der Zone

Die Union der Film-Star-Clubs e. V. bittet dringend den untenstehenden Artikel zu beachten!

Nur wenige Leute die diesseits des Eisernen Vorhangs leben interessieren sich für Menschen in der Zone.

Doch jeder, der einen Star-Club leitet, macht Bekanntschaft mit jungen Menschen, die es nur um ein Autogramm bitten. Aber die Art, wie diese bitten geschrieben sind, ist eine ganz andere als die Autogrammwünsche von westdeutschen Fans. Man bittet noch um die Autogramme, man fordert sie nicht wie hier. Und in vielen Fällen bedankt man sich auch noch nach Erhalt der Fotos und bittet um einen Briefwechsel.

Wir stehen mit vielen Mitgliedern und noch mehr Freunden von drüben in regelmäßigem Briefwechsel. Und dabei fiel uns eine ganze Menge auf.

Man kennt sehr gut unsere Stars, zum Teil aus Filmen, die drüben laufen (Felix Krull, Mann geht durch die Wand"), zum Teil auch von Platten, die drüben vertrieben werden (Heidi Brühl, Peter Beil und Willi Hagara).

Niemand hält sich an das Verbot, westdeutsche Sender zu hören. Man ist bestens informiert.

Immer wieder gelangt eine westdeutsche Zeitung hinüber. Daß die oft durch 20—30 Hände geht, ist klar.

Obwohl die Briefe teilweise geprüft werden, beweisen die Fans Mut: sie schreiben über alles, auch über ihren Lebensstandard.

Der Lebensstandard ist nicht schlecht, aber auch nicht gut. Man kann drüben auch Filme sehen, sie haben allerdings alle die gleiche Form und den gleichen Zweck: sie verherrlichen, die Lebensweise der Menschen in der Zone und sind antiwestdeutsch. Und das wird man leid.

Jeder Star-Club hat Verbindung mit Fans in der Zone. Oft ist es nicht nur eine einfache Briefverbindung, sondern mehr: eine Betreuung. Man schickt Pakete in die Zone. Einige Stars helfen ihren Clubs bei dieser Aufgabe, sie können die Unkosten als Publicity (Bekanntsein in der Öffentlichkeit) als Ausgabe von ihren Einkommen, der Steuer gegenüber, absetzen. Viele Clubs machen das auch ohne Hilfe ihres Club-Stars, sie legen von ihrem Taschengeld zusammen.

Was kann man noch für die Fans hinter dem Eisernen Vorhang tun? Wir haben schon einige Male Briefwechsel und somit Freundschaften über den Eisernen Vorhang hinweg vermittelt. Wir bitten Stars um Autogramme und senden sie den Jugendlichen zu. Leider sind nicht alle Stars bereit, uns mit einem Schlag 30 Autogrammkarten zu schicken. Wir kaufen Filmzeitungen und schicken sie los, auch unser Filmautogramm. Auch auf die Gefahr hin, daß wir sie nicht durchbekommen.

Das Leben in der Zone ist nicht leicht. Oft sind die Star-Clubs die einzige Verbindung für die Jugend drüben. Junge Leute, die vieles hergäben, um nur einen Film mit Conny oder Peter zu sehen. Kleinigkeiten, auf die man verzichten kann? Ja, aber nicht immer.

Trotzdem sollten sich die Clubleiter vorsehen. Eine Autogrammsammlerin hat mich mehrmals um die Anschriften aller Mitglieder hinter dem Eisernen Vorhang. Wir haben sie nicht geschickt. Vielleicht war die Schreiberin ein Spitzel, vielleicht auch nicht, aber damit sollte man immer rechnen. Briefe mit Clubstempel werden erfahrungsgemäß zu 50 Prozent beschlagnahmt und gelesen. Also nur neutrale Umschläge ohne Clubstempel und Aufdruck verwenden. Die Adresse auf dem Umschlag schreibt man am besten mit der Hand. Das ist am sichersten.

Alle diese Vorsichtsmaßnahmen haben wir durch eine sehr traurige Erfahrung machen müssen. Wir haben drei Mitglieder in einer Stadt in Mecklenburg. Allen haben wir gleichzeitig geschrieben und gedankenlos mit Clubstempel abgeschickt. Zwei Monate kam keine Post aus dieser Stadt. Zu Ostern eine Karte: Brief folgt. Der Brief war in einer anderen Stadt aufgeliefert worden. Er enthielt unter anderem den Satz: Bitte in der nächsten Zeit nur noch farblose Briefe schreiben. Wir wurden in vier Wochen sechsmal verhört! Nun, sind unsere Briefe dort interessant.

Trotzdem: Wir dürfen die Fans in der Zone nicht vergessen. Wir alle nicht. Denn wir können ihnen etwas gutes geben: KRAFT und das Gefühl, daß sie nicht abgeschrieben sind. Und wir können verhindern, daß sich die junge Generation mit uns nicht mehr versteht.

Klaus Jürgen Kolvenbach

Anmerkung des Verlages: Die Film- und Schlager-Star-Clubs bekommen das Organ der Union der Film-Star-Clubs e. V. das FILMAUTOGRAMM pro Heft für DM —,30 und können es an ihre Club-Mitglieder für DM —,60 weitergeben. Die DM —,30 sind für die Clubkasse und ermöglichen den Briefwechsel mit der Jugend hinter dem Eisernen Vorhang.

BITTE DIESES HEFT NICHT NACH DRÜBEN SCHICKEN, ES IST SONST FÜR DIE EMPFÄNGER ZU GEFÄHRLICH. WARUM? LEST DEN OBENSTEHENDEN ARTIKEL SEHR GENAU!

Neues aus Köln

Köln — Aus allen Teilen Deutschlands schreiben Verehrer und Fans an Ruth Fischer. „Lunalei", der neueste Schlager von ihr, hat auch in Mitteldeutschland so starke Resonanz gefunden, daß sich viele junge Leute zu Ruth Fischer-Clubs zusammengeschlossen haben. 12 Jungen aus einem ostdeutschen Krankenhaus schrieben „Wir werden Ihrem Namen bestimmt keine Schande bereiten!".

Köln — Jetzt ist sie da! „Wiedersehen mit Marlene" — die Langspielplatte mit alten und neuen Schlagern, die Marlene während ihrer Deutschland-Tournee sang. Anfang des kommenden Jahres wird Marlene in Moskau gastieren. „Na, da werden Sie einmal einen Beifall hören können!", prophezeite sie lachend. Bevor Marlene nach Moskau geht, wird sie noch in Australien und Japan auftreten.

Geheimdienst unter der Deckadresse M 6071/59 angeworben und mit dem Ziel tätig war, Jugendliche aus der Republik abzuwerben. [Er] erhielt eine Zuchthausstrafe von 4 Jahren.«[30] Angeblich hatten einige Angehörige der »Wahrener Bande« in Vernehmungen gestanden, als »Rückkehrer« in den Durchgangslagern in West-Berlin als Agenten angeworben worden zu sein. »In den Befragungen stellten sie in Abrede, den Aufträgen nachgekommen zu sein.«[31]

Aus zwei Gründen ist bei diesem »Befund« Skepsis geboten: Zum einen hatte der Leipziger Bezirksstaatsanwalt auf der Arbeitsbesprechung 1958 empfohlen, wenn irgend möglich, Verbindungen zu Geheimdiensten nachzuweisen; zum anderen geht aus der Aufgabenstellung des Berichts selbst hervor, dass »Agentenbeziehungen von Banden« ausfindig gemacht werden sollten. Auch waren dies nicht die einzigen Fälle, in denen die gleichzeitige Zugehörigkeit zu einer lokalen Jugendclique sowie Beziehungen jeglicher Art nach Westdeutschland zu drakonischen Strafen führten. Auch ein ehemaliger Angehöriger der »Edda-Bande«, dem zusätzlich die Mitgliedschaft im »Science-Fiction-Club« nachgewiesen werden konnte, wurde zu neun Monaten Haft verurteilt.[32]

In einem besonders aufschlussreichen Bericht des Amtes für Jugendfragen Ende 1959 heißt es: »Bei Banden und Gruppen von Jugendlichen wird immer stärker die Tätigkeit von Agentenorganisationen festgestellt. Der Kontakt wird vorwiegend bei Besuchen in Westberlin aufgenommen. In den Banden spielen häufig die Rückkehrer und Zuziehenden eine aktive Rolle. Sie werden u. a. in den westlichen Aufnahmelagern zu Verbrechen gegen die DDR aufgehetzt. Einen noch größeren Umfang haben die Verbindungen zu verdeckten Agentenorganisationen. Dabei spielen die sogenannten Film- und Musikclubs, Sender Luxemburg und andere [eine] gefährliche Rolle. Mit ihnen stehen viele tausend Jugendliche unserer Republik in brieflicher Verbindung und erhalten Instruktionen, wie sie die ›Klubarbeit‹ in der DDR gestalten sollen.«[33]

Über das Leipziger Stadtgebiet hinaus wurden aus den umliegenden Landkreisen wie Altenburg, Döbeln, Eilenburg, Geithain, Grimma und Torgau rowdyhafte Vorfälle bekannt. So zog im Mai 1958 eine Gruppe von etwa 100 jugendlichen Rock 'n' Roll-Fans durch den Ort Ponitz im Kreis Schmölln. Die Losung auf dem Transparent: »Elvis Presley – das Idol! Wir wollen nur noch Rock and Roll. Rock and Roll Klub Schmölln.«[34] Ihre Ankunft im Tanzsaal des Dorfes wird von den Polizeikräften so beschrieben: »Dort führten sie sich entsprechend auf und durch die Musik aufgepeitscht, gingen sie zu Schlägereien über. Tanzende Paare wurden belästigt und weibliche Personen unsittlich belästigt.«[35]

Nach der Räumung des Saals durch das Schnellkommando Schmölln wurden gegen acht Jugendliche im Alter von 19 bis 25 Jahren Ermittlungsverfahren wegen Landfriedensbruchs eingeleitet. Das Kreisgericht verhängte Gefängnisstrafen von acht Monaten bis zu zwei Jahren. Dem Besitzer der Gaststätte wurde die Konzession entzogen, weil er nach Ansicht des Gerichts zu spät eingeschritten war.[36]

Die Jugendkriminalität in der DDR bei den 14- bis 18-Jährigen stieg 1959 gegenüber 1950 um 161 Prozent, so dass es bis dato insgesamt mehr jugendliche als ältere Straftäter gab: knapp 50 Prozent der Gesamtkriminalität gingen auf das Konto von 14- bis 25-Jährigen, wobei diese nur rund 21 Prozent der Gesamtbevölkerung stellten. Neben

Plakat des Protestzuges
der Rock 'n' Roller
aus Ponitz durch Schmölln

Eigentums- und Wirtschaftsdelikten (Zollverstößen) sowie Körperverletzungen waren Sexualdelikte besonders häufig aufgetreten. Insgesamt verzeichnete das Jugendamt seit 1957 ein stetiges Wachstum von Rowdytum und Bandenbildung. Allein im Jahre 1959 wurden in Ostdeutschland 250 Banden mit rund 2.200 Angehörigen strafrechtlich verfolgt.[37]

Die Halbstarken-Subkultur fand innerhalb der Arbeiterjugend einen guten Nährboden. Erziehungsmaßnahmen der Betriebe waren nicht immer mit denen der Berufsschulen abgestimmt, und so entfalteten Erziehungseinflüsse im täglichen Leben mitunter eine für die »sozialistische Persönlichkeitsentwicklung kontraproduktive« Wirkung. Ähnliches galt für die Erziehungspraxis in den Elternhäusern. Indifferenz gegenüber staatlichen Vorschriften zeigten vor allem Arbeiter aus niedrigen Lohngruppen, da ihr berufliches oder politisches Karrierestreben begrenzt war. Sie hatten nicht viel zu befürchten, ihr unqualifizierter Arbeitsplatz war in der sozialistischen Arbeitergesellschaft relativ sicher.[38]

Die Debatte um die »Vogelscheuchen in der Petersstraße«

Der Auslöser für die öffentliche Auseinandersetzung um das vermeintlich dekadente Gebaren der »Capitol-Meute« war zunächst deren »wilder Auftritt« auf dem Pressefest der LVZ. Der Konflikt spitzte sich zu, als die Redakteure des SED-Bezirksorgans reagierten. Weil der Halbstarken-Treffpunkt daraufhin zum Stadtgespräch wurde, soll die Debatte ausführlich dargestellt werden:

Die LVZ-Redakteure reagierten verzögert. Erst knappe zwei Wochen nach dem Ereignis erschien der Artikel »Arbeiter dulden keine Kudamm-Manieren«, in dem der Verlauf des Pressefestes am Samstag, dem 21. Juni 1958, an der großen Freibühne und in den Messehallen 1 und 2 beschrieben und auf die jugendlichen Unruhestifter besonders eingegangen wurde. Tatsächlich warteten sie die Ergebnisse der Vernehmungen ab, wahrscheinlich, um die drohende »Gefährdung« der sozialistischen Jugend zu verdeutlichen. Den LVZ-Lesern wurde dieses Bild vermittelt:

»[...] überall herrschen Frohsinn und Heiterkeit, überall zeigt die Bevölkerung ihre Verbundenheit mit der sozialistischen Presse, mit ihrer LVZ. Doch einigen scheint das nicht in den Streifen zu passen. Als kurz vor 1 Uhr nachts die Veranstaltungen zu Ende gehen, provozieren jugendliche Rowdys in Messehalle 1 die Pressefestgäste mit wüstem Rock'n Roll. Doch die Arbeiter wollen sich ihr Fest nicht verderben lassen. Gemeinsam mit der Volkspolizei weisen sie diese ›Gliederverenker‹ in die Schranken – und plötzlich fühlen sich eine Reihe fraglicher Figuren – die Mehrzahl in Niethosen, Texashemden und absurden Frisuren – stark und beginnen eine Schlägerei. Doch mit Hilfe des Schnellkommandos der Volkspolizei bereiten unsere Werktätigen dem Spuk ein schnelles Ende. Zehn der Rädelsführer, die auf unsere Volkspolizisten einschlagen und sie mit wüsten Schimpfworten belegen, werden in Haft genommen.

Was ergaben nun die Vernehmungen und Untersuchungen? Bei den meisten der Inhaftierten handelt es sich – um es einmal offen zu sagen – um Rowdys, die schon mehrmals unangenehm auffielen, als sie in der Petersstraße Passanten belästigten und glaubten, nach westlichen Vorbild Gangsterbanden bilden zu können.

Bedauerlich ist, daß zwei Spitzensportler des Sportclubs Lokomotive – die Ringer Wiechmann und Kanis – als Hauptschuldige inhaftiert werden mußten. [...]«

Bei der Durchsuchung ihrer Internatszimmer sei »eine Anzahl von Westschmöker[n] und Westzeitungen« gefunden worden, so die LVZ, die zur besseren Kontrolle der Internatsbewohner und insbesondere ihrer Zimmer auf Schundliteratur aufforderte.[39]

Weitere 14 Tage zogen ins Land, bis die LVZ, diesmal mit Karikaturen von Fritz Berger zur Illustration ihres Standpunktes, einen Leitartikel zu den »Vogelscheuchen in der Petersstraße« ins Blatt setzte. Obwohl der zynisch-ideologische Ton sowie die blühende Fantasie des Autors das Bild verfremden, bietet dieser Artikel Anhaltspunkte zum Halbstarken-Stil der Leipziger Stadtjugend: »Wer hat sie nicht schon gesehen, die heutigen Ritter von der traurigen Gestalt? Von Kopf bis Fuß auf ›Schau‹ eingestellt, plärren sie des Abends und des Sonntags auf den Straßen und möchten mit ihrem Auftreten und ihren Manieren aus der Petersstraße so mir nichts, dir nichts einen Ku-Damm machen.

Männliche Geschöpfe dieser Art stellen an ihrer Frisur die Himmelsrichtung fest. Deshalb liegen ihre Haare nach mindestens vier Seiten: vorn der Pony, die nicht vorhandene Denkerstirn verdeckend, oben nach links und rechts auseinandergehend, um sich in der Mitte des Hinterkopfes übereinander gelegt zu einer Wasserrinne wieder zu vereinigen. Andere Exemplare beliehen sich mit dem Haarwuchs den Igel zum Vorbild zu nehmen. Den Hals machen sie zum Trödlerladen für ausgediente Münzen aus aller Herren Länder. Um das Geld nun auch völlig wertlos zu machen, beißen sie ein Loch hinein und bammeln es an einer Kette auf. Hemd bunt und kurz – nach dem Motto: Je geschmackloser, desto besser. Und die Hosen ...? Der obere Teil ist mit Absicht so eng gehalten, daß jeder sehen kann, daß der Träger nichts in der Hose hat. Für die Hosenbeine stand ein Ofenrohr Modell, das sich – als es von seinem Verwendungszweck erfuhr – in sich zusammenzog. Weil es noch zu lang war, wurde es mit dem Hammer zusammengeschlagen, wodurch es die ungleichmäßigen Wellen bekam. Das ganze wird dann mit buntem Zwirn zusammengehalten, und aus Angst, der Faden könne vor Scham ob solcher Vergewaltigung platzen, müssen noch ein paar Nieten an und in die Hosen.

Weibliche Geschöpfe dieser Art unterscheiden sich von den männlichen Wesen nur in zweierlei Hinsicht: Erstens: Die Haare werden in regelmäßigen Abständen von Ratten abgefressen, so daß man letzten Endes nicht mehr weiß, wo die Nagetiere mehr Schaden anrichten: auf oder im Kopf. Zweitens: Die Hosen sind noch kürzer und noch enger. Unten werden sie geschnürt (wegen der ersten Rauchversuche).

Was soll man mit diesen Vogelscheuchen anstellen? Klar ist, daß sie auf unseren Straßen nichts zu suchen haben. Unser Straßenbild soll von einer gesunden Jugend beherrscht werden, die dabei ist, Großes beim sozialistischen Aufbau zu leisten – und nicht von irgendwelchen Gestalten, die glauben, die Laufbahn eines Schiebers, Gangsters oder einer Nutte in Westberlin sei das für sie geeignete.

Ein Vorschlag an alle Genossenschaftsbauern: Nehmt sie als Vogelscheuchen – die Wirkung wird verblüffend sein. Alles Gefieder wird kreischend davonfleuchen, Schädlinge flüchten mindestens einen Meter unter die Erde, auch das kleinste Unkrauthälmchen verdorrt vor Gram und Schmerz bei solch einem Anblick.

Wir gingen los, um zu sehen, wo die Geschmacklosigkeiten, mit denen einige Jugendliche behangen sind, verkauft werden. Wir traten als vermeintliche Käufer auf, und überall, wo wir unser Begehr vermeldeten, antwortete uns zunächst das Verkaufspersonal mit einem mitleidigen Lächeln, was soviel wie »armer Irrer« bedeutete. In den Privatgeschäften bedeutete man uns sehr drastisch, daß so etwas nicht geführt wird. Im HO-Warenhaus I verwies man uns beim Hosenlager diabolisch grinsend nach der Abteilung für Berufsbekleidung. Auf unser Erstaunen hin belehrte man uns, daß so etwas billigste Arbeitskleidung auf den amerikanischen Farmen ist. ›Blamiert‹ zogen wir von dannen und konnten wegen der Rolle, in die wir uns hineingespielt hatten, nicht einmal unsere Freude über die drastische Antwort zeigen.

Aber trotzdem gibt es im staatlichen Handel Nieten, die Niethosen anbringen, damit sie verkauft werden. Im HO-Sportartikel-Geschäft in der Petersstraße fanden wir eine ›Damenhose‹, Modell ›Amigo‹. Sie war eng, aus schwarzem Stoff und hatte unten rote

Schnüre. Das war eine[s] der üblichen geschmacklosen Bekleidungsstücke. Als Hersteller fanden wir auf der Fabrikmarke: Friedrich & Co., Leipzig S 3, Kochstr. 28.

Also unterstützt ein Leipziger Betrieb objektiv westliche Aufweichungsmethoden. Die Sittenverrohung und Dekadenz, der ein Teil der westdeutschen Jugend auf Grund der herrschenden gesellschaftlichen Verhältnisse verfallen ist, äußert sich auch in solcher amerikanisierten Kleidung, ja sie fördert den Prozeß der Zersetzung sogar. Das Damenoberbekleidungswerk Friedrich & Co. macht seinem Namen keine Ehre, wenn es diese Bestrebungen unterstützt und damit unserer Jugend einen sehr schlechten Dienst erweist. Die Textilfirmen haben auch erzieherische Aufgaben bei der Modegestaltung.

Es geht nicht länger, daß wertvolles Material, aus dem geschmackvolle Kleidung hergestellt werden kann, dazu verwendet wird, Vogelscheuchen auszuputzen [sic!]. Es geht nicht länger, daß Hersteller und staatliche Einkäufer unsere Jugend zu zersetzen sich bemühen. Um sie recht schnell zu heilen, sollte man sie selbst in diese Klamotten stecken – und Circus Aeros hätte seine Hanswurstattraktion. Die Arbeiter in den Betrieben sollten ihrer Erziehungspflicht auch jenen Jugendlichen gegenüber genügen. Auf manchen Höslein stehen Namen wie ›Texas‹. Das will keineswegs eine Werbung für die Naturschönheiten dieses Landes sein. Wir sollten solchen Hosenträgern offen sagen, daß sie sich zu entschuldigen haben:

Arbeitsloser oder Ausgebeuteter in Texas – oder Bürger der Deutschen Demokratischen Republik, die den jungen Menschen alle Möglichkeiten einer gesicherten Existenz, der Weiterbildung, der aktiven Teilnahme am Aufbau des höchsten Ziels der Menschheit, des Sozialismus, bietet. Aber Texas in Leipzig ist nicht möglich, genauso wenig wie aus der Petersstraße ein Ku-Damm gemacht werden kann.«[40]

In SED-konservativen Kreisen der Leipziger Bevölkerung stieß der Artikel auf große Resonanz. Die Redaktion der Volkszeitung sammelte Leserbriefe zu dem Thema und veröffentlichte die – wahrscheinlich zum Teil fingierten – positiven Zuschriften Ende Juli unter der Überschrift »Der Zwinger auf dem Hinterteil«. Die Idee zu dem Titel lieferte der Beitrag von Frau M.: »Eins vermisse ich noch in Ihrem Artikel: Die jüngere weibliche Generation trägt jetzt Röcke, die man eigentliche nur noch als Anschlagsäulen oder Reklametafeln bezeichnen kann. Da wird Cherry Brandy, White Satin, Curacao, White Star Line propagiert, die verschiedensten Zigarettensorten – meist in englischer Sprache – werden auf dem Rock der Trägerin angepriesen. Mancher Rock sieht wie ein mit allen möglichen Hotel- und Firmenschildern beklebter Koffer aus. Und neuerdings sieht man alle möglichen Wahrzeichen von Städten: der ehrwürdige Dresdner Zwinger prangt auf manchen Hinterteil – Pöppelmann würde sich im Grabe herumdrehen – und das ist in unserer Republik hergestellt! Im HO-Kaufhaus sah ich einen Stoff im Schaufenster liegen, der stufenweise für Rom, London, Neapel usw. Reklame machte. Der Eifelturm hat es den Zeichnern auch angetan. Mein Vorschlag: Alle Herstellerfirmen anprangern und den ›Modeschöpfern‹ mehr auf die Finger gucken. Hoffen wir, daß mit vereinten Kräften der gute Geschmack und die Vernunft siegen wird.«[41] Einen ähnlich ›guten Geschmack‹ bewies Frau H.: »Ich liebe alles Schöne und auch Moderne. Doch dies hier hat mit modern nichts mehr zu tun. Das sind nicht nur Vogelscheuchen, es ist eine Kulturschande.«

»Man fragt sich nur«, bemerkte Frau S., »was diese Jugendlichen für Eltern haben. Ich hätte meinen Kindern diese jedem guten Geschmack hohnsprechende Kleidung so lange um die Ohren geschlagen, bis nichts mehr davon übriggeblieben wäre.« »Sowohl im Betrieb als auch bei einer Familienfeier sprach man ausführlich über den Artikel in der LVZ Nr. 168. Unsere Jugend hat es wirklich nicht nötig, so an- und abstößig durch die Straßen zu gehen. In dem Artikel sind die Vogelscheuchen ins rechte Licht gerückt, so daß man hoffen kann, daß sie bald aus dem Stadtbild verschwunden sind«, meinte Herr R. Herr H. schließlich machte einen Vorschlag zur Beseitigung des Übels: »Vielleicht macht die FDJ noch einen Blitz [in dieser Zeit Synonym für freiwillige Arbeitseinsätze der Pioniere und der FDJ, v.a. Altstoffsammlungen, Y.L.] an die Schneiderstuben, die das herstellen, und an den Handel, der es abnimmt.«

Mitte August schließlich folgte ein letzter Artikel zum Thema, ein Bericht über eine Aussprache mit Eltern auffälliger Jugendlicher. Es war die Versammlung, an der die als »Vogelscheuchen« diffamierten Jugendlichen mit ihren Eltern und der Erste und der Zweite Sekretär der SED-Stadtleitung, die Genossen F. Beier und Dittrich, unter Leitung eines Hauptmanns der Volkspolizei teilnahmen. Grundtenor der Argumentation war, dass sich hinter der verteufelten Kleidung zum Teil Kriminelle, so genannte »politische Abenteurer« und »regelrechte Banden, fest organisiert nach bestimmten Satzungen«, mit

»politischen Hintermännern« in Westdeutschland verbargen. »Etwas zu ihrer Freizeitbeschäftigung: In den Wohnungen einzelner Jugendlicher feiern sie ›Rock'n-Roll-Feste‹ und beschäftigen sich mit ›Spielen‹, die zu beschreiben der Anstand verbietet«, hieß es in der LVZ. »Einzelne solcher Jugendlichen zeigen genau das Bild der moralischen Verkommenheit, wie es in Westschmökern verherrlicht wird. Von den Jugendlichen wird auch nicht bestritten, daß sie in solchen Schmökern ihre Vorbilder finden. Diese ›Literatur‹ beziehen die jungen Menschen aus Westdeutschland. Von dort erhalten sie auch Rock'n-Roll-Platten, von dort bekommen sie Morphiumzigaretten und – ihre Waffen. Diese Banden haben eine regelrechte Verbindung zu Banden ähnlicher Art in Westdeutschland und unterhalten mit diesen einen ›Erfahrungsaustausch‹. Die geistigen Väter sitzen also in Westdeutschland ...«[42] Illustriert war der Beitrag mit Fotos von Kleidungsstücken, »Schundliteratur«, Waffen, Frisuren und Musikobjekten, in der »Aussprache« zusammengestellt zu einer Ausstellung.

Die Zuspitzung des Konfliktes zwischen Halbstarken und den Vertretern der sozialistischen Staatskultur zeigt, dass die politische Ächtung den Zusammenhalt in den Cliquen förderte und die Anhänger dieser Subkultur verstärkt Elemente ihres Gruppenstils als Symbole und Rituale benutzten, um sich von der gesellschaftlichen Norm abzugrenzen. In diesem Sinne können das Tragen Eiserner Kreuze durch Angehörige der »Capitol-Meute« und das Parodieren von Marschritualen bei der »Presley-Demo« der »Wahrener Meute« verstanden werden.

Die Politisierung der Musikkultur und die staatliche Ausgrenzung der Rock 'n' Roll-Anhänger führten schließlich zu öffentlichen Aktionen wie den Protestzügen des »Ponitzer Rock 'n' Roll-Klubs« und der »Capitol-Meute« 1958 oder dem Protestmarsch der »Wahrener Meute« im April 1959, die sich jeweils gegen die Diffamierung ihrer Kulturformen und ihrer Idole in der Presse im Zuge des verschärften kulturpolitischen Kurses richteten. Nicht zuletzt verknüpften die Mitglieder der »Wahrener Meute« erstmals das öffentliche Bekenntnis zum Rock 'n' Roll mit politischen Forderungen.

Zu Hause im wilden Osten:
Lichtspieltheater »auf dem Broadway«

Die traditionellen Arbeiterviertel Leipzigs östlich des Hauptbahnhofs sind Neustadt-Neuschönefeld und Volkmarsdorf, verbunden durch die Ernst-Thälmann-Straße (heute Eisenbahnstraße). Über das Leben Ende der 50er Jahre in dieser Gegend existieren in den Erinnerungen der Leipziger recht unterschiedliche Bilder. Helga Jentzsch verbrachte einen Teil ihrer Kindheit im »schlimmen Osten«, wie sie spontan über die Stadtlandschaft aus »grauen Hinterhöfen« und »asozialen Verhältnissen«[1] sagt. Ein äußerst lebhaftes, buntes Mosaik ergeben dagegen die Erinnerungserzählungen von Hans-Dieter Schmidt, Jahrgang 1943, derzeit Laienmusiker auch bei den »Butlers«, der in der Thümmelstraße aufgewachsen ist und bis Mitte der 60er Jahre dort wohnte: »Assies gab es da nicht. Assies waren meistens unter der älteren Bevölkerung, wie das auch heute ist. In unserer Altersgruppe zwischen 14 und 20, also in unserer Clique, gab es keine Assies. Die hätten wir auch gar nicht akzeptiert, die verstanden nichts von Musik, die hatten keine Chancen bei Frauen, da kam geistig nichts, das waren dann irgendwelche Außenseiter, nee, das gab es nicht. Die waren alle entweder in der Lehre oder hatten gerade ausgelernt, verdienten Geld und konnten sich auch ein Motorrad zusammensparen.« Kriminelle Banden kannte Schmidt aus nächster Nähe nicht: »Ach, ich weiß es nicht, ob es Banden gab. ›Bande‹ hört sich negativ an, die macht dann Einbrüche. Ich hatte in meinem Umkreis überhaupt keine Kriminellen, die von Einbrüchen lebten oder dergleichen.« In der Szene damals sprach man vom »Räuberviertel« oder auch vom »Blues-Osten«, »weil es eben Arbeitermilieu, so tiefes Proletenmilieu [war] und diese verfallenen Häuser, auch schon in den 60er Jahren, das war so ein bisschen Blues-mäßig.«

»Arbeiterviertel« – »Räuberviertel« — »Blues-Osten«: Sicht der Zeitzeugen

Helga Jentzsch stammt aus einem bürgerlichen Elternhaus, Hans-Dieter Schmidt, dessen allein erziehende Mutter berufstätig war, gehörte zu jenen Jugendlichen, die sich Ende der 50er Jahre allabendlich auf dem »Broadway« trafen. Dieser erstreckte sich vom Kino »Wintergarten« an der Ecke Melchiorstraße, vorbei am Kino »Lichtschauspielhaus« bis zur Kreuzung Hermann-Liebmann-Straße. Eine geschäftige Gegend mit einer Vielzahl kleiner Lädchen, Bierkneipen und Gaststätten in den Nebenstraßen. Die große Kreuzung bildete quasi das Zentrum. Sie war von vier Eisengeländern gesäumt, an denen Passanten sich festhielten, während sie das Treiben auf der Straße beobachteten. Insbesondere die südöstliche Ecke der Kreuzung war meist belagert. Hier war eine stark frequentierte Stehbierkneipe. Viele Jüngere und Ältere genossen da ihren Feierabend. In einem FDJ-Klubhaus, wenige Hauseingänge vom »Lichtschauspielhaus« entfernt, war der 13-jährige Schmidt eine kurze Zeit lang täglich. Dort versammelten sich bis zu 50 Halbwüchsige, um gemeinsam auch westliche Lieder zu singen, Gitarre zu spielen oder nur fernzusehen. Später bevorzugte Schmidt dann die Straße, wo sich allabendlich kurz nach der Rock 'n' Roll-Sendung auf Radio AFN immer mehr Jugendliche in kleinen Gruppen zusammenfanden: »Sofort zum ›Broadway‹. Dann wurde das ausgewertet. Da war das eben noch was ganz Großartiges, wenn bestimmte Titel wieder gespielt wurden, die man hin und wieder schon mal gehört hatte und die wir eben gern noch einmal hören wollten; aber du konntest ja diese Bedürfnisse nicht befriedigen, du konntest ja nicht sagen, jetzt hab ich mal Lust auf den Interpreten Sowieso, das will ich mir heute mal anhören. Du konntest ja nicht an deinen Schrank gehen und eine Schallplatte auflegen, das ging ja nicht.«

Der beklagte eingeschränkte Zugang zu der begehrten Musik führte dazu, dass sich die Gleichgesinnten auf der Straße zusammentaten, um gemeinsam das Hörereignis nachzuerleben. »Da gab es mehrere ›Broadway‹-Meuten und -Cliquen«, erinnert Schmidt. »Da taten sich immer verschiedene Leute, die sich eben besonders verstanden haben, zu einer Gruppe Gleichgesinnter zusammen, das ist ganz natürlich.« Schmidt selbst fühlte sich keiner einzelnen Gruppe zugehörig, sondern hatte Freunde und Bekannte in unterschiedlichen Cliquen: »Meine Clique oder meine Cliquen, das waren immer kleinere Gruppen und die ›Capitol-Meute‹, die waren ja auch deswegen bekannt, weil sie eine größere Gruppierung war.«

Über Trends machten sich die Jugendlichen in West-Berlin kundig. Schmidt hatte dort beobachten können, dass »Leute, die Niveau hatten, eben keine deutschen Jeans getra-

Beste Chancen mit der tschechischen »Java«

gen haben. Die haben Levis oder Lee getragen. Du musstest original Levis anziehen.« Motorradbesitzer waren im Vorteil. Als »Starfahrzeug« galt das tschechische Motorrad Typ »Java«: »Da warst Du ein bissel mehr, wenn Du so 'ne Java gefahren hast. Du konntest mit dem Motorrad ja nach Berlin fahren, um dich einzukleiden mit Jeans, Lederjacke, Ringelsocken, längs gestreiften Strümpfen oder Mokassins. Wer etwas auf sich hielt, der hatte nur Klamotten aus dem Westen an und eben das, was angesagt war.« Der DDR-Nachwuchs informierte sich nicht nur auf den Straßen, sondern auch in den Kinos West-Berlins über die westliche, speziell die US-amerikanische Lebenswelt. Gegen vollen Eintritt, wie Schmidt betont, der um der Authentizität willen nur »Ami-Filme« sah. Der Authentizitätsanspruch bezog sich auf die damalige »Führungsrolle der amerikanischen Kultur« in der populären Musik samt Begleiterscheinungen. Nach Schmidts Schätzung waren seinerzeit zwei Drittel der Jugendlichen auf dem »Broadway« im Halbstarken-Stil gekleidet.

Auseinandersetzungen mit der Volkspolizei erinnert Schmidt nicht: »Nee, also die haben sich da eigentlich fern gehalten. Und wenn ein Polizist auftauchte, hat den keiner beachtet. Der ABV war eben da, aber was sollte er denn sagen? Es war ja nicht verboten, da zu stehen.« Unmut in der Bevölkerung über unhöfliches Gebaren auf der Straße? »Die haben gar keinen angepöbelt.«, verteidigt Schmidt in der Rückschau. »Sicherlich gab es mal einen Betrunkenen oder Angetrunkenen oder einen Nüchternen, der aber dachte, in der Clique bin ich jetzt hier der Meister. Und dann kommt ein älterer Bürger, der sich denkt, die sollen hier mal Platz machen und schubst den anderen an ... und dann kommt es zu Rangeleien.« Im Elsapark, vier Blöcke südlich vom »Broadway«, weiß Schmidt, da gab es einen Vorfall. Ein Freund war darin verwickelt: »Irgendwelche Beisitzer haben Gitarre gespielt, die mit ihm da rumsaßen. Da ist die Polizei gekommen und hat die einfach verhaftet. Den Freund von mir haben sie sogar eingesperrt, der hat nichts gemacht, gar nichts. Das war irgendwie so eine wahnwitzige Staatswelle, so eine FDJ-Welle nach dem Motto »im Park sitzen und irgendwelche amerikanischen Lieder singen, das ist gegen den Sozialismus gerichtet«. Das war Stalinismus in Reinkultur. Weil sie da in einer größeren Clique zusammensaßen, musste er etwa ein halbes Jahr ins Gefängnis.«

In den 60er Jahren gab es die Szene am »Broadway« im Osten nicht mehr. »Das hat sich dann aufgelöst,« erzählt Schmidt, »ich weiß nicht, warum. Aber auf keinen Fall hat sich die Szene aufgelöst, weil die Staatsorgane dahinter standen oder zu einer Auflösung gedrängt haben. Das hat sich von allein irgendwie ergeben. Die Szene hat sich dann in die Innenstadt verlagert, ›Capitol‹ und so, und auf die Tanzveranstaltungen am Wochenende.«[2]

»Schwerpunktbehandlung« Revier Nordost: Die Sicht der Sicherheitsorgane

Die »Presley-Bande« aus der Ernst-Thälmann-Straße soll über ein Statut verfügt haben:
1.) Keine Ostschlager singen;
2.) die westlichen und amerikan. Jazzsänger lieben;
3.) im Sommer nur die Presley-Bluse tragen;
4.) amerik. Schlager singen.[3]

Gegen 13 aus der »Bande« ermittelte die Polizei im Zusammenhang mit den Geschehnissen auf dem LVZ-Pressefest im Juni 1958. Den Behörden zum Trotz traf sich die Gruppe wieder in der Ernst-Thälmann-Straße. So genannte »organisierte Selbsthilfe der Bürger« vertrieb sie: »Als die Bande sich Ende Oktober 1958 wieder auf dem Fußweg breit machte, wurde sie von einer Anzahl Bürger derartig verdroschen, dass einige sich in ärztliche Behandlung begeben mussten.«[4] Ähnlich soll es den Angehörigen der ebenfalls in der Thälmann-Straße heimischen »42er Bande« ergangen sein. Derartige brutale Übergriffe wurden an der Spitze des SED-Apparates gutgeheißen. Der damalige Innenministers Karl Maron hatte ein halbes Jahr zuvor »mit allem Nachdruck« darauf hingewiesen, »daß den Rowdys, die kriminell tätig werden, mit aller Schärfe entgegengetreten werden muß. Dabei ist das Zögern in der Anwendung des unmittelbaren Zwanges schnellstens zu überwinden. Es ist für Rowdys ganz heilsam, wenn sie wissen, daß sie bei ihrem Tätigwerden mit einer anständigen Tracht Prügel zu rechnen haben.«[5]

Auffällige Gruppenbildung in der Ernst-Thälmann-Straße vermerken die VPKA-Akten erstmals im Frühsommer 1958. Dort versammelten sich allabendlich 500 bis 600 Jugendliche, die angeblich die Bevölkerung belästigten. Die Polizei ermittelte insbesondere gegen 50 bis 60 von ihnen wegen Vergewaltigung.[6] Die Verdächtigungen hatten vermutlich weniger etwas mit der gewaltvollen Erzwingung sexueller Handlungen zu tun als vielmehr mit dem Bruch sexueller Tabus. Manfred Ulmer erinnert sich an einen Fall: »... da gab's dann so 'n Riesenartikel in der Volkszeitung. Man nannte einen ›Banane‹, das war einer aus der ›Capitol-Meute‹ und der hatte – was weiß ich – mit einem Mädchen Sex gehabt und ist dabei erwischt worden – im Zetkin-Park. Das haben sie gleich aufgebauscht, die wollten ihm wahrscheinlich eine reindrehen oder so. Das hatte der gar nicht nötig, die da zu zwingen, aber die haben gleich 'ne unheimliche Blase gemacht.«[7]

Im Sommer 1960 nahm sich die Schutzpolizei wiederum den »Broadway« im Revierbereich Nordost vor. »Lichtschauspielhaus«, Ernst-Thälmann-Platz und Elsapark befanden sich zusätzlich »in Bearbeitung« des K I. Im Juli meldete das VPKA Leipzig an die SED-Bezirksleitung, was abends auf der Ernst-Thälmann-Straße abging: Schlagermusik, insbesondere von Radio Luxemburg, aus Kofferradios und Rock 'n' Roll tanzen, auf Mopeds und Motorrädern mit überhöhter Geschwindigkeit die Straße entlang fahren.[8] Örtliche Schutzorgane zählten täglich ab 19.00 Uhr 50 männliche und weibliche Jugendliche in kleinen Gruppen von fünf bis zehn Personen, die westlich gekleidet waren, überwiegend mit roten Pullovern und schwarzen Hosen. Anführer waren nicht ausmachen. Die meisten gingen, so die Ermittlungen der Polizei, einer geregelten Arbeit nach.[9]

»Brennpunkt Clara-Zetkin-Park«

Mit Beginn der Sommersaison im Mai fanden seit Ende der 50er Jahre an der Parkbühne im Clara-Zetkin-Park fast täglich ab 18.00 und Sonntags ab 16.00 Uhr Veranstaltungen statt: Tanztees, Freilichtkino, Theater und mehr. An den Wochenenden tummelten sich bis zu 500 tanzfreudige Jugendliche aus dem Stadt- und Landkreis auf der Tanzdiele und um den Kiosk. Klaus Renft hatte bei einem dieser Tanztees seinen ersten öffentlichen Auftritt mit den »All Stars« respektive den »Kolibris« auf der Parkbühne. Sein späteres Debüt-Konzert mit der ersten »Klaus-Renft-Combo« auf derselben Bühne im April 1959 beschreibt er so: »Damals hatten sich ja die Jugendlichen in Banden aufgeteilt, und vorne an der kleinen Treppe zur Bühne stand fast die gesamte ›Capitolmeute‹ – der Weiße mit seiner blonden Inge, Elvis, Locke, Banane, Klotz, Knut mit der Haley-Locke, Chruschtschow, der Lange und andere berüchtigte Stadtberühmtheiten. Der Platz glich der einer Maidemonstration, nur daß eben keine Blauhemden, sondern James Dean-Jacken, Bluejeans und Mokassins das Bild beherrschten. ... und als der Rock 'n' Roll-Teil anfing, lag eine große Staubwolke über dem Platz. ... Über die Wiese sah ich plötzlich die ›Lindenauer Meute‹ kommen, die sich besonders während der traditionellen Leipziger ›Kleinmesse‹ mit der ›Capitolmeute‹ herzliche Schlägereien lieferte. Das würde die entscheidende Prüfung sein: Gelingt es unserer Musik, die beiden Truppen friedlich zu halten? Es gelang. Als wir die Geschichte von ›Tom Dooley‹ und seinem traurigen Ende am Galgen sangen, herrschte auf dem Platz eine beinahe feierlich getragene Stimmung. Die Halbstarken-Seelen weinten. Und die Polizisten, die mit ihrem ›Toni‹-Wagen inzwischen herangefahren waren, beobachteten das Treiben zwar mit Skepsis, aber doch ruhig.«[1]

Treffpunkt der Halbstarken

Dennoch gab es das zu erwartende Nachspiel. Die Band wurde aus den Programmen gestrichen. Begründung: »Euer Publikum hat Blumenbeete zertreten, Mädchen wurden belästigt, Zuschauer pinkelten in die Büsche, verbotene Westtitel erklangen.«[2] In den Augen der Volkspolizei erschienen diese Jugendlichen nicht zu Erholungszwecken, sondern um »Unruhe zu stiften und ihr Unwesen zu treiben.«[3] Zum Ärger der Stadtoberhäupter bezog der Direktor des Parks einen ähnlichen Standpunkt wie andere Leiter gastronomischer oder kultureller Gewerbe in der Stadt und lehnte die Zusammenarbeit mit FDJ-Ordnungsgruppen mit dem Argument ab, »daß er sich auf diese nicht verlassen könne und bisher in dieser Beziehung genügend Enttäuschungen erlebt habe.«[4] Die Parkleitung bildete eine eigene Gruppe freiwilliger Helfer aus dem Stammpublikum, darunter Jugendliche, die in den VP-Akten als Rowdys bezeichnet wurden, etwa der Rock 'n' Roller mit dem Spitznamen »Susi«, der die »wildesten Tänze« hinlegte.[5] Die geübtesten Rock 'n'

Roller galten als Trendsetter, ebenso Jugendliche, die Kofferradios mitbrachten. Einmal erwischte die Streife vier von ihnen, als sie eine Verbindung zwischen ihrem Radio und der Telegrafenleitung herstellten, um Westsender besser empfangen zu können.

In den täglichen Filmveranstaltungen ab 21.00 Uhr beobachtete die VP, dass unbelehrbare Jugendliche die Filme aus staatssozialistischer Produktion oftmals grölend und mit Zwischenrufen begleiteten, während sie die Filme westlicher Herkunft mit Beifall und Begeisterung aufnahmen.[6] Nicht zuletzt missfiel der Umgang zwischen Jugendlichen beiderlei Geschlechts in der Öffentlichkeit. Aus VP-Sicht lag darin die Gefahr der Verbreitung von Geschlechtskrankheiten. Aber vor allem: Das über Kleidung und Habitus öffentliche Zurschaustellen der westlichen Orientierung wurde als »Gefährdung« für die »Ordnung und Sicherheit« aufgefasst.

Kulturpark als sozialistische Erziehungsstätte

Die SED-Funktionäre hatten andere Vorstellungen von einer sozialistisch wertvollen Freizeitgestaltung und diese sollten für alle geltend gemacht werden. Die Zweckbestimmung des Kulturparks war genauestens vorgegeben: »Der ›Klara-Zetkin-Park‹ [... wurde], im wahrsten Sinne des Wortes, zum Volkspark unserer Messestadt. Alle seine Einrichtungen dienen der Weiterbildung, Erholung und Entspannung unserer Werktätigen und jeder einzelne Bürger soll neue Kräfte für das gewaltige Aufbauwerk des Sozialismus sammeln.«[7] Entscheidend war weniger, dass sich der Bürger im Park tatsächlich erholen konnte, sondern dass er es mit der richtigen Einstellung tat. Obwohl es sich bei den meisten Rock 'n' Rollern auch um Werktätige handelte, wurden sie auf Grund ihrer Stilpräferenzen ausgegrenzt und als »dem Volk« nicht zugehörig angesehen.

Das VPKA Leipzig schlug in Absprache mit der FDJ-Bezirksleitung drei Maßnahmen vor. An die Parkleitung richtete sich der Vorschlag, die Tanzfläche für den Kaffeebetrieb umzufunktionieren und die Jugendschutzverordnung wie auch eine Kleiderordnung durchzusetzen. Die FDJ sollte in die Programmgestaltung des Parks eingebunden werden und im Bezirk selbst öffentliche Jugendveranstaltungen organisieren. Parkleitung und FDJ sollten zusammen eine Aufstellung von Ordnungsgruppen erarbeiten.[8] Inwiefern der Einsatz von Ordnungsgruppen bis dato gescheitert war, offenbart ein Bericht der VPKA an die SED-Stadtleitung über die Sicherung der Festwoche anlässlich des 10. Jahrestages der DDR. Zwischen dem Abteilungsleiter der FDJ-Stadtleitung, den Zweiten Sekretären der Kreise und den zuständigen Sachbearbeitern der Abteilung Kriminalpolizei war festgelegt worden, dass vom 5. bis 11. November 1959 pro Abend 30 FDJ-ler auf der Tanzfläche des Kulturparks agitatorisch arbeiten sollten: »Es wurde vereinbart, dass Freunde und Freundinnen sich mit den Rowdys unterhalten werden, mit ihnen tanzen und sie einladen, am Jugendleben des sozialistischen Jugendverbandes teilzunehmen. Sinn und Zweck war also, das Bild zu bestimmen, die Rowdys zu bewegen, ihre Kleidung zu ändern, ihren Haarschnitt zu verbessern und ihre Einstellung, Denkweise und Benehmen so zu verändern, dass sie aktive Mitgestalter der sozialistischen Gesellschaft werden.«[9]

Am ersten Tag erschienen 25 »vorbildliche Freunde und Freundinnen« der FDJ-Kreis-

Die Idylle als sozialistische Repräsentationsfläche

leitung Südost in FDJ-Blusen, die den Rowdys zeigten, wie sie ordentlich zu tanzen hätten und mit ihnen Gespräche führten über die Aufgaben der Jugend in der DDR. »Nicht wenige« der Belehrten zeigten Reue und versprachen, sich umzustellen. Andere machten klar, dass die FDJ-ler nicht gern gesehen waren. Fazit des Abends: »Die Freunde hatten unbedingt Erfolg.«[10]

Am folgenden Abend erschienen gerade zehn »Freunde« der FDJ-Kreisleitung Südost, die mit den Rowdys nur noch »diskutierten [...], ohne besonders zielstrebig zu sein«[11] und sich offenbar nicht auf die Tanzfläche trauten, wo sich ausgiebig vor allem Rock 'n' Roller tummelten. Allerdings blieben die Ordnungsgruppen aus am »Tag der Republik«, für den die FDJ-Kreisleitung Mitte zuständig gewesen wäre, auch am Folgetag, an dem die FDJ-Kreisleitung West hätte tätig werden müssen. Am 7. Oktober kam es zu einer Schlägerei. Angehörige der »Capitol-« und der »Lindenfels-Meute« waren unter den rund 20 Jugendlichen, die fünf Studenten provozierten, weil sie verdächtigt wurden, Freiwillige Helfer der Volkspolizei zu sein. Den Beschimpfungen folgten Schläge. Ermittlungen gegen neun der Beteiligten ergaben, dass acht von ihnen Mitglied der FDJ waren. Das Kreisgericht verhängte Haftstrafen bis zu sechs Jahren und sechs Monaten.[12]

Auch in den folgenden Sommern sollte es den Sicherheitsorganen nicht gelingen, den Park seiner sozialistischen Bestimmung als »geruhsamer Erholungsort« zuzuführen. Da sich nach wie vor regelmäßig bis zu 150 tanzwütige Jugendliche um die Parkbühne scharten, wandte sich der Amtsleiter des VPKA Leipzig im Sommer 1962 mit einer Reihe von Vorschlägen an den Oberbürgermeister: Tanzplatz und Versorgungseinrichtung sollten durch bauliche beziehungsweise gartenbauliche Maßnahmen umgrenzt und Eintrittsgelder erhoben werden; zwecks Unterbindung des Alkoholkonsums sollte aus dem Kiosk eine Milchbar werden; Volkskunstgruppen hätten für »gepflegten Tanz« zu sorgen.[13]

Die Ordnungsgruppen waren nur mäßig in Gang gekommen: »Als ungenügend muß

Polizei und FDJ-Ordnungsgruppen kümmern sich um die »abseits Stehenden« im Park

jedoch der allgemeine Stand der Ordnungsgruppen und auch die Zusammenarbeit der Justizorgane mit der FDJ, speziell mit den Ordnungsgruppen, bezeichnet werden. Zum Teil bestehen die Ordnungsgruppen nur auf dem Papier und es fehlt an der systematischen Ausbildung und dem systematischen Einsatz der Jugendlichen, die selbst durchaus eine große Initiative mitbringen. [...] Dort, wo von der VP zu bestimmten Anlässen Ordnungsgruppen der FDJ angefordert wurden, kam die FDJ dieser Aufforderung nach, wenngleich auch meist nur die Hälfte der angeforderten Zahl Jugendlicher erschienen. So konnte durch den Einsatz von Ordnungsgruppen an Staatsfeiertagen, zur Frühjahrsmesse, zum Pressefest der LVZ und zu anderen Gelegenheiten durch den Einsatz von Ordnungsgruppen das Auftreten jugendlicher Gruppierungen verhindert werden. Erstmalig konnte in diesem Jahr auf der Messe und Kleinmesse verhindert werden, daß rowdyhafte Ausschreitungen entstanden.«[14]

Die Anfechtung des SED-Monopols auf öffentlichen Raum

Die Auseinandersetzungen um die Zweckbestimmung des Clara-Zetkin-Parks zeigen, dass die vorbeugenden Maßnahmen der Sicherheitsorgane im Rahmen der Vorbereitung von Großveranstaltungen als Verteidigung des staatlichen Monopols auf die Nutzung öffentlichen Raums verstanden werden können.[15] Das galt nicht nur für den Festkalender, sondern generell für zentrale räumliche Repräsentationsobjekte der SED-Organe. Solch eine zentrale Repräsentationsfläche stellte der Clara-Zetkin-Park im Mittelpunkt der Messestadt zweifellos dar. Der politische Festkalender verstärkte die Dringlichkeit von »Sicherungsmaßnahmen«. Aber bis in die 60er Jahre hinein gelang es den SED-Organen nicht, die ideologisch besetzte Nutzung des Parks umfassend durchzusetzen. Die Halbstarken ließen sich ihren Anspruch auf eigenen Raum nicht einschränken. Dabei konnte die permanente Präsenz der staatlichen Macht in Gestalt der Organe der Schutzpolizei und vereinzelter Ordnungsgruppen der FDJ sie nicht unberührt lassen. Dennoch strebten die in Verdacht gesetzten Jugendlichen keinen Widerstand gegen die staatlichen Organe an, sondern setzten sich lediglich im Einzelfall gegen vermeintliche Jungfunktionäre zur Wehr. Die Begegnungen mit den Vertretern des staatlichen Jugendverbandes veranschaulichen darüber hinaus nicht nur die Grenzen, sondern auch die Übergänge zur Gruppe der Rock 'n' Roller. Zum Teil ließen sich die FDJ-Mitglieder auf einen Dialog mit den Halbstarken ein. Die staatlich vorgeschriebenen Grenzen zwischen den Blauhemd-Trägern und den Vertretern der unbotmäßigen Jugend konnten im Alltag zweitrangig werden.

Rock 'n' Roll vom »Sender Freies Holzhausen«

Die im Osten an die Stadt Leipzig angrenzende Gemeinde Holzhausen hatte zu DDR-Gründungzeiten etwa 6000 Einwohner. In der zweiten Hälfte der 50er Jahre etablierte sich die LPG Holzhausen als größte im Landkreis. Die Zwangskollektivierung hatte unter den einstigen Großbauern nicht nur Ressentiments gegen das neue Regime geschürt, sondern auch stärkeren Zusammenhalt in der Gemeinde bewirkt.[1]

Thomas Schiegl und Dieter Woellner entdeckten schon in der Schule ihr Faible für elektrische Bastelarbeiten. Anfang 1959 begannen sie gemeinsam, am Bau eines UKW-Senders zu feilen. Mit Ausdauer schafften sie es, dessen Sendebetrieb so weit auszubauen, dass die Übertragungen, die sie ab April 1959 von ihren heimischen Sende- beziehungsweise Empfangsplätzen ausstrahlten, eine Reichweite bis zu drei Kilometern erreichten.[2] Nicht nur die technische Seite des Radios faszinierte sie. Fast jeden Freitag Abend schalteten sie die »Schlager der Woche« von RIAS Berlin und Chris Howlands »Studio B« im Nachtprogramm ein, und natürlich die Musiksendungen vom Norddeutschen Rundfunk. »›Rock around the clock‹, das kannte jeder«, schildert Thomas Schiegl das beginnende Fieber. »Das haben alle überall gehört. Das war das Ding. Eigentlich hat mit diesem Titel der Rock 'n' Roll hier Einzug gehalten, da wurde das erst einmal so richtig bekannt, und dann wurden sie alle neugierig.«[3]

Wunschsong mit Extragruß

Das UKW-Tonbandgerät eines Freundes und später das Radio von Schiegls Mutter machten die ersten Aufzeichnungen der Lieblingslieder möglich. Im April 1959 begannen die beiden Jungen, die Mitschnitte an mehreren Abenden der Woche von den Heimsendern aus abzuspielen. Im Hitparadenstil der US-amerikanischen Moderatoren kündigten sie die Titel an, Freunde bekamen ihren Wunschsong mit einem Extragruß. Einmal hatte Thomas Schiegl zusammen mit einem weiteren Freund ein paar höhnische Worte über einen berüchtigten Lehrer verloren. Als im Sommer 1959 der Sendebetrieb wegen Dieters Aufenthalt in der Bundesrepublik etwas abflaute, fragte ein Halbwüchsiger bei Thomas nach: »Na, wann schaltest Du denn Deinen ›Sender Freies Holzhausen‹ mal wieder an?«[4] Der Name für den Sender war gefunden. Als Dieter heimkam, meldeten sie sich fortan mit »Sender Freies Holzhausen, Erstes und Zweites Programm auf Sendung«.[5]

Während Thomas Schiegl viele Stunden zu Hause an seinem Sender und anderen Projekten bastelte und die Sendungen »live« schaltete, verbrachte Dieter Woellner die meiste Freizeit mit seiner Meute, den »Halbstarken an der Ecke.«[6] In Holzhausen war das so: »Auf dem Dorf, da schließen ganze Straßenzüge sich irgendwie zusammen. Da gibt es niemanden, der da ausgeschlossen wird, die werden alle integriert. Die andere Hälfte vom Dorf

Eine Menge Arbeit steckten Thomas Schiegl und Dieter Woellner in die Technik ...

macht das auch so. Und die beiden Meuten, die tun sich immer irgendwie bekriegen ...«[7] Während sie als Kinder in der »Holzhausener Meute« zu »Tauchschern«[8] gegen die Meute in Zuckelhausen antraten, nannten sie sich in ihren Lehrjahren Halbstarke, wie in der Bundesrepublik. Das hieß in erster Linie, dem Stil der Halbstarken zu entsprechen. Erkennungszeichen Nummer Eins, die zu einer Ente gekämmte Haartracht, konnte man auch mit Zuckerwasser in Form bringen. Für die begehrten Kleidungsstücke fuhren sie in der Gruppe mit bis zu sieben Motorrädern jeweils zu zweit nach Ost-Berlin. Vom Potsdamer Platz ging es mit der S-Bahn in den anderen Teil der Stadt. Da gab es vom Lehrgeld den letzten Schrei zu kaufen. Das waren enge Manchester- beziehungsweise Calypso-Hosen (im Unterschied zu ersteren waren diese mit Fellapplikationen an den Taschen bestückt), schwarz-rote Cord- oder Samtjacken oder schwarze Lederjacken, Ringelsöckchen in Leuchtfarben.[9] Die Gefahr, die »heiße Ware« bei einer jederzeit möglichen Volkspolizeikontrolle auf der Autobahn zu verlieren[10], war nichts gegen die Aussicht, aufzufallen, vor allem im Hinblick auf das andere Geschlecht. »Wir wollten so auftreten, wenn wir mit dem Motorrad durch die Gegend gefahren sind oder wenn man ein paar Mädchen kennen lernen wollte. Das konnte man nur, wenn man die Westklamotten anhatte, wenn es etwas Ausgefallenes war«, sagt Woellner im Rückblick.[11] Gegen solche Kluft fiel die preiswertere Alternative, Popelinehosen einheimischer Produktion, die man schwarz färbte, natürlich ab.

»Der folgende Schlager wird gesendet für die Halbstarken, die immer an der Ecke stehen.«[12] So kam einst Woellners Anmoderation über den Äther. Gemeint war die Ecke an der Kreuzung Hauptstraße/Kärrnerstraße/Baalsdorfer Straße. Der Ort war deshalb so attraktiv, weil im Eckhaus mehrere Mädchen wohnten. Woellners Sendung schallte aus dem

... bis die Station sendereif war

Fenster in der ersten Etage. Um sich mit den anderen »amüsieren« zu können, beauftragte Dieter seine Mutter, zur gewünschten Zeit den Startknopf des Senders zu drücken.

Im Sommer 1959 entschloss sich Dieter Woellner, die DDR zu verlassen. Er wollte so lange in der Bundesrepublik arbeiten, bis er sich dort ein größeres Motorrad, Typ BMW, zusammengespart hatte. Nach zwei Monaten Hilfsarbeit musste er einsehen, dass das verdiente Geld kaum für den Lebensunterhalt reichte. Er kehrte in die DDR zurück und setzte seine Lehre im Fernmeldeamt fort.[13]

Verdacht auf Propaganda

Am 20. September erließ das Kreisgericht Leipzig Haftbefehl gegen den 17-jährigen Dieter Woellner und den 15-jährigen Thomas Schiegl, Hilfsarbeiter im Vulkanisierbetrieb seines Vaters, weil sie eine Sendeanlage auf UKW-Basis gebaut und damit unter dem Namen »Sender Freies Holzhausen« illegale Radiosendungen verbreitet hatten.[14] Einen Tag zuvor waren die beiden von der Staatssicherheit in Gewahrsam genommen worden. Ihnen wurde angelastet, dass sie seit April westliche Schlagermusik ausgestrahlt und Woellner zudem fünf »Schlager der Woche«-Sendungen des RIAS Berlin beziehungsweise des Nordwestdeutschen Rundfunks direkt übertragen hatte. »Durch die Bezeichnung ›Sender Freies Holzhausen‹ und die Nennung von Namen während der Sendungen entstand unter der Bevölkerung Unruhe«, hieß es in der Einlieferungsanzeige wörtlich.[15]

Die Existenz des Senders war älteren Bewohnern der kleinen Gemeinde, den Bürgermeister eingeschlossen[16], längst zu Ohren gekommen. Durch operative Informationen war der MfS- Kreisdienststelle (KD) Leipzig bekannt geworden, dass mehrere Bürger Holzhausens den Sender empfangen und neben abfälligen Bemerkungen über einen Lehrer der Grundschule Holzhausen angeblich auch die Ansage »Wer Sorgen und Nöte hat, wendet sich an den Freiheitssender Holzhausen«[17] gehört hätten.

Zwar waren sich die Radiomacher durchaus bewusst gewesen, dass ihrem Vorhaben die rechtliche Grundlage fehlte, aber mit so harten Konsequenzen hatten sie nicht gerechnet.[18] Der Name des Senders und die in diesem Zusammenhang bekannt gewordene Losung sowie der illegale Aufenthalt Dieter Woellners in der Bundesrepublik boten aus Sicht der Staatssicherheit genügend Anhaltspunkte für die Annahme, dass es sich um staatsgefährdende Propaganda handele. Stundenlang wurden die Amateurfunker in der ersten Nacht verhört.[19] Die Vernehmer interessierte vor allem der Grund für die Namensgebung »Sender Freies Holzhausen«. Um herauszufinden, ob sie mit ihrem Programm einen politischen Auftrag zur Beeinflussung der öffentlichen Meinung verfolgten, wurden die Beschuldigten zu Aufforderungen befragt, die sie an die Hörer gerichtet hätten. Beide brachten zum Ausdruck, dass sie ihre Freunde angesprochen und sie lediglich nach der Empfangsqualität der Sendungen gefragt hätten. Thomas Schiegl gab zu, den Lehrer beleidigt zu haben. Auf wiederholte Fragen, welche weiteren Wortsendungen er gebracht habe, konnte Schiegl keine nennen. Dieter Woellner sollte mitteilen, welche Angaben er den bundesdeutschen Zollbeamten beim Verlassen der DDR gemacht und ob er weitere Dienststellen der Bundesbehörden aufgesucht habe. Er antwortete, dass er am Zoll nur seinen zukünftigen Aufenthaltsort angegeben hatte. Weil er sich mit dem Gedanken an eine Rückkehr trug, machte er in den örtlichen Meldestellen keine weiteren Angaben und blieb daher im Besitz seines DDR-Passes.[20] Das stärkte bei den Untersuchungsorganen den Verdacht auf westlich geführte Agententätigkeit.[21]

Die vermeintliche Aufforderung, wer »Sorgen und Nöte« habe, solle sich an den »Freiheitssender« wenden – was als Anspielung auf eine Versorgungskrise hätte gedeutet werden können – konnte nicht bestätigt werden.[22] Einen nicht zu unterschätzenden Beitrag zum letztendlich glimpflichen Ausgang der Ermittlungen dürfte das Ergebnis einer Aussprache in Holzhausen zwischen Ortssekretär, Bürgermeister und der Vorsitzenden des Demokratischen Frauenbundes Deutschlands geleistet haben. »Eine Beunruhigung ist nicht bemerkbar bei der Bevölkerung gewesen. Sie nannten es mehr ›Amateure bei der Arbeit‹«, heißt es in einer Abschrift.[23]

Eine Woche später wurde der Vorgang »Sender Freies Holzhausen« an die Kriminalpolizei mit der Bemerkung übergeben, der durch die Bezeichnung hervorgerufene Verdacht auf staatsgefährdende Propaganda und Hetze habe sich nicht bestätigt.[24] Die Beschuldigten wurden Mitte Dezember in das Polizeigefängnis überführt. Der minderjährige Thomas Schiegl wurde zwei Wochen später entlassen, seine Mutter hatte wegen Verletzung der Aufsichtspflicht eine Geldstrafe zu entrichten.[25] Dieter Woellner blieb mit Hinweis auf laufende Ermittlungen wegen Republikflucht und den damit einhergehenden Verstößen gegen die Zollbestimmungen mehrere Wochen in Haft. Das Kreisgericht Leipzig verurteilte ihn schließlich zu zehn Monaten »Arbeitserziehung« beim Ausbau der Landebahn auf dem Flughafen Altenburg.[26]

Erfolgreiche Regierungsmaßnahme?

Der Leipziger Kriminalpolizei fielen die jugendlichen Gruppierungen im ersten Halbjahr 1961 nicht mehr durch »Eckensteherei« auf, sondern durch »Zechgelage und anschliessende rowdyhafte Handlungen« in »Lauben, Wohnungen sowie Clubhäusern«.[1] Obgleich der vermeintliche »Rückzug« aus der Öffentlichkeit vor dem 13. August konstatiert wurde, deuteten die Sicherheitsorgane diese Entwicklung als Erfolg der Regierungsmaßnahmen: »Seit Beginn des Jahres 1962 ist festzustellen, daß sich das Rowdytum in seiner Form, Wirkung und Methode gegenüber dem I. Halbjahr 1961 geändert hat. Im I. Halbjahr 1961 und auch noch danach bis zum 13.8.1961 traten Rowdygruppen mit einer besonderen Intensität auf. [...] Zum geringen Teil machte sich das noch im I. Quartal dieses Jahres bemerkbar, z. B. Zerstörung der Einrichtungen des Klubhauses der FDJ im Stadtbezirk Mitte, Provozierung von Tätlichkeiten mit FDJ-Ordnungsgruppen u.a. Es ist jetzt eine solche Lage zu verzeichnen, daß sich die gefährdeten Jugendlichen von Straßen, Plätzen und anderen ehemaligen Schwerpunkten zurückzogen und nunmehr in Wohnungen, Lauben und zum Teil in Klubhäusern und Gaststätten ihren Aufenthalt suchen. In Wohnungen und Lauben führen sie die sogenannten ›Party's‹ [sic] durch.«[2]

Angeblich hatte die »Tätigkeit der mit der Liquidierung des Rowdytums beauftragten Genossen Unsicherheit unter den Rowdys« erzeugt. Als Beweis wurde der Brief eines Rowdys aus der Ernst-Thälmann-Straße an einen Freund angeführt, der in einem Jugendwerkhof untergebracht war: »Winnetou und Hennig sind Verräter, haben die Meute hochgehen lassen ... Haussuchungen wurden gemacht ... alles Westliche beschlagnahmt ... die Musik ist weg ... die Meute ist auseinander, alles ist jetzt aus ... alle Partys sind der Polizei bekannt gewesen. Mich kann die Meute am Arsch lecken.«[3]

Ob repressive Maßnahmen der Staatsorgane dazu führten, dass Jugendliche sich zunehmend in teilöffentliche und private Räume zurückzogen oder ob sich ihr Freizeitverhalten aus eigener Motivation änderte, kann an dieser Stelle nicht endgültig geklärt werden. Sicherlich spielte die zunehmende Verfügbarkeit eigener Räumlichkeiten eine Rolle.

Eine »Gemeinsame Analyse der Volkspolizei und Staatsanwaltschaft«[4] von 1963 führt eine differenziertere Wahrnehmung nonkonformer Jugendlicher an. Im Allgemeinen handele es sich bei den Partytreffs »mehr um lose Gruppierungen«.[5] Die Analyse konstatiert zudem für das Jahr 1962 einen absoluten Rückgang der Jugendkriminalität und insbesondere eine sinkende Zahl von Staatsverbrechen. Zum Teil erklärte sich dieser Rückgang mit der Empfehlung des Generalstaatsanwaltes im Vorgriff auf die Neuregelung der Strafmündigkeit, Strafverfahren gegen Jugendliche im Alter von 14 bis 16 Jahren nur in schwerwiegenden Fällen einzuleiten.[6]

Die nach dem Mauerbau verschärften Sanktionen gegenüber Gesetzesbrechern führten nicht unbedingt zur Einschüchterung Andersdenkender. Das MfS verzeichnete im November 1961 »neue Formen der Feindtätigkeit«: »Nach der Durchführung der Sicherungsmaßnahmen der Regierung der DDR vom 13.8.1961 ist zu verzeichnen, daß sich in den verschiedensten Kreisen der Jugend staatsfeindliche Gruppen zusammenrotten, die sich das Ziel stellen, mittels Waffen, Kraftfahrzeugen und unter Ausnutzung anderer Möglichkeiten, wie Kanalisationsanlagen oder per Schiff, die Grenzsicherungsanlagen der DDR gewaltsam zu durchbrechen und nach Westberlin oder Westdeutschland republikflüchtig zu werden.«[7]

Die Geschichte der Leipziger »Beatdemonstration«

1963–1965

Vertrauen versprechen und Misstrauen bewahren

Auf dem IV. Parteitag 1963 verkündete Walter Ulbricht das Programm des Neuen Ökonomischen Systems der Planung und Leitung (NÖSPL), das auf strenge Wissenschaftlichkeit und auf ein technokratisches Fortschrittsverständnis ausgerichtet war. Demnach wurden für eine Modernisierung der Wirtschaft höhere Eigenverantwortlichkeit und Eigeninitiative der Arbeiter gebraucht. Zu den Bedingungen für eine erfolgreiche Umsetzung des Programms gehörten neue Zugeständnisse an die Jugend.[1]

»Der Jugend Vertrauen und Verantwortung«

Mit der Erarbeitung des zweiten Jugendkommuniqués beauftragte Ulbricht eine Arbeitsgruppe unter der Leitung von Kurt Turba, dem Chefredakteur der Studentenzeitschrift »Forum«. Die Gruppe sollte die Jugendkommission von 1958 unter Paul Verner ablösen. Am 21. September 1963 verabschiedete das Politbüro der SED das Kommuniqué »Jugend von heute – Hausherren von morgen – der Jugend Vertrauen und Verantwortung«.[2] Vordergründig wandte sich die Erklärung an die Erwachsenen; sie sollten den Jugendlichen nicht mehr bevormundend gegenübertreten, sondern einen Dialog zulassen: »Es gehe nicht länger an, unbequeme Fragen von Jugendlichen als lästig oder gar als Provokation abzutun, da durch solche Praktiken Jugendliche auf den Weg der Heuchelei abgedrängt werden.«[3] Gängelei, Bürokratie und Dogmatismus wurden als Unzulänglichkeiten bezeichnet. Überzogene Kontrolle und Einschränkung der Jugendlichen seien eher ein Zeichen der Schwäche der Erwachsenen. Schließlich bezog das Kommuniqué Stellung zu den Debatten der vorangegangenen Jahre um jugendspezifische Trends, namentlich die Rock 'n' Roll- und Beatmusik. Nach der bis dahin üblichen Diffamierung in der Öffentlichkeit deutete sich hier erstmals eine gemäßigte Haltung an: »Wir betrachten den Tanz als einen legitimen Ausdruck von Lebensfreude und Lebenslust. Manchen Menschen fällt es schwer, den Unterschied zwischen einer Tanzveranstaltung und einer politischen Versammlung zu begreifen. […] Niemandem fällt es ein, der Jugend vorzuschreiben, sie solle ihre Gefühle und Stimmungen beim Tanz nur im Walzer- oder Tango-Rhythmus ausdrücken. Welchen Takt die Jugend wählt, ist ihr überlassen: Hauptsache sie bleibt taktvoll! […] Wir sind für zündende Rhythmen, aber wir wenden uns scharf dagegen, dass mit ihnen Schlagertexte und andere Mittel ideologischer Diversion der imperialistischen Propaganda bei uns eingeführt werden.«[4]

Das Deutschlandtreffen in Ost-Berlin zu Pfingsten 1964 stellte den Höhepunkt einer Politik der Öffnung dar. Es sollte zur innenpolitischen Mobilisierung der DDR-Jugend beitragen und vor allem dem Ausland das Einvernehmen der jungen Bürger mit dem im Mai verabschiedeten Jugendgesetz suggerieren. Westdeutsche wurden mit der Losung »Wer

Die Geschichte der Leipziger »Beatdemonstration«

Deutschlandtreffen in Ost-Berlin 1964: ▲ Kurt Turba, der Vater der liberalen Jugendpolitik ◀ Gästeanfahrt per LKW ▼ Kundgebung vor dem ZK der SED, Erich Honecker (2. v. l.) Lotte und Walter Ulbricht

Schwimmendes Sonderstudio des Jugendsenders DT 64: Gegengewicht zum Rias

mit der Zeit geht, fährt in die DDR!« eingeladen.[5] Die bis dato verpönte Beatmusik wurde hier erstmals als Artikulationsform der modernen Jugend akzeptiert. Aus der ganzen Republik reisten Beatgruppen an und brachten die deutsche Jugend aus Ost und West auf Berlins Straßen zum Tanzen. Gleichzeitig schlug hier die Geburtsstunde des Jugendradios »DT 64«, dessen Format für den DDR-Rundfunk sensationell war.

Das liberalere Klima im Zeichen von Jugendkommuniqué und Jugendradio »DT 64« hielt sich bis zum Sommer 1965. Die mehrdeutigen Formulierungen des Kommuniqués zu musikalischen Fragen ließen Auslegungen zu. Staatliche Förderer und Sympathisanten der Beatmusik deuteten sie als Legitimation für ihr Tun. Anfang 1965 veröffentlichte der VEB Deutsche Schallplatten unter dem Titel »Big Beat« die erste Sammlung ostdeutscher Bands und eine komplette Lizenz-LP der »Beatles«. Im Juli rief die FDJ einen Gitarrenwettbewerb aus, der über kreis-, bezirks- und republikweite Ausscheidungskämpfe laufen sollte. Ziel war, die weitgehend außerinstitutionell agierenden Beatgruppen in den Einflussbereich des Jugendverbandes zu bringen. Den Wettbewerb begründete die FDJ mit dem internationalen Siegeszug der Gitarrengruppen – nun deklariert als »Gitarren-Combos«; überdies sei die Gitarrenmusik eine Bereicherung für die Tanzmusikentwicklung. Auf Anweisung des Kulturministeriums wurde das Vorhaben allerdings vier Monate später wieder eingestellt.[6]

»Zu einigen Fragen der Jugendarbeit und dem Auftreten der Rowdygruppen«

In den Augen der Dogmatiker um Erich Honecker, damals zugleich Sekretär des Nationalen Verteidigungsrates und ZK-Sekretär für Sicherheits- und Kaderfragen[7], bargen die von Walter Ulbricht angestoßenen Liberalisierungs-, Dezentralisierungs- und Demokratisierungstendenzen Gefahren für das Machtmonopol der SED. Sie begriffen die Reformen als fundamentalen Eingriff in den stalinistisch geprägten Sozialismus. Daher akzeptierten sie die Bedürfnisse der Jugend nicht, lehnten die Tolerierung unterschiedlicher Meinungen und Geschmacksrichtungen ab und bewerteten das Zugestehen von Freiräumen als gefährlich.⁸ Besonders bedrohlich erschien ihnen die von der FDJ geförderte Etablierung unzähliger Gitarrengruppen. Um die Beatszene einzudämmen, verfassten die Hardliner in einer Sekretariatssitzung in Abwesenheit von Ulbricht am 11. Oktober 1965 den folgenreichen Beschluss »Zu einigen Fragen der Jugendarbeit und dem Auftreten der Rowdygruppen«⁹, der die Politik des Jugendkommuniqués faktisch außer Kraft setzte. Die Medien sollten Beatmusik oder positive Bemerkungen über sie künftig wieder unterlassen. Der Kulturminister Hans Bentzien wurde beauftragt, mit den Kulturabteilungen dafür zu sorgen, dass westlich orientierten Beatgruppen die Lizenz entzogen werde. Zu diesem Zweck sollten die Finanzorgane nach Steuerhinterziehungen bei den Musikern fahnden. Auch die FDJ-Jugendklubs sollten auf ihre Aufgabenerfüllung hin überprüft werden. An den Innenminister Friedrich Dickel ging der Auftrag, »[...] die erforderlichen Maßnahmen einzuleiten, daß [...] die Mitglieder solcher Gruppen (Gammler u. ä.), die gegen die Gesetze der DDR verstoßen [und] eine ernste Gefährdung hervorrufen[,] durch Gerichtsbeschluß entsprechend der Verordnung vom 24. August 1961 in Arbeitslager eingewiesen werden.«¹⁰ Mit dem Beschluss wurde der Staatsapparat wieder darauf ausgerichtet, alle Möglichkeiten der Restriktion und Repression gegen die Jugend auszuschöpfen, um angebliche Gefahren abzuwenden.¹¹

Der Hit aus der »Big Beat«-Sammlung

Beatlemania in der Kontrolllücke

Mit dem weltweiten Erfolg der »Beatles« um 1964 kam es zum Durchbruch einer neuen Jugendkultur. Die »Liverpool-Welle« machte vor den Grenzen der DDR nicht halt. Im Zuge der »Beatlemania«, wie westliche Medien die Pilzkopffaszination getauft hatten, begannen Jugendliche in der DDR, eigene Gruppen zu gründen und die über westliche Rundfunksender bekannt gewordenen Hits zu imitieren. Können und Öffentlichkeitswirksamkeit blieben anfangs sekundär, wichtiger war das gemeinsame Erleben. Nach ersten Einlagen auf Partys im Freundeskreis erschlossen sich diese Gruppen peu à peu die öffentlichen Tanzveranstaltungen in den Jugendklubs, Kulturhäusern und Gaststätten. Dort weiteten die Bands die Kleidervorschriften der Veranstalter aus und ließen sich spezielle Kostüme schneidern. Fans trugen Jeans oder »Manchester-Glockenhosen« (Cord-Schlaghosen), Nickis, Blümchen- oder Karo-Hemden, Rollkragenpullover, Leder- oder Lederoljacken, »Ami-Kutten« (Parkas), Kuba-Kappen und diverse Accessoires.[1] Während diese Kluft bei jungen Frauen und Männern gleichermaßen angesagt war, durfte beim eingefleischten männlichen Beatfan der Pilzkopfhaarschnitt à la John Lennon oder die »wilde Mähne« à la Mick Jagger nicht fehlen. Die subkulturelle Lebenswelt der Clique war vollkommen, wenn wenigstens einer, besser noch zwei oder drei, auf der Straße ein Kofferradio dabei hatte, auf dem die aktuellsten »West-Hits« liefen.

Die Verwirklichung des ZK-Beschlusses an der Pleiße

In der »Kontrolllücke« an den Stadtgrenzen von Leipzig und darüber hinaus entstanden regelrechte Hochburgen. An Samstag Abenden pilgerten Gruppen zu den privat betriebenen »Beatschuppen«, um die Freizügigkeiten zu genießen, die ihnen die Inhaber der Gaststätten gewährten. Zu den Kultplätzen zählten die »Zentral-Halle« in Gaschwitz, das Kulturhaus »Sonne« in Schkeuditz, das Kulturhaus Lützschena, das »Sächsische Haus« in Holzhausen, die Gaststätte »Volkshaus Wiederitzsch«, das Jugendklubhaus »Nord«, gemeinhin »Der Anker« genannt, das Jugendklubhaus »Jörgen Schmidtchen« in Schönefeld – im Volksmund bekannt als »Der Sack« – die Tanzgaststätte »Schwarzer Jäger« in Leutzsch, das Tanzlokal »Elstertal« in Schleußig, im Südwesten der Tanzsaal der Gartenspartenkneipe »Immergrün«, der Gasthof »Große Eiche« in Böhlitz-Ehrenberg und die Tanzgaststätte »Die Ratte« in Hartmannsdorf. »Feinere Häuser« wie das Kulturhaus »Arthur Nagel« in Großzschocher oder das Jugendklubhaus »Alfred Frank« in Plagwitz waren immer out.

Im Jahr 1967 gab es im gesamten Leipziger Stadtgebiet 27 FDJ-, Betriebs- oder Stadtbezirkskulturhäuser. In jedem der sieben Stadtteile existierten zwei bis fünf solcher Kulturstätten, mit Ausnahme von Leipzig Mitte, wo es sieben waren. Über die Hälfte dieser

Häuser fasste zwischen 100 und 500 Gäste, sechs Kulturhaussäle zählten noch mehr Plätze. Tanzveranstaltungen wurden von sieben FDJ-Häusern, acht Betriebskulturhäusern und zwei Stadtbezirkskulturhäusern angeboten. Daneben existierten 28 HO-Tanzgaststätten und acht HO-Kommissions-Gaststätten, -Sparten- oder -Sportheime sowie vier private Kneipen, die regelmäßig zum Tanzvergnügen luden.[2]

Die Umsetzung des ZK-Beschlusses vom 11. Oktober 1965 nahm für die Leipziger Beatszene besonders radikale Ausmaße an. Das von Paul Fröhlich, einem Vertreter der harten Linie mit Sitz im Politbüro, geleitete Sekretariat der SED-Bezirksleitung verabschiedete zwei Tage später einen Beschluss gleichen Titels, »Zu einigen Fragen der Jugendarbeit und dem Auftreten der Rowdygruppen«, in dem die generalstabsmäßige Zerschlagung der örtlichen Szene angeordnet wurde.[3] Danach war allen Beatgruppen im Bezirk Leipzig sofort die Lizenz zu entziehen und erst dann eine Überprüfung durchzuführen. Für die Erteilung einer neuen Spielerlaubnis bedurfte es fortan des Nachweises einer regelmäßigen beruflichen Tätigkeit und musikalischer Grundkenntnisse. Der Name einer Band wie auch ihr Repertoire hatten den Prinzipien der sozialistischen Kulturpolitik und Ästhetik zu entsprechen.[4] Nach der Überprüfung bis zum 31. Oktober 1965 erhielten von den bei der FDJ-Bezirksleitung registrierten 56 Gitarrengruppen nur neun eine Spielerlaubnis. Fünf Gruppen wurden verboten,[5] unter ihnen die Lokalmatadore, denen treue Fangemeinden anhingen: »The Butlers«, »The Shatters«, »The Guitarmen« und »The Towers«. Ihnen wurde ohne Anhörung und Vorspiel die Spielerlaubnis entzogen.

Christian »Kuno« Kunert: »Kunos« erste Thomaner-Schülerband »Little Stars« und die »Toccato-Singers« füllten die Säle, auch im Kulturhaus »Sonne« in Schkeuditz (von oben)

Der Mythos um die »Schlacht in der Waldbühne«

Wasser auf die Mühlen der Beatgegner waren die Ereignisse während des legendären »Rolling Stones«-Konzerts in der West-Berliner Waldbühne am 15. September 1965. »Heißer geht's nicht mehr« war der Titel der Show, die da um 20.00 Uhr vor 21.000 Zuschauern begann. Rund 1000 Fans hatten wegen Überfüllung keinen Einlass gefunden. Einige »Ausgesperrte« machten draußen ihrem Ärger Luft und demolierten geparkte Autos, wie der Tagesreport der West-Berliner Polizei festhielt. Als die »Rolling Stones« rauskamen, konnten die Ordner einige aufgedrehte Fans nicht mehr halten: 50 von ihnen stürmten die Bühne. Die »Stones« unterbrachen für fünf Minuten, die Bühne wurde geräumt. Danach spielte die Band planmäßig bis 22.00 Uhr ohne Unterbrechung. Was dann passierte, wird in den Akten der West-Berliner Polizei so geschildert: »Ein großer Teil der Besucher verblieb in der Waldbühne und beging Sachbeschädigungen (Bänke wurden mutwillig beschädigt, Zäune und Absperrgeräte umgeworfen, Lampen zerschlagen). Die eingesetzten Polizeikräfte wurden mit Steinen und leeren Flaschen beworfen. Unter Anwendung des Polizeiknüppels mußte die Waldbühne geräumt werden. Da die Menschenmenge vor der Waldbühne weiter randalierte, wurden die angrenzenden Straßen ebenfalls polizeilich geräumt.«[6]

Gegen 22.45 Uhr war die Lage in der Waldbühne und Umgebung wieder normal. Insgesamt kamen 357 Polizeibeamte zum Einsatz, zwölf mit Dienstpferden und 30 Diensthundeführer. Dabei wurden 61 Besucher und 26 Polizisten verletzt, von diesen mussten 30 ambulant behandelt werden. 89 Personen wurden vorläufig festgenommen. Zwei Totschläger aus Stahl, eine Luftdruckpistole und eine Stahlrute wurden beschlagnahmt. Der in der Waldbühne entstandene Sachschaden wurde auf 300.000 DM geschätzt.[7]

Der Abend war aber noch nicht zu Ende:«Jugendliche brachten um 23.25 Uhr vor dem S-Bhf. Halensee einen S-Bahnzug durch Ziehen der Notbremse zum Stehen und beginnen in ihm Sachbeschädigungen (Fenster wurden eingeschlagen, Holzteile herausgerissen und Sitzpolster aufgeschnitten). Durch Polizeikräfte wurde der Zug und anschließend der S-Bhf. Halensee unter Anwendung des Polizeiknüppels geräumt und die ca. 700 bis 800 Jugendlichen zerstreut. [...] Vier weitere danach eintreffende und zum Halten gekommene S-Bahnzüge wiesen ebenfalls starke Beschädigungen auf. Drei Züge wurden von der ›Bahnpolizei‹ aus dem Verkehr gezogen.«[8] Zwei Personen wurden vorübergehend festgenommen.

In den DDR-Medien und später in ostdeutschen Schulbüchern wurden die Ausschreitungen als Beweis für Dekadenz und Gewaltbereitschaft der gesamten Szene genommen. Damit war die Grundlage für die spätere Kriminalisierung ihrer Anhänger geschaffen. In diesem Sinne erfüllte das Waldbühne-Spektakel die gleiche Funktion wie die »Halbstarken-Krawalle« während der Bill-Haley-Deutschland-Tournee sieben Jahre zuvor. Das »Neue Deutschland« berichtete: »350 Polizisten mit Hunden und auf Pferden, fünf ›Rollende Steine‹ und 21.000 Jugendliche lieferten sich am Mittwoch in der Westberliner Waldbühne eine Schlacht. Es gab 73 Verletzte. Die Hölle war los. Doch der Teufel [der Zeitungsverleger Axel Springer] saß in Sicherheit. Er rieb sich die Hände. Seine Saat der Gewalt war

Heißer geht's nicht mehr:
Die »Rolling Stones« 1965
in der Waldbühne

aufgegangen. [...] Die Schlacht in der Waldbühne soll auf lebensgefährliche Schlachten vorbereiten. Es geht um das bekannte Marschieren, ›bis alles in Scherben fällt‹. Vernebelte Köpfe und nackte Gewalt waren schon immer die besten Bundesgenossen derer, die Deutschlands Jugend in zwei Weltkriege trieben.«[9]

Die LVZ nahm erst einen Monat später Stellung, dafür aber am 13. Oktober, dem Tag der Umsetzung des ZK-Beschlusses in Leipzig. Das SED-Bezirksorgan beschrieb »das Vermächtnis« der Deutschland-Tournee: »[Sie ließen] zu Kleinholz zerhämmerte Stühle, schlachtfeldähnliche Säle, irrenhausreife junge Männer, hosenlose Mädchen – sie hatten ihre Unterwäsche gen Bühne geworfen – und, in Westberlin, demolierte S-Bahnzüge zurück. [...] Aber der Rummel um die ›Rolling Stones‹ wird gefährlich [...] Im Appell an niedere Instinkte, im Ausscheiden jeglichen Denkens liegt schließlich potentiell eine neue Kristallnacht begründet. Gewiß, die demolierte Waldbühne, die zerstörten S-Bahnzüge sind nicht mit den systematischen Judenverfolgungen durch die Nazis gleichzusetzen – aber wenn die fanatisierte Menge statt der ›Rolling Stones‹ den Straußschen Wahlkampfruf nach dem neuen Führer vernimmt, was dann? Und nach der ›Hölle der Waldbühne‹ – wie die Westpresse schrieb – brannten ja Bücher. Die Brandstifter waren fanatisiert wie die Jugendlichen, die sich vor Zirkus Krone [in München] prügelten – sie hörten bloß nicht Beat, sondern sangen christliche Lieder zur Laute. Aber das Feuer wider den Geist hatte die gleichen Urheber wie die Atmosphäre um die ›Rolling Stones‹.

Dem Vernehmen nach gehörten in der Waldbühne und anderswo die sogenannten ›Gammler‹ zu den Initiatoren. Das sind Jugendliche, die im Nichtstun, im ›Gammeln‹, aber auch in Zusammenrottungen, in Pöbeleien, Diebstählen das Ideal ihres Lebens sehen. Dazulande ist das die neue Mode, mit der man uns, bitteschön, weit vom Halse bleibe. ›Gammler‹ sind ungewaschen, von ungepflegtem Äußeren, sie haben Sachen an, mit denen man bei Lumpenbällen Preise gewinnen könnte. Von Bildung und Geist halten sie nichts – hier treffen sie sich mit den Leuten vom ›Jugendbund für entschiedenes Christentum‹. Für ›Gammler‹ – das ist übrigens in Westdeutschland die landläufige Bezeichnung für die Jugendlichen, und so bezeichnen sie sich auch selber – ist Arbeit ein Fremdwort aus einer Sprache, die nur auf einem anderen Planeten gesprochen wird. Aber das haben sie doch von irgendwoher? Sahen sie nicht jahrelang Filme, in denen sich die Helden mit Töten viel mehr Geld erwarben als der gewöhnliche Sterbliche mit Arbeiten? Werden sie nicht von Millionen Illustrierten animiert, wie Playboys und Playgirls zu leben – ohne Arbeit, mit Swimming-Pool, Jacht und dolce vita?«[10]

Dem Mißbrauch der Jugend keinen Raum

Hier ging was ab in Leipzig: Privater Beatkeller in der Richterstraße. In diesem Beatschuppen in Holzhausen fanden die Aftershow-Partys nach den Beatkonzerten im »Sächsischen Haus« statt (von oben)

Die LVZ leitete, beginnend mit dem Beschluss des Leipziger Bezirkstages unter dem Titel »Dem Missbrauch der Jugend keinen Raum«[11], eine Kampagne ein. Am 20. Oktober erschien ein ganzseitiger Artikel der Kommission für Jugendfragen des Bezirkstages. Die Kriegserklärung an die Beatszene verfolgte den Zweck, das Problem auf eine Minderheit einzugrenzen. Die Charakteristik fiel so aus: »[...] junge Menschen, die ihre Ideale in einer höchst zweifelhaften amerikanischen [!] Lebensweise erblicken, sie anbeten und nachäffen. Die langen, zotteligen Haare, die sie sich als äußeres Kennzeichen ihrer Geisteshaltung zulegten, engen ihren Horizont dermaßen ein, daß sie nicht sehen, wie abnorm, ungesund und unmenschlich ihr Gebahren [sic!] ist. Es ist kaum anzunehmen, daß sie sich jemals ernsthaft Gedanken über jene Untugenden gemacht haben, die sie vergöttern und denen sie blindlings folgen.« Behauptet wurde, wer einmal den trügerischen »Leitbildern« der »profitgierige[n] Industrie« verfällt, werde unwiderruflich zum Dissidenten und Handlanger »imperialistischer Regierungen« im Krieg gegen sozialistische Staaten. Die Fans der Beatmusik, genannt »Gammler«, werden zu einer »urteilslosen, denkfaulen, manipulierbaren Menge« herabgewürdigt, die den Tricks der »Revanchepolitiker« unterläge, denn denen ginge es nur darum, »eine Armee höriger Ranger heranzuzüchten.« »[A]ufgeputscht durch sadistische Groschenhefte, durch blutrünstige Filme und auch durch eine ›Musik‹, die darauf abzielt, niedrigste Instinkte hochzupeitschen«, würden die Rezipienten des »American Way of Life« schließlich »gegen friedliche Menschen in Vietnam und Santo Domingo« vorgehen.

Unter der Zwischenüberschrift »Krieg durch Krawall« werden die namhaftesten Leipziger Beatcombos, »The Butlers«, »The Shatters« und »The Guitarmen«, zu den Antipoden der sozialistischen Kultur und Moral schlechthin erklärt: »Sie tragen lange, unordentliche Haare, hüllen sich – wie die ›Guitar Men‹ – in imitierte Tigerfelle, gebärden sich bei ihren Darbietungen wie Affen, stoßen unartikulierte Laute aus, hocken auf dem Boden oder wälzen sich auf ihm herum, verrenken die Gliedmaßen auf unsittliche Art.«

Neben mangelhaften schulischen und musikalischen Kenntnissen, »Arbeitsbummelei« und Vorstrafen wurde ihnen vorgeworfen, »ihr jugendliches Publikum zu Untaten [zu animieren], indem sie es durch bloßen Lärm aufputschen.« Den »Butlers« wurde unterstellt, innerhalb von sieben Monaten 10.000 Mark Steuergelder unterschlagen zu haben.

Kein Raum für Gegendarstellungen

Um die Wirkung dieses Artikels zu forcieren, wurde er in den folgenden Tagen über die Wandzeitungen sämtlicher Leipziger Schulen verbreitet und er bot die Grundlage parteilich angeordneter Diskussionen in den Klassenzimmern. Während die SED-Bezirksleitung überwiegend einsichtiges Verhalten der Schüler konstatierte[12], offenbaren die Berichte der Sicherheitsorgane jugendlichen Aktionismus angesichts eines befürchteten generellen »Beatverbots«. Schüler der Karl-Marx-Oberschule verbrannten den Artikel auf dem Schulhof.[13]

In Gößnitz im Kreis Schmölln sprachen drei jugendliche Beatfans beim Bürgermeister der Stadt vor und forderten ihn auf, auf der Schreibmaschine des Rates der Stadt ein Protestschreiben an die LVZ-Redaktion zu verfassen. Die Behörden vor Ort lehnten das Gesuch jedoch ab und meldeten den Vorfall statt dessen der Kriminalpolizei. Die Volkspolizei notierte in einem Bericht für den Innenminister: »In einer Aussprache begründeten sie gegenüber dem Bürgermeister ihren Protest damit, daß in dem Artikel die Anhänger von Gitarren-Musik allgemein als Gammler und Arbeitsbummelanten bezeichnet wurden. Mit ihrem Protestschreiben wollten sie einem evtl. Verbot der Beatmusik entgegenwirken. Das Schreiben wurde von den Jugendlichen auf der Schreibmaschine eines Uhrmachermeisters in Gößnitz gefertigt und ging bisher bei der Redaktion der LVZ noch nicht ein.«[14]

In Döbeln organisierten die Mitglieder der verbotenen Band »Ganymed« eine Unterschriftensammlung, die sie an das Jugendradio »DT 64« schicken wollten: »Wir, die Jugendlichen aus Döbeln, sind gegen jede Art von Ausschreitungen bei Tanzveranstaltungen. Wir fordern aber Spielfreiheit für unsere Gitarren-Rhythmus-Gruppen und die Beibehaltung ihrer Namen.«[15]

Am 16. November fand in der 33. Oberschule in Leipzig ein Jugendforum zwischen den 9. und 10. Klassen und der Ständigen Kommission für Jugendfragen des Rates des Bezirkes sowie der Sekretärin für Schulen der FDJ-Bezirksleitung und einem Vertreter der Abteilung Schulen, Fach- und Hochschulen statt. Die Schulleitung hatte der Kommission im Vorfeld einige brisante Fragen von Schülern zugesandt. Der Informationsbericht der Abteilung Schulen gibt einen Einblick in die Debatte: »Tatsache ist [...], und das zeigt der Verlauf des Forums, daß selbst primitive Fragen nicht bei den Schülern klar waren, im Gegenteil, ein Teil der Schüler versuchte durch provokatorische Fragen die Klärung der Probleme zu komplizieren, lachte über richtige, konsequente Antworten und zollte rückständigen Auffassungen Beifall. Typisch war für einige Schüler ein enges Verhältnis zu einem Angehörigen der Beat-Gruppe ›Gitarren-Mens‹ [sic], der ohne Wissen der Schulleitung durch Schüler zum Forum eingeladen worden war. Dieser beeinflußte die Jugendlichen durch sein Auftreten. Er führte u. a. aus, daß die Gruppe verboten wäre, obwohl dies der Gesetzlichkeit nicht entspräche. Bei der Überprüfung wäre seine Gruppe weggeschickt worden mit dem Hinweis, schriftlich Bescheid zu bekommen, was bis heute noch nicht geschehen wäre. Sie hätten keine Tigerfelle getragen, sondern das wäre Stoff aus der HO

Sänger der verbotenen »Guitarmen« im HO-»Tigerfell«

Fanbrief an die »Butlers«

gewesen. Sie hätten nur etwas laut gespielt, aber das wäre normal. Sie wären nicht halbnackt aufgetreten, sondern nur barfuß. [...] Solche Äußerungen von den Schülern gab es: Wir sind gegen das Verbot der ehemaligen bekannten Beat-Gruppen, hätten sie russische Namen, wären sie nicht verboten worden, das Publikum hätte [jedoch] ein solches [angelsächsisches] Auftreten der Beat-Gruppen verlangt. Die letzte Frage eines Schülers war: Warum wurde vom Präsidium der Freund von der Beat-Gruppe in seinen Ausführungen unterbrochen, warum durfte er nicht mehr reden?« Das eigensinnige Verhalten der Schüler in Gegenwart der Staatsvertreter bewerteten letztere als Zeichen von Ungehorsam. Deswegen ordneten sie »eine gründlichere Auseinandersetzung mit den Lehrern und den Schülern der Schule« an.[16]

Der Aufruf

In den Straßen in und um Leipzig baute sich eine Gegenöffentlichkeit auf: In Neukieritzsch im Kreis Borna verbreiteten drei Oberschüler am 25. Oktober 114 mit einem Kinderstempelkasten hergestellte Flugblätter. »Weg mit dem Verbot der Beatkapellen« lautete die Forderung,[17] die sich in Briefkästen, an Zäunen und Schaukästen fand. Für besonders große Aufregung im Staatsapparat sorgten knapp 100 Flugblätter, die am Abend des 25. Oktober im Stadtgebiet von Leipzig gefunden wurden. Die ebenfalls mit einem Kinderstempelkasten gedruckte Botschaft war alarmierend:[18]

Kinder-Stempelkasten zur Anfertigung des Aufrufs

Die brisanten Einladungen lagen in der Gaststätte »Volkshaus Wiederitzsch«, in der Innenstadt und im Forsthaus »Raschwitz« in Markkleeberg aus. Am 30. Oktober klebten am Kulturhaus »Sonne« in Schkeuditz und am dortigen Rathaus Plakate mit dem Echo auf den Aufruf. Mit Tusche geschrieben stand da kurz und knapp:

»Wir wollen Beat-Musik!
Jugendliche
geht nicht mehr tanzen
geht am Sonntag, den 31.10.
auf den Karl-Marx-Platz (Leipzig)
10.00 Uhr zu einem Protestmarsch!«[19].

Dieses Plakat klebte am Abend des 30. Oktober am Kulturhaus »Sonne« in Schkeuditz

Auch Beatfans in Panitzsch machten mit vier handschriftlich gefertigten Plakaten Mut zum Protest:

»Beat-Gruppen, spielt weiter, wir unterstützen euch, die Polizei ist stark, aber wir sind viele, sehr viele«; »Wir die Gitarren-Mans, wollen uns wieder. Oh Baby, Baby, pulle, pulle. die Jugend der DDR«;

»Beatgruppen sollen die Jugend erfreuen, es sollen spielen die Gitarren, The Starlets«;

»Es lebe der Beat – kommen sie zur Demonstration der Beat-Gruppen am Sonntag, den 31. 10. in Leipzig, 10.00 Uhr.«[20]

Offenbar hatte sich die geplante Protestaktion wie ein Lauffeuer in Leipzig und Umgebung herumgesprochen.[21] Vernehmungen von später Verhafteten und die Aussagen von Zeitzeugen belegen, dass weniger die Flugblätter als vielmehr die vorbeugenden Maßnahmen des Staatsapparates zur Propagierung beigetragen hatten. Vertreter des Staatssicherheit suchten in der Woche vor dem Ereignis die Schulen des Bezirks auf. Dabei ließen sie durchblicken, dass Teilnehmer an der staatsfeindlichen Aktion mit Festnahme und Verlust des Ausbildungsverhältnisses zu rechnen hätten.[22]

Die Akte »Beat«

Am 26. Oktober leitete KI[1] mit Verdacht auf Landfriedensbruch gemäß Paragrafen 110 und 113 Strafgesetzbuch das Ermittlungsverfahren zur Akte »Beat« ein.[2] Zunächst beauftragte KI die Inoffiziellen Mitarbeiter (IM), die sich bis dato in der Beatszene etabliert hatten, namentlich die IM »Günther« und »Peter«, um die Initiatoren der Protestaktion ausfindig zu machen. Gleichzeitig ordneten die Befehlsoberhäupter der Staatssicherheit einen verstärkten Einsatz von offiziellen und inoffiziellen Sicherheitskräften zu Beatveranstaltungen an. KI sammelte anhand von offiziellen und inoffiziellen Mitteilungen und mit Hilfe einer Liste registrierter Kfz-Kennzeichen die Namen von 512 Personen, die regelmäßig Konzerte besucht hatten. In den folgenden vier Tagen wurden alle KI-Mitarbeiter zur Aufklärung von 230 Musikern aus 48 Bands eingesetzt. Sechs Kapellenleiter wurden permanent beobachtet. Weitere sechs vermeintliche »Arbeitsbummelanten« aus Musikerkreisen wurden zur Arbeitserziehung eingewiesen.[3] Dennoch waren bis zum Morgen der angekündigten Protestaktion deren Anstifter nicht ausfindig zu machen. Der Leiter des Operativstabes in der BVS bilanzierte lediglich, dass »bei einer beträchtlichen Anzahl von Schülern und Lehrlingen, die planten, sich auf oder in der Nähe der angekündigten ›Demonstrationsplätze‹ aufzuhalten, Motive wie Neugier, Wichtigtuerei u. ä. eine entscheidende Rolle spielten«.[4] Jugendliche, die »rowdyhafte Handlungen« beabsichtigten, seien »nur als Einzelfälle bekannt.« Weiter schlussfolgerte der Stasi-Hauptmann: »In der Mehrheit der für die Teilnahme an der ›Demonstration‹ vorgebrachten Beweggründe dominiert weiterhin direkt oder indirekt die Tendenz, mit der ›Kundgebung‹ lediglich die Zurücknahme des ›Verbots‹ der Gitarrengruppen zu erreichen.«[5] So hätten BVS und VP bei Vernehmungen von 70 Jugendlichen im Stadt- und Landkreis Leipzig auch festgestellt, »daß die Meldungen z. Tl. übertrieben sind und dass nach diesen Aussprachen nicht mehr viel übrig bleibt.«[6]

Das sollte heißen, der Großteil der Jugendlichen hätte am Ende der Aussprache von dem Vorhaben, selbst zu der »Demonstration« zu gehen, Abstand genommen und versprochen, anderen Interessierten davon abzuraten. Der BVS war zweifellos vor dem Einsatz bekannt, dass nicht Staatsfeinde, sondern vor allem Jugendliche, die ihre Freizeitkultur erhalten wollten, am Ereignis teilnehmen würden.

Die Zentrale Akte »Spieler«

Der Suche nach den Anstiftern der »Demonstration« musste eine Vielzahl von Erkundungen vorausgegangen sein, denn den Sicherheitsbeamten stand eine beachtliche Menge an Informationen über die Szene zur Verfügung. Seit März 1965 schätzte die Kriminalpolizei die Fankreise als gefährlich ein: »Auf Grund der bisher erarbeiteten Materialien konnte festgestellt werden, dass die Laienkapellen ›The Butlers‹, ›The Shatters‹, ›The Starletzs‹ [sic] ›Shake-hands‹ und ›Guitar-mens‹ [sic], einen Brennpunkt in der Jugendkriminalität darstellen. Die Spielweise dieser Gitarrengruppen trägt zu einer Konzentration von Jugendlichen bei. Bisher ist es schon mehrfach zu größeren Ausschreitungen bei derartigen Tanzabenden gekommen. Die Spielweise erfolgt nach dem Vorbild der englischen Kapelle ›The Beatles‹ und trägt nicht zu einer positiven Beeinflussung unserer Jugend bei. Die Schlager werden zu 80% im engl. Text vorgetragen. Es kann eingeschätzt werden, dass bei und nach derartigen Veranstaltungen die Ordnung und Sicherheit nicht gewährleistet ist. Auf Grund der bisher erarbeiteten Materialien ist der Verdacht der ideologischen Diversion gegeben.«[7]

An rechtswidrigen Verhaltensweisen hatte die Kriminalpolizei Köperverletzung, unberechtigte Benutzung von Kraftfahrzeugen, Fahren unter Alkoholeinfluss, groben Unfug, Verstöße gegen das Jugendschutzgesetz, Landfriedensbruch, »aktives Rowdytum und Hetze« festgestellt.[8] Daraufhin beschloss KI die Eröffnung einer zentralen Kriminalakte mit dem Decknamen »Spieler« zur Verstärkung der »operativen Kontrolle« in der Umgebung der auffällig gewordenen Bands. Speziell ordnete der Maßnahmeplan an, in der Szene gezielt neue IM zu werben.[9] Jegliche Vorfälle im Umfeld eines Konzertabends führte die Fahndung auf die Spielweise der jeweiligen Kapelle zurück.

Seit August 1965 hatte das VPKA Leipzig eine Reihe von Begebenheiten auf Konzerten der ins Visier geratenen Bands minutiös registriert. Die Beobachter von Auftritten der »Butlers« beanstandeten überhöhte Lautstärke und Nichteinhaltung der 40/60-Klausel im Repertoire, überfüllte Veranstaltungsräume, informelles Management in Form von nicht nachvollziehbaren mündlichen Absprachen, den Verkauf von Autogrammkarten und die Herstellung von Tonbandmitschnitten. Teile des Publikums gerieten unter Verdacht, weil sie Fangemeinden bildeten oder sich als ekstatische Solotänzer zeigten.[10] Was beunruhigte, war die »Do-it-yourself«-Attitüde in der Musikerszene, die sämtliche staatliche Kontrollinstanzen zu unterwandern schien. In den sich bildenden Fangemeinden sah man potenzielle Unruheherde.

Die registrierten überhöhten Zuschauerzahlen weisen auf die Beliebtheit der Veranstaltungen hin. Durchschnittlich zählten die Beobachter in den Tanzsälen der ländlichen Regionen 80 Personen. Welche Publikumsrekorde »The Butlers« erzielten, belegen die Zahlen zweier Konzerte Anfang September 1964. So waren in der »Sonne« statt der erlaubten 300 Personen 450 im Publikum, in der HO-Gaststätte »Sächsisches Haus« waren es 600, obwohl nur die Hälfte zulässig war, gaben die IM an, die seit August 1964 regelmäßig Konzerte der »Butlers« aufsuchten.[11]

Pfiffe im Jugend-Filmklub

Im September/Oktober 1965 veranstaltete der Leipziger Jugend-Filmklub eine Reihe von Filmabenden mit Auftritten bekannter Gitarrengruppen, denen es in den Augen der örtlichen Funktionäre an politisch-ideologischer Führung mangelte. Am 7. September spielten die »Butlers« im »Kino der Jugend« in der Ernst-Thälmann-Straße. Im Vorprogramm

Filmabend mit »Guitarmen« im »Kino der Jugend« in der Ernst-Thälmann-Straße

lief der obligatorische »Erziehungsfilm«. Rund 900 Jugendliche, meist über 14 Jahre, saßen in den Reihen. Im Polizeiregister wird der Verlauf des Abends so beschrieben: »Während des Ablaufs des Filmes über Erziehungsfragen von Kindern und Jugendlichen wurde dieser mit Pfiffen und Gegröle sowie von Trompetensignalen begleitet. Die negierenden Störungen änderten sich mit der Darbietung des Filmes ›Abenteuer in Rio‹. Gezeigte Mordhandlungen und Schlägereien wurden von den Jugendlichen mit spontanen Beifallskundgebungen aufgenommen. Nach Darbietung des bekannten Films wurden die ›The Butlers‹ zur Musikschau angekündigt ... Nach Einschätzung der Dinge muß gesagt werden, daß der Dank der Jugendlichen für die dargebotene Musik nichts mit Beifall zu tun hat, sondern es sich hierbei, durch die dargebotene Musikschau, um eine aufgeputschte in Ekstase geratene jugendliche Masse handelte. [...] die Jugendlichen benahmen sich während der gesamten Musikveranstaltung wie rasend.« Obendrein bestand das Konzert ausschließlich aus englischen Titeln; der Leiter des Filmclubs hatte die Besucher nicht am Bierkonsum während der Veranstaltung gehindert.«[12]

Auch die beiden anderen legendären Veranstaltungen dieser Art unter dem Motto »Musik und Zelluloid« mit der tschechischen Beatcombo »The Matadors« und den lokal gefeierten »Shatters« erzeugten bei Beobachtern im Staatsauftrag Unmut, da aus ihrer Sicht, wie es in einer Parteiinformation an das ZK der SED heißt, »von Seiten des Filmklubs keine klare politische Konzeption und straffe Leitung zu diesen Veranstaltungen« zu erkennen war. Detailliert berichten die Beobachter von weiteren Normverstößen: »In der Filmvorführung am 12.9. wurde von dem jugendlichen Publikum während des Filmes beim Auftreten des Genossen Stoph ein Pfeifkonzert inszeniert, jedoch gab es andererseits Beifall, als die Vertreter der Firma Krupp gezeigt wurden. am 1.10. gab es bereits während dem Auftreten der ›The Shatters‹ eine angeheizte Atmosphäre, die sich durch starke Pfiffe, Rufe, Trampelkrach auf die Filmvorführung übertrug. Während des Filmes [›Examen‹] wurde ein Knallkörper gezündet, der zur Unterbrechung der Filmvorführung führte.«[13] Die Parteiinformation ist auf Montag, den 13. Oktober 1965, datiert, also den Auftakttag des Anti-Beat-Kurses in Leipzig. Zwölf Tage nach der Veranstaltung mit »The Shatters« bekannten die Genossen in Leipzig Farbe: Neben der Umsetzung des ZK-Anti-Beat-Beschlusses im Bezirk rechtfertigten sie die allgemeine politische Stimmung, indem sie pflichtgemäß weitere »Beweise« für die Dekadenz der populären Musikkultur einreichten.

Räumketten auf dem Wilhelm-Leuschner-Platz

Unter der Überschrift »Wer ist denn gegen Gitarrenmusik?« warnte die LVZ am 30. Oktober ihre Leser: »Sie sollten nie vergessen, daß ein sozialistischer Staat Krawall und Aufruhr unter keinen Umständen duldet. Wer das übersieht, verstößt sowohl gegen seine ureigensten Interessen, als auch gegen die moralischen Normen des sozialistischen Staates. [...] Radau und Zusammenrottungen sind keineswegs Prädikate junger Leute, die in einem Staat aufwachsen, der ihnen eine sichere Perspektive bietet und in dem sie die Hausherren von morgen sind. [...] wer sich rowdyhaft aufführt, den darf es nicht Wunder nehmen, wenn ihm die Öffentlichkeit beibringt, was Anstand und Ordnung bedeuten.«[1]

Der Polizei-Großeinsatz am 31. Oktober 1965

Welch hohes Gefahrenpotential dem aufziehenden Protest zugemessen wurde, davon zeugen die polizeilichen Lagefilme über die bezirksweit angeforderten Sicherheitskräfte. Für den Sonntag Nachmittag des letzten Oktoberwochenendes 1965 war das Fußballländerspiel DDR – Österreich im Zentralstadion angesetzt. Für den Sonntag Vormittag standen Kampfgruppen und DHfK-Sportler zusätzlich zum Polizeiaufgebot bereit.[2] Die BDVP wies an: »Nicht zulassen, daß Jugendliche auseinander laufen, sondern zusammenfassen, verladen und zum Sammelpunkt, Hof 2, VPKA, bringen. Dort erfolgt Filtrierung und Verwahrung.«[3]

Erinnerungen Erinnerungen Erinnerungen Erinnerungen

»Wenn ihr hier nicht bald verschwindet, dann nehmen wir euch fest!«

Im Nachhinein gehen die damals Beteiligten davon aus, dass die Beatfans sich aus Langeweile bald wieder verstreut hätten, wären nicht die Sicherheitskräfte zum Einsatz gekommen.[8] Auf dem Wilhelm-Leuschner-Platz wurden nur vereinzelt provozierende Stimmen gegen die Polizei laut. Die Schilderung der Ereignisse verdeutlicht, dass es sich bei der Beatdemonstration nicht um eine organisierte Widerstandsaktion gehandelt hat, sondern vielmehr um eine Art Szene-Spektakel, das für einige Betroffene unerwartet folgenreich ausging.

Klempnerlehrling Wolfram Koschek, damals 16 Jahre alt, erfuhr von dem geplanten Protest durch die »vorbeugenden« Belehrungen in der Berufsschule. Kern der unbeabsichtigten Botschaft: »Sonntag Demonstration in der Innenstadt«. Teilnehmer könnten im Falle einer Festnahme ihre Lehre als beendet betrachten, wurde den Zöglingen gesagt.[9] Trotzdem schmiss sich Koschek am Sonntag Morgen in »seine Kluft«, Lederol-Jacke und schwarze Glockenhosen, um auf der Straße

Die Zentrale Auswertungs- und Informationsgruppe (ZAIG) im MfS hielt den Beginn des Einsatzes zur Auflösung der »Konzentration« von »mehreren größeren Personengruppen in den Zugangsstraßen des Wilhelm-Leuschner-Platzes« am 31. Oktober um 10.40 Uhr so fest: »Da diese Ansammlung inzwischen ca. 1000 Personen erreicht hatte und teilweise die Fahrbahnen einzelner Straßen und die Kreuzung blockierte, wurden die Jugendlichen zunächst durch Lautsprecherwagen der Volkspolizei aufgefordert auseinanderzugehen, weil sie sich gesetzeswidrig verhielten und den Straßenverkehr behinderten. Diese Aufforderung wurde vom größten Teil der Jugendlichen jedoch mit Pfiffen, Pfui- und Buhrufen beantwortet. Daraufhin wurde in Absprache zwischen dem 1. Sekretär der Bezirksleitung, dem Leiter der Bezirksverwaltung des MfS und dem Chef der Bezirksbehörde der Deutschen Volkspolizei der Einsatz der 21. VP-Bereitschaft angewiesen, die durch Räumketten und unter Anwendung des Schlagstockes die Jugendlichen in die Petersstraße und andere Nebenstraßen abdrängten. Die vollständige Auflösung geschah durch den Einsatz von Wasserwerfern und war nach ca. 20 Minuten vollzogen. Von den Jugendlichen wurde kein tätlicher Widerstand geleistet, so daß es zu keinerlei Verletzungen oder Sachbeschädigungen kam. Die anderen in Bereitschaft stehenden Kräfte brauchten nicht eingesetzt werden.«[4] Laut Schätzung der SED-Bezirksleitung hatten sich 2.500 Personen auf dem Leuschner-Platz und in den anliegenden Straßen versammelt, unter ihnen etwa 500 erkennbare Beatfans, zahlreiche SED- und FDJ-Funktionäre und Sicherheitskräfte in Zivil.[5] Der Karl-Marx-Platz und der Markt wurden polizeilich geräumt.[6] Am späten Nachmittag wurde eine Gruppe von rund 50 Jugendlichen vor dem »Capitol«-Kino »aufgelöst«, weil die Beteiligten, so die BVS, offen ihren Unmut gegenüber den Räumungsmethoden zum Ausdruck gebracht hätten.[7]

Insgesamt wurden 279 Personen verhaftet, fast ausschließlich Lehrlinge und Arbeiter

Erinnerungen Erinnerungen Erinnerungen Erinnerungen

»Szene zu bekennen«. Mit einem Freund fuhr er in die Innenstadt. In der Nähe des Hauptbahnhofs wurden die beiden zunächst von Zivilkräften der Straßenbahn verwiesen. Zu Fuß folgten sie den zum Teil an Pilzkopffrisuren erkennbaren Fans zum Leuschner-Platz. Das Bild, das sich ihm dort bot, hat Wolfram Koschek als »zwangsloses Zusammenstehen« in Erinnerung. Jugendliche hätten in Gruppen auf den Grünflächen und Fußwegen auf und am Leuschner-Platz gestanden, Straße und Kreuzung wären in seinem Blickfeld frei gewesen. Auf die zweimalige Lautsprecherdurchsage des VP-Streifenwagens »Bürger! Ihr Verhalten ist gesetzeswidrig, räumen Sie sofort die Straße!« reagierten die Jugendlichen mit Gejohle und Gepfeife.[10]

Die polizeiliche Räumungsachse rückte an. Koschek sieht noch vor sich, wie die Kompanien der Bereitschaftspolizei von den Mannschaftswagen sprangen, schwere Nagelstiefel auf das Pflaster knallten und die Schwadronen ausschwärmten, um einige Jugendliche herauszugreifen. Ein Hundeführer trieb einen Jugendlichen vor sich her, dem er schließlich mit dem Schlagstock auf den Rücken schlug.

Die Geschichte der Leipziger »Beatdemonstration«

BV für Staatssicherheit Leipzig   Leipzig, 7. November 1965
Kreisdienststelle Leipzig-Stadt   VII/ - So/Hpl -

Sachstandsbericht

Am Sonntag, den 31. 1o. 1965, gegen 1o.15 Uhr kam der GI-Kandidat "Paul" mit einer Gruppe von Jugendlichen auf dem Wilh.-Leuschn-er-Platz ins Gespräch, als diese sich dagegen verwahrte, vom GI-Kandidat fotografiert zu werden. Da der GI-Kandidat diese jugendliche Gruppe aufforderte, sich zusammenzustellen, um die Polizei geschützt fotografieren zu können, errang er Vertrauen bei diesen Jugendlichen. Als der GI-Kandidat zufällig erwähnte, daß er aus Karl-Marx-Stadt sei, wurde er von einem Jugendlichen gefragt, ob er den Thomas aus Karl-Marx-Stadt kennt. Da der GI überrascht fragte, woher sie diesen kennen, erklärte dieser Jugendliche wiederum: "Na klar, kennen wir den, der hat doch unsere Flugblätter gedruckt."
Auf Grund dieses Hinweises hat der GI diese Jugendlichen fotografiert, wurde aber dann von der VP abgeführt.

Die eingeleitete Bildfahndung ergab, daß es sich bei der dritten Person von links, die auch die Äußerung zum GI-Kandidaten gemacht hatte, um den

          geb. 27. 4. 1946 in Leipzig
          wh. 7o22 Leipzig, Georg-Schumann-Straße 87
          besch. VEB

handelt. Der B. wurde von den GIs "Witte", "Hennig", "Anatol" ABV   , Frau   und deren Tochter aus seiner Tätigkeit im Jugendklubhaus "Jonny Scheer"; von Frau   und Genn.   aus dem Wohnhaus des B. und von der Kaderleiterin und Meister   des VEB   der ehemaligen Arbeitsstelle des B., anhand der Bildvorlage erkannt.

Die Ermittlungen ergaben, daß der B. bis Juli 1965 als Schlagzeuger der Gitarrengruppe "The Beathovens", des Jugendklubes "Jonny Scheer" angehörte.

- 2 -

Die BVS-Perspektive: Das bis bis dato einzige Bild von der Beatdemo 1965 mit Sachstandsbericht.

(232 Personen) und eine vergleichsweise geringe Anzahl Schüler (20) und Studenten (8).[16] Das Ergebnis der Vernehmungen: »Während ein Teil der festgenommenen Jugendlichen aussagt, dass sie aus Protest gegen die Maßnahmen zum ›Verbot der Beat-Musik‹ an der Zusammenrottung teilnahmen, begründet die überwiegende Mehrheit, aus Neugierde und Sensationslust teilgenommen zu haben. Von der beabsichtigten Zusammenrottung der ›Beat-Anhänger‹ erhielten sie durch Flüsterpropaganda Kenntnis, aber auch durch ›vorbeugende‹ Aussprachen mit Schülern und Lehrlingen.«[17]

Arbeitserziehung in der Braunkohle

In »weiser Voraussicht« hatte die SED-Bezirksleitung die Leiter der Rechtspflegeorgane einige Tage vor dem 31. Oktober über die Dringlichkeit der Lage informiert, so dass die Kreisgerichte »schnell und wirksam« reagieren konnten und einen gesonderten Haftrichterdienst organisiert hatten. Unmittelbar nach der Auflösung der Ansammlung wurden die Direktoren der Stadtbezirksgerichte in Kenntnis gesetzt, was zur Folge hatte, dass die festgenommenen Erwachsenen bereits 24 Stunden später richterlich vernommen und abgeurteilt werden konnten. Die Strafverfahren gegen die Jugendlichen liefen an zwei weiteren Tagen der ersten Novemberwoche. Eltern, Betriebe und Jugendhilfe wurden in die Verhandlungen einbezogen. Während der Verhandlungspausen führten Richter und Inspekteure zusätzliche Gespräche mit den Erziehungsberechtigten.[18]

Der Abgleich mit den Urteilsverkündungen des Bezirksgerichts Leipzig ergibt, dass von 18 Verhafteten zwischen 14 und 15 Jahren sechs strafrechtlich verfolgt wurden. So erging es auch 72 von 78 Verhafteten zwischen 16 und 17 Jahren, 44 von 104 Verhafteten zwischen 18 und 20 Jahren, 17 von 52 Verhafteten zwischen 21 und 25 Jahren und

Erinnerungen   Erinnerungen   Erinnerungen   Erinnerungen

»Da«, merkt Wolfram Koschek im Rückblick an, »haben wir auch gesehen, zu was sie fähig sind, die Genossen.«
Als die Menge in die Petersstraße gedrängt wurde, zogen Koschek und andere sich ins »Capitol«-Kino zurück. Das Personal forderte sie auf, das Haus zu verlassen. Koschek und sein Freund gingen zum Marktplatz.
»Die ganzen Jugendlichen waren, sagen wir mal sensationslüstern, wir ja auch in dem Alter. Die sind nicht nach Hause, sondern die haben sich verkrümelt, um das Geschehen aus der Ferne zu beobachten.« Von einer Ecke des Marktplatzes aus beobachteten die Jugendlichen, wie ein Wasserwerfer zum Einsatz kam, der zur allgemeinen Belustigung nicht nur die Jugendlichen, sondern auch Zivilkräfte bespritzte. Als Koschek und sein Freund sich laut über das brutale Vorgehen der Polizei ereiferten, ertönte plötzlich hinter ihnen eine drohende Stimme: »Passt mal auf, ihr zwei, wenn ihr hier nicht bald verschwindet, dann nehmen wir euch fest!« Daraufhin »schellten« bei den Jungens die »Alarmglocken«. »Panikartig« traten sie den »Rückzug« an. Um nicht weiter aufzufallen, trenn-

Arbeitseinsatz
im Braunkohle-Kombinat
Regis-Breitingen

drei von 27 Verhafteten über 25 Jahren.[19] 164 Teilnehmer der Demonstration sahen sich Strafverfolgungsmaßnahmen ausgesetzt, vor allem mehrwöchiger Arbeitserziehung.[20] Vor der Entlassung der »Verurteilten« wurden zum Teil so genannte Eingliederungsgespräche in deren Betrieben vorgenommen.[21]

Erst am 2. November zog die LVZ in einer Randbemerkung ihr Fazit. Unter dem Titel »Ruhestörern und Rowdys das Handwerk gelegt« stand zu lesen: »[...] am gestrigen Sonntag [sic] [versuchte] eine Anzahl von Rowdys und Gammlern, die zum Teil Arbeits-

Erinnerungen Erinnerungen Erinnerungen Erinnerungen

ten sie sich. In der Fleischergasse, also in nächster Nähe des Gebäudes der Staatssicherheit, sah Koschek die LKWs, mit denen die Verhafteten abtransportiert wurden: »Da kriegte ich gerade noch mit, wie einer auf den vollen LKW flog. Der fand vor Aufregung nicht den Tritt. Der flog schon fast drauf, also verladen wie ein Stück Vieh. Dann verlor der was, sein Kofferradio oder was der hatte. Das flog dann so mit, das schmissen die [Polizisten] so hoch, das war dann tausend Teile. Wäre besser gewesen, der hätte gesagt, das Radio hat mir gar nicht gehört.«[11]

»Mir kam es so vor, als ob sie uns erwartet hätten«
Der damals 15jährige Schüler Karl-Heinz Däbritz gehörte zu denen, die sich regelmäßig vor dem »Capitol«-Kino und an der Parkbühne im Clara-Zetkin-Park trafen. Auch er hatte von der Aktion durch Mundpropaganda in Fankreisen erfahren. Auf Grund der verschärften Polizeikontrollen eine Woche zuvor mied er das »Capitol«. Keiner seiner Freunde nahm ein Flugblatt an, da zu vermuten stand, es könnte fingiert sein. Am Sonntag gingen Däbritz und sein Freund direkt

scheue sind, das friedliche Leben in unserer Stadt zu stören. Sie verbanden damit die Absicht, Unruhe in das Stadion beim Fußball-Länderspiel DDR – Österreich zu tragen. [...] Bei den zugeführten Ruhestörern hat es sich erneut bestätigt, dass die Anführer teils Diebe, Arbeitsbummelanten und asoziale Elemente sind, die ihren Lebensunterhalt auf eine Art und Weise bestreiten, die jeden ehrlichen Bürger empört. [...] Die Anführer der Ausschreitungen sind einer Arbeit zugeführt worden, bei der sie lernen können, wie man sich in unserer Republik zu bewegen und aufzuführen hat.«[22] Eine Woche später führte das Blatt einige der verhafteten vermeintlichen »Anführer« in einem groß angelegten Leitartikel mit Name und Adresse auf. Dabei unterstellten die Redakteure den Betroffenen Vorstrafen wegen Kindesmissbrauchs und anderer Gewalttaten. Auf das Verlangen des Vaters eines dieser Verleumdungsopfer nach einer Gegendarstellung reagierte die Redaktion nicht.[23] Dieser Beitrag war Teil einer weiteren Anti-Beat-Kampagne unter der Überschrift »Für Ordnung und Sauberkeit«, die sich über den Monat November zog.[24]

»Nur noch Beat«

Das Vorgehen der staatlichen Organe gegen die Beatfans war offenbar als Einschüchterung gedacht. Statt klein beizugeben, machten aber einige Betroffene ihrem Ärger Luft. In den Nächten nach dem Beat-Sonntag schufen sie mit Kreide oder Farbe an Hauswänden, Litfasssäulen, auf Straßen und Parkbänken unübersehbar eine Gegenöffentlichkeit: »Freiheit für alle Beat-Fans« stand da im Morgengrauen zu lesen, und »Wir wollen Beat«; »Wir wollen wieder Big Beat«; »Wir wollen nur Big Beat« und »Nur noch Beat.«[25] An verschiedenen Ecken bekundeten Fans mit »The Beatles«- »The Butlers«- oder »Big Beat«-Schriftzügen ihre unbezwingbare Begeisterung. Angeprangert wurde der Polizeieinsatz:

Erinnerungen Erinnerungen Erinnerungen Erinnerungen

und nicht über den zentralen Treffpunkt des Freundeskreises zum Wilhelm-Leuschner-Platz.
»Da gab es früher am Leuschner-Platz einen Imbiss, am Neuen Rathaus. Dort haben wir gestanden. Ja, und da wurden wir verhaftet, von drei Zivilkräften. Mir kam es so vor, als ob sie uns erwartet hätten. Wir sind da, schönen guten Tag, ›Sie sind verhaftet‹. Der, mit dem ich dort war, der war nicht ganz so sportlich wie ich. Ich wäre ja sehr wahrscheinlich abgehauen. Dann haben die blöden Schweine noch gesagt: ›Bei Fluchtversuch wird geschossen!‹ Da hat der mich bloß angeguckt.«
Die Zivilisten führten die Jungen zum Präsidium in der Beethovenstraße. Da hatten sie sich mit anderen Festgenommenen an den Wänden der Flure aufzureihen, während in den Zimmern die Verhöre stattfanden: »Und dort haben wir gestanden. Wenn man lange genug breitbeinig mit den Händen an der Wand und mit den Füßen einen halben Meter weg von der Wand gestanden hat, durfte man sich auch mal umdrehen. Das war eine so genannte Lockerungsübung. Man durfte

»Es lebe der Beat trotz Polizeiterror«[26]; »Prügelhunde weg – pfui – Beat-Club her« oder »Gegen Wasserwerfer und Polizei nur noch Streik«. Jugendliche in Holzhausen proklamierten: »Nieder mit Ulbricht, es lebe der Beat.«[27] In einem Fall wurden Hakenkreuze an die Wand gepinselt.

Noch am Abend der Auseinandersetzung tauchte in Auerbachs Keller ein Flugblatt auf: »für die JUGEND WASSERWERFER ?? AUSNAHMEZUSTAND! FDJ«[28] Tags darauf wurden im Telefonbuch einer Telefonzelle am HO-Warenhaus in der Merseburger Straße fünf im Durchschreibeverfahren gefertigte Flugblätter entdeckt. Der Text erinnerte an den 17. Juni:[29]

> An alle Deutschen
> Wir fordern die Aufhebung des Verbotes der Beat-Gruppen sowie die Einheit Deutschlands und endlich freie Wahlen
> die Deutsche Jugend

Am Abend des 5. November klebten Flugblätter nicht nur an Litfasssäulen und Hauswänden, sondern auch an Gebäuden der SED-Bezirksleitung und des Rates des Bezirks. Auf den mit Stempeldruckkasten gefertigten Zetteln stand:

»Hallo Beat-Fans!
Haussuchungen! Verhaftungen! Verhöre!
es folgen Urteile – und das geht zu weit!
Unseren Protest gegen das Verbot der Beat-Gruppen
legen die ›Sicherheitsorgane‹ als Staatsgefährdung aus.

Erinnerungen Erinnerungen Erinnerungen Erinnerungen

nicht mit dem Nachbarn reden. Wer das getan hat, musste wieder Gesicht zur Wand oder es gab eine mit dem Knüppel, ganz radikal. Mädels das gleiche. So eine kleine Episode: Da haben sie dem einen Mädel von hinten richtig zwischen die Beine getreten. Die rutschte zusammen. Nur weil die gesagt hat: ›Ich mach doch nicht die Beine auseinander‹ – zweideutig.
Stunden haben wir dort gestanden, ohne Ende. Dann runter in den Keller. Da durften wir im Kreis laufen, das war dann schon wie eine Belobigung. Also, insgesamt waren es 56 oder 58 Stunden, die wir dort waren, und wir haben nichts zu trinken und nichts zu essen gekriegt, null.«[12]
Die Jugendlichen wurden in das Gefängnis Alfred-Kästner-Straße gefahren, wo ihnen die Haare geschnitten wurden.
Von da aus ging es auf LKWs in das Braunkohlerevier Regis-Breitingen. Dort musste Karl-Heinz Däbritz an der Gleistrasse Schwellen tragen und Kabelstränge ziehen – auf unbestimmte Zeit. Niemand informierte ihn über die Dauer des Strafaufenthalts. Zwar erinnert er sich an ein Schnellverfahren, zu dem er

Man geht gegen uns mit Gummiknüppeln, Wasserwerfern
und MGs vor. Man verhaftet und verurteilt uns, weil wir den neuen Beat lieben.
Aber wir fordern Freiheit für alle Beatfans!
und rufen: Es lebe der Beat!«[30]

Die Verfasser wurden kurz darauf gestellt. Es handelte sich um zwei weibliche Lehrlinge im Alter von 16 und 17 Jahren, beschrieben als »fanatische Anhängerinnen der Beat-Musik«, deren Väter beide Berufsmusiker waren. Sie hatten ihr Pamphlet 50mal vervielfältigt.[31]

Die »Sicherungsmaßnahme« des Apparats zur »Herstellung von Ruhe und Ordnung« hatte den gegenteiligen Effekt erzeugt. Wandsprüche und Flugblätter brachten genau die Einstellung zum Ausdruck, welche die SED-Politiker mit allen Mitteln zu bekämpfen versuchten. Der Politisierung und Kriminalisierung ihrer Freizeitkultur setzen die Jugendlichen ein demonstratives »Nun-erst-recht« entgegen. Auf die ostentative Kompromisslosigkeit der Staatsmacht reagierten sie mit direkter Kritik. Die Ausgrenzung durch die SED, ihre Sicherheitsorgane und Medien führte schließlich tatsächlich dazu, dass die Fans die Rolle des Staatsfeindes annahmen. Dennoch verfolgten sie keine ernsthaften politischen Absichten, Programme oder Selbstorganisation. Vielmehr stand dahinter eine Trotzreaktion gegen die Bevormundungen von »Vater Staat«.

Der Abschluss der Akte »Beat«

Entgegen der bisher verbreiteten Vermutung, die Beatdemonstration könnte von der SED-Führung fingiert worden sein, um Beweise für das angebliche Gefahrenpotential der Szene zu beschaffen und sie zugleich einzuschüchtern, offenbaren die Akten der Staats-

Erinnerungen   Erinnerungen   Erinnerungen   Erinnerungen

mit fünf weiteren jungen Strafarbeitern Montag Vormittag nach Leipzig und danach wieder zurück ins Lager nach Regis-Breitingen gefahren wurde, jedoch nicht an das Ergebnis des Verfahrens beziehungsweise an einen Urteilsspruch.
Ausser Stiefeln wurde ihnen zunächst keine Arbeitskleidung zur Verfügung gestellt, trotz Kälteeinbruchs und obgleich die meisten auf Grund des sonnigen Wetters am Verhaftungstag eher leichte Kleidung trugen.[13] Nach einigen Tagen verbesserten sich die Bedingungen im temporär zum Gefangenenlager umfunktionierten Kulturhaus Regis, die Jugendlichen erhielten warme Arbeitskleidung.[14]
Nach drei Wochen wurde Däbritz unverhofft nach Leipzig gefahren. Seine Mutter wusste nicht, dass er zurück kommt. An dem kalten Tag Ende November rannte er in seiner spätsommerlichen Fankluft, getrieben von Wut im Bauch über die ihm widerfahrene Ungerechtigkeit, vom Polizeirevier in der Südvorstadt zu seinem Zuhause am Clara-Zetkin-Park. Der 15-Jährige war einfach nur noch froh, dem Tyrannenspiel entronnen zu sein.[15]

sicherheit die tatsächlichen Initiatoren: Die Verfasser des Aufrufs zum Protestmarsch waren zwei 16-jährige und ein 15-jähriger Oberschüler aus Markkleeberg.[32]

Peter Washeim, einer der Beteiligten, schildert im Rückblick die Hintergründe der Aktion: »Es war nicht die Musik als solche, die mich dazu bewegt hat, es war die Unverschämtheit, Menschen zu bevormunden, das hat mich gestört. Mit dem Kurt Richter habe ich mich dann abgesprochen, wir haben beraten und den Setzkasten gekauft im Schreibwarenladen. Ist ja bloß so ein Kinderspielzeug, das kann ja jeder. Und dann haben wir den Text zusammengestellt. Wir haben uns erst einmal darüber unterhalten, dass es eben niemals eine Sache sein kann, die wir politisch aufziehen. Erst wollten wir schreiben, wir sind gegen die Kulturpolitik und lauter solche Scherze. Das haben wir alles wieder verworfen, weil wir gesagt haben, wenn dann wirklich mal etwas ist, dann wird es ganz schlimm. Wir müssen versuchen, das nur auf die Musik zu beziehen. ›Beat-Freunde, wir treffen uns zum Protestmarsch!‹. Das hat ja jeder verstanden durch die Pressekampagne, die sie [die SED-Funktionäre] vorher entfacht hatten.«[33] So bildete der LVZ-Artikel vom 20. Oktober, »Dem Missbrauch der Jugend keinen Raum«, auch den Auslöser für ihr Handeln. Während sein Freund für den Karl-Marx-Platz als Versammlungsort gewesen sei, habe er sich dagegen ausgesprochen, »weil in dem von mir erwähnten Artikel in der LVZ etwas darüber zu lesen war, daß es dort bereits zu irgendwelchen unliebsamen Zwischenfällen gekommen sei, die durch ›Beat-Musik‹ verursacht worden waren, und ich nicht wollte, daß wir gleiches nachmachen. Deshalb sprach ich mich für den Wilhelm-Leuschner-Platz aus.« Als sie schon beim Setzen waren, kam sein Bruder dazu. »Weil das so aufwendig war mit dem Drücken, haben wir gesagt, du mußt hier auch mal so einen Stempel machen. Und der Andreas hat sich hingesetzt und hat mitgemacht. Er ist zurückgeblieben, als wir dann bei Einbruch der Dunkelheit los sind und verteilt haben.«[34]

Aus Angst, erwischt zu werden, hatte sich keiner der drei Jungen an der Aktion selbst am 31. Oktober beteiligt. Washeim hatte seinen Vater in den Ratskeller begleitet, nicht

Hauswände in Neustadt-Schönefeld ...

zuletzt, um für wenige Minuten das Restaurant zu verlassen und einen Blick auf den gegenüber liegenden Leuschner-Platz zu werfen.[35] Sein jüngerer Halbbruder Andreas wurde von einem seiner Lehrer noch an der Markkleeberger Haltestelle am Einsteigen in die Bahn gehindert.[36] Richter war auf Grund der Warnungen der Lehrer und seiner Mutter zu Hause geblieben.[37] Dennoch forderte dieser zwei Tage nach der Niederschlagung der Protestaktion seinen Freund Peter zu einem weiteren Appell auf, weil er sich als Verfasser des Aufrufs für das Misslingen verantwortlich fühlte.[38] Sein erster Textentwurf sah so aus:
»Beatdemonstranten!
Es war ein Erfolg – trotz Beregnung und Stasi ...
Aber viele 100 sind eingekerkert – deshalb:
7. XI. – 15.00 Uhr Leuschnerpl.«[39]

Peter lehnte jede weitere Aktion ab, Kurt druckte allein vier Flugblätter ohne die kritische Wendung »trotz Beregnung und Stasi«, von der er befürchtete, diese »könnte als eine politische Untermauerung [s]einer Forderung angesehen werden.«[40] Heute schildert Washeim, was er zu Kurt sagte: »Du, so geht's nicht, das können wir nie wieder machen. Das bringt nichts, wir stürzen andere ins Unglück und das hatten wir ja eigentlich nicht gewollt. Eigentlich sollte das in Ruhe verlaufen, die sollten bloß sehen, dass man sich nicht alles gefallen lassen kann.«[41] Er hatte seinen Freund unmissverständlich aufgefordert, die gedruckten Flugblätter schnellstens zu vernichten, um keine weiteren Risiken einzugehen. Kurt gab schließlich auf, vergaß allerdings, die Textentwürfe zu entsorgen.[42] Dies hatte fatale Folgen: Kurts Mutter, eine Parteigenossin, fand einen der Entwürfe samt dem dazugehörigen Stempeldruckkasten und übergab das Beweismaterial am nächsten Tag dem Klassenlehrer der beiden Jungen. Am 6. November wurden alle drei Beteiligten vom MfS verhaftet. Die Vernehmungen ergaben, dass sie insgesamt 174 Flugblätter mit dem Aufruf gedruckt hatten.[43]

... Schaufenster im Leipziger Westen: Lebensmittelgeschäft und Buchhandlung in der Lützner Straße ...

Die Geschichte der Leipziger »Beatdemonstration«

... an der Lifaßäule Coppi-/Wittenberger Straße ...

Das Datum hatten die Jungs im Übrigen frei gewählt, auch wenn die Vernehmer das zunächst nicht glauben wollten: »Immer wieder haben sie gefragt, wer hat euch dazu angestiftet, wer hat das inszeniert? Das ist kein Zufall. Aber das mit dem Fußballspiel habe ich wirklich nicht gewusst. Ich war kein Fußballfan. Ich konnte nicht wissen, dass da zufällig ein internationales Spiel war. Das haben die [Vernehmer] uns eben zur Last gelegt, dass der Termin [absichtlich] so gelegt worden ist, war aber nicht.«[44], erzählt Peter Washeim.

Die Jugendstrafkammer des Kreisgerichts Leipzig-Land verurteilte Washeim und Richter zu Freiheitsentzug von je eineinhalb Jahren auf Bewährung, der jüngere Bruder bekam zehn Monate auf Bewährung. Das Gericht hielt den Angeklagten zugute, dass sie sich am Ende gegen eine zweite Flugblattaktion entschieden hatten. Die Jungen wurden nach ihrer Entlassung aus der Untersuchungshaft von der Erweiterten Oberschule gewiesen.[45]

… Hauswand in Holzhausen und Parkbank auf dem Ernst-Thälmann-Platz …

Gedenken an den »Beat-Aufstand«

Die gewaltsame Niederschlagung der Beatdemonstration löste unter Betroffenen und deren Angehörigen mehr als einen Schock aus. Die Ereignisse schlugen in der kollektiven Erinnerung der Szene tiefe Wurzeln. Dank eines mittlerweile gut an den Buschfunk angeschlossenen inoffiziellen Informationskanals der Stasi waren der Partei und ihren Organen im Vorfeld des ersten Jahrestages der Beatdemo neuerliche Protestpläne zu Ohren gekommen. Laut Befehl 224/66 ordnete der Leiter der BVS im Rahmen der so genannten »Aktion Tanne« am 25. Oktober 1966 für die Tage bis zum 1. November die Bildung eines Einsatzstabes an. Alle Mitarbeiter der BVS und der Kreisdienststellen (KD) Leipzig-Stadt und Leipzig-Land hatten am letzten Oktoberwochenende 1966 zum Dienst zu erscheinen.[1]

Die »Aktion Tanne«

Der BVS-Hauptabteilung IX war seit September 1966 bekannt, dass die Beatdemonstration vom Vorjahr wiederholt Thema der Unterhaltungen verschiedener Jugendgruppen bildete und einige Jugendliche darüber hinaus beabsichtigten, die Ereignisse des vergangenen Herbstes mit Protestaktionen am 31. Oktober 1966 in Erinnerung zu bringen. Drei Jugendliche aus Markranstädt wurden zugeführt. Sie hatten mit einer Schreibmaschine 13 Flugblätter vervielfältigt, die für Sonntag, den 30. Oktober 1966, zu Treffen auf dem Wilhelm-Leuschner-Platz und vor dem »Capitol« aufriefen. Die so genannten »Wortführer« der neuen, sich innerhalb der Beatszene herausbildenden »Capitol-Meute«, die sich

... Asphalt und Parkbank im Leipziger Osten im November 1965

in den Sommermonaten in unterschiedlicher Stärke im Clara-Zetkin-Park und seit September wieder vor dem Filmtheater zusammenfand, hatten nach BVS-Informationen wiederholt zum Ausdruck gebracht, »daß am 31.10.1966 anläßlich des Jahrestages des ›Beat-Aufstandes‹ etwas ›losgemacht‹ werden müßte«. Angehörige der »Capitol-Meute« hätten Mitglieder der »Friedhofsbande« – benannt nach dem Treffpunkt am Alten Johannisfriedhof – von dem Vorhaben informiert. Diese hätten ihrerseits die Teilnahme propagiert. Die BVS hatte die vermeintlichen Wortführer der beiden Gruppierungen neben weiteren Einzelpersonen in polizeilichen Gewahrsam genommen. Die gegen sie vorgebrachten Vorwürfe lauteten, allgemeine Passivität gegenüber den gesellschaftlichen Verhältnissen in der DDR, Interesselosigkeit gegenüber jeglicher Form einer positiven gesellschaftlichen Tätigkeit und Tendenz zur »Verherrlichung der Verhältnisse in Westdeutschland«. Resümierend führten die Sachbearbeiter die Einstellung auf eine unzureichende Erziehungsarbeit von Seiten der Eltern, der staatlichen und gesellschaftlichen Organe sowie der Staatsbürgerkundelehrer zurück.[2] Am Ende gab es das von der BVS Leipzig verfasste »Lob und Dankschreiben« an die Mitarbeiter der »Aktion Tanne«. Diese stammten nicht nur aus dem Bezirk Leipzig, sondern auch aus Gera, Karl-Marx-Stadt, Halle und anderen Bezirken.[3]

»Banane« am Filmtheater »Golipa«

Auch in anderen Stadtteilen Leipzigs wurde der Ereignisse gedacht. Der 15-jährige »Banane«, so der Spitzname, fertigte am ersten Dezemberwochenende handschriftlich im Durchschlagverfahren 215 Flugblätter an und brachte diese an Hauswänden, Litfasssäulen, Schaufenstern und Toiletten in Gohlis, Wiederitzsch, Taucha und in der Leipziger Innenstadt an, verteilte sie unter der »Capitol-Meute« und an Passanten auf dem Weihnachtsmarkt. Die Flugblätter kursierten in zwei Textvarianten:
»Beat-Fans
erscheint am 18.12.1966
zum diesjährigen
Beat-treff
Treffpunkt: 10.00 Karl-Marx-Platz«
und:
»Beatfans!
Kommt am 18.12.1966 zum großen
Beattreffen.
Treffpunkt: 10.00 auf dem
Karl-Marx-Platz«[4]

Nachdem er am Abend des 5. Dezember weitere Flugblätter im Kino »Golipa« verteilt hatte, rief der Initiator in Gegenwart eines anderen Jugendlichen die Volkspolizei an und teilte den Diensthabenden anonym mit, dass ein gewisser »Banane« Flugblätter verteilen würde.[5]

Einladung von »Banane«

»B.« wurde am 6. Dezember 1966 unter Verdacht auf »Aufforderung zum Ungehorsam« in Untersuchungshaft genommen. In der Vernehmung äußerte er angeblich, dass er mit dem anonymen Anruf seine Festnahme habe herbeiführen wollen, da er kein Interesse habe, weiter in seinem Lehrbetrieb zu arbeiten. Als Grund für die Protestaktion gab er an, er wolle die Aufhebung des Verbots einiger Beatgruppen erreichen. Er würde sämtliche Beatsendungen im westdeutschen Rundfunk verfolgen, im Deutschlandfunk den »Aktuellen Plattenteller«, den »Schlagerservice« und die »Hitparade«; auf Radio Luxemburg die »Bravo Musikbox«, »Die großen Acht« und die »Luxemburger Funkkantine«. Auf Fragen nach offenen Beitragszahlungen für die FDJ brachte er zum Ausdruck, die Notwendigkeit der Zahlungen nicht einzusehen, da doch nichts los wäre. »Zu meiner ablehnenden Haltung zur gesellschaftlichen Tätigkeit möchte ich sagen, daß ich nur eine Einschränkung meiner persönlichen Interessen sah und mich deshalb auch nicht aktiv beteiligte.«[6]

Das VPKA Leipzig und die BVS leiteten daraufhin ein Ermittlungsverfahren im Wohngebiet ein. In der Nachbarschaft brachten die Ermittler in Erfahrung, dass »Banane« einen »überlangen Haarschnitt« trug und sich regelmäßig im Arthur-Bretschneider-Park oder vor dem Kino »Golipa« in Gohlis aufhielt, wo er zusammen mit Gleichaltrigen Musiksendungen über Kofferradio hörte, rauchte und sich unterhielt.[7]

Zwei Tage nach seiner Festnahme sagte »Banane« vor dem Kreisgericht Leipzig aus, er habe 300 Flugblätter angefertigt; dabei sei ihm die Strafbarkeit seiner Handlung bekannt gewesen. Im Widerspruch zur bis dato dokumentierten Darstellung gab er dem Gericht außerdem zu Protokoll: »Ich habe allerdings nicht damit gerechnet, daß ich entdeckt werden könnte.«[8]

Der am 7. Dezember 1966 beantragte Haftbefehl wurde auf Grund eines psychologischen Gutachtens in Folge eines Selbstmordversuchs im Vorfeld der Verhaftung Anfang November 1966 fallengelassen. Der Beschuldigte sollte ersatzweise in ein Erziehungsheim eingewiesen werden. Weitere Berichte zur Gohliser Szene zeigen aber, dass »B.« auch 1967 noch in seinen alten Bekanntenkreisen verkehrte.[9]

Im Zuge der Ermittlungen gegen »Banane« leitete die BVS operative Maßnahmen ein, die zur Festnahme von sieben Jugendlichen führten. Weitere fünf Jugendliche befanden sich in Untersuchungshaft im Dezernat II der BDVP und zwei beim VPKA Leipzig. Dabei ergaben die Befragungen, daß die Mehrheit nicht beabsichtige, an Erinnerungsaktionen teilzunehmen. Dennoch beschloss das MfS: »In der Innenstadt werden zur Feststellung von Zusammenrottungen Jugendlicher und Einleitung von Sofortmaßnahmen am 18.12.1966 ab 9.00 Uhr zwei Beobachtungspunkte mit je 10 operativen Mitarbeitern besetzt.« Die Beobachtungspunkte befanden sich im VEB Hochbau am Karl-Marx-Platz und am Messehaus am Markt; IM wurden beauftragt, die Personenbewegung vom Norden in Richtung Innenstadt zu beobachten.[10]

Der Kampf gegen das »Gammlertum« in Leipzig

1965 – 1968

Der erneute Sieg der Hardliner

Mit der 11. Tagung des ZK der SED wurde der Anti-Beat-Kurs offiziell besiegelt. Das Thema zog sich zwischen dem 15. und 18. Dezember 1965 durch etliche Redebeiträge.[1] In einer Propagandaschlacht ohnegleichen wurden sämtliche gesellschaftliche Fehlentwicklungen auf die Liberalisierungstendenzen in der Jugend- und Kulturpolitik der vorangegangenen Jahre zurückgeführt. Diese Tagung ist als kulturelles »Kahlschlag-Plenum« in die DDR-Geschichte eingegangen.[2] In den für die Teilnehmer von der Ideologischen Kommission zusammengestellten Sitzungsunterlagen findet sich im Hinblick auf die Jugendfrage neben dem ZK-Beschluss vom 11. Oktober 1965 eine Stellungnahme Walter Ulbrichts vom 2. November 1965 zur Beatdemonstration in Leipzig: »Überprüfungen von festgenommenen Ruhestörern haben ergeben, daß die Anführer zum Teil Arbeitsbummelanten und asoziale Elemente sind, die ihren Lebensunterhalt durch Diebstahl und auf andere ungesetzliche Weise bestreiten. Die Anführer der Ausschreitungen sind sofort in Arbeitslager eingewiesen worden. Die in der Nacht vom 31. Oktober 1965 in Leipzig verteilten Zettel, die sich gegen ein angebliches Verbot der Beat-Musik richteten und mit denen zu weiteren Ausschreitungen aufgerufen wurde, bestätigen erneut, daß mit Hilfe der sogenannten Beat- und Gammler-Gruppen ideologische Zersetzungsarbeit geleistet werden soll.«[3] Der von Erich Honecker zum Auftakt vorgetragene Bericht des Politbüros beschwor das Feindbild eines imperialistischen Gegners, dem unterstellt wurde, »durch die Verbreitung von Unmoral und Skeptizismus besonders die Intelligenz und die Jugend zu erreichen und im Zuge einer so genannten Liberalisierung die DDR von innen her aufzuweichen.«[4]

Das »Kahlschlag-Plenum«

Behauptet wurde, dass »amerikanische Unmoral und Dekadenz« im Zeichen von Brutalität und Sexualisierung zunehmend auch in ostdeutschen Medien propagiert worden wären und »Erscheinungen der Unmoral und eine dem Sozialismus fremden Lebensweise«[5] in der Jugend gefördert hätten. So wurde den Machern des Jugendradios »DT 64« vorgeworfen, auf Kosten des umfassenden sozialistischen Bildungsanspruchs »in seinem Musikprogramm einseitig die Beat-Musik propagiert«[6] zu haben. Ebenso ging man mit dem Zentralrat der FDJ ins Gericht, der auf Grund seiner Fehleinschätzung der Beatmusik »die moralische Zersetzung der Jugend begünstigt«[7] hätte. Honeckers Polemik war deutlich genug: »Niemand in unserem Staat hat etwas gegen eine gepflegte Beatmusik. Sie kann jedoch nicht als die alleinige und hauptsächlichste Form der Tanzmusik betrachtet werden. Entschieden und systematisch müssen die dekadenten Züge bekämpft werden, die im Westen in letzter Zeit die Oberhand gewannen und auch bei uns Einfluß fanden.«[8] So seien die Jugendlichen angespornt worden, die ihnen zugesprochenen Freiräume auf inakzeptable Weise auszunutzen: »Jedermann soll wissen – und darin sind wir uns gerade mit der Mehrheit der Jugend einig –, daß sich Hausherren von morgen nicht dadurch auszeichnen lassen, daß sie sich nicht waschen, die Haare nicht schneiden lassen und Rohheiten gegenüber älteren Bürgern oder jungen Menschen begehen. Außerdem behindern lange Haare den Blick dafür, wie sich die Welt entwickelt.«[9] Ebenso scharf äußerte Ulbricht: »Ich bin der Meinung, Genossen, mit der Monotonie des Jay, jeh, yeh [!], und wie das alles heißt, sollte man doch Schluß machen. Man sollte diejenigen, die sich vielleicht sogar Künstler nennen, einfach auslachen. Vielleicht wirkt das besser, als wenn wir lange mit ihnen über diese Fragen diskutieren; denn das sind keine Gegenstände der Diskussion.«[10]

Kaum einer der nachfolgenden Redner ließ es sich nehmen, sich zu Ulbrichts und Honeckers Position zu bekennen. Auch der Leiter des Zentralrates der FDJ, Horst Schumann, zeigte sich reuig. Erst die im Vorfeld des Plenums von Honecker erhobenen Einwände sowie eine Aussprache mit dem Leiter der Ideologischen Kommission, Kurt Hager, hätten dem Sekretariat des FDJ-Zentralrates deutlich gemacht, dass der »Feind« den Kampf führe,«um einen Gegensatz zwischen FDJ und Jugend zu konstruieren und unsere Partei zu treffen.«[11] Jungfunktionär Schumann kündigte an, die ideologische Arbeit der FDJ wieder zu verschärfen und den Verband »straffer zu organisieren.«[12]

Die geheimpolizeiliche Bekämpfung der »politisch-ideologischen Diversion«

Ein halbes Jahr später, im Mai 1966, wurde die auf dem 11. Plenum formulierte politisch-ideologische Kampfansage an die Sympathisanten der »westlichen Unkultur« in die geheimpolizeiliche Praxis umgesetzt. Unter Federführung des Ministers für Staatssicherheit, Erich Mielke, gab der Ministerrat der DDR eine Dienstanweisung« zur politisch-operativen Bekämpfung der politisch-ideologischen Diversion und Untergrundtätigkeit unter jugendlichen Personenkreisen« heraus. Als Legitimation für die Radikalisierung diente die Behauptung, der kapitalistische Gegner würde sich zur »Vorbereitung des verdeckten Krieges« nun »Stützpunkte unter der Jugend« suchen. Die Auswirkungen dieser Feindarbeit reichten »von einfachen Erscheinungen der ideologischen Zersetzung bis zu Staatsverbrechen«. Unter das Verdikt fielen nicht nur »Hetzschriften und Flugblätter«, »Zusammenrottungen«, »gewaltsame Grenzdurchbrüch[e]«, Überfälle und Einbrüche zum Zwecke der Beschaffung von Waffen und Sprengstoff, Sabotageakte in der Volkswirtschaft; sondern auch »Verbrechen der allgemeinen und schweren Kriminalität, Erscheinungsformen der Unmoral, Störung von Ruhe und Ordnung, Alkoholmissbrauch bei sogenannten Partys usw.« sowie die »Übernahme von bestimmten Erscheinungsformen der westlichen Dekadenz in Lebensauffassungen, Kleidung und Auftreten verschiedener Jugendlicher«. Mit Bezug auf den Brief Walter Ulbrichts an die Ersten Sekretäre der Bezirksleitungen betonte der Minister, »daß vor allem vorbeugend gearbeitet [...] und sehr differenziert vorgegangen« werden müsse. Aus heutiger Sicht wird hieraus klar, dass die Leipziger »Zusammenrottung« vom Vorjahr als Legitimation für alle nachfolgenden gesetzlichen Sanktionen und Einschränkungen gegenüber nonkonformen Jugendlichen herhalten musste.

In der Dienstanweisung wurden sechs Schwerpunkte gesetzt, die den diktatorischen Anspruch auf eine totale Überwachung der Jugend zum Ausdruck bringen:
I. »Arbeit mit IM«,
II. »Bearbeitung operativer Materialien und Vorgänge«,
III. »Offensive Aufklärung und Abwehr« westlicher Einflüsse,
IV. »Kontrolle und Absicherung operativer Schwerpunkte«,
V. »Analytische Tätigkeit«,
VI. »Koordinierung«.
Mielke wies an, dass »zur Bearbeitung jugendlicher Personenkreise [...] *alle Möglichkeiten des gesamten inoffiziellen Netzes ständig ausgenutzt*« werden müssten [Hervorhebung Y. L.]. Für die IM- Werbungen legte er fest: »Die Kandidaten sind vorrangig unter Kreiser Haftentlassener, Rückkehrer und Neuzuziehender, politisch Schwankender, jugendlicher Studenten, Anhänger westlicher Dekadenz, gefährdeter und krimineller Gruppierungen jugendlicher Personen und kirchlich gebundener Personen auszuwählen.« Im Sinne der verordneten Prävention sollten Schlüsselpositionen in staatlichen, gesellschaftlichen und kulturellen Institutionen geschaffen beziehungsweise ausgebaut werden. Punkt III ordnete jegliche Beziehungen zu westlichen Rundfunksendern und »Starclubs« sowie zu republikflüchtig gewordenen Jugendlichen als »politisch-ideologisch[e] Diversion« ein, die ausnahmslos zu unterbinden sei. Faktisch gerieten im Frühjahr 1966 alle Jugendlichen unter Verdacht, denn zu den unter Punkt IV aufgeführten zu »sichernden« Gruppen gehörten nicht nur vorbestrafte Jugendliche, jugendliche Rückkehrer, Erstzuziehende, Arbeitsbummelanten und kirchlich gebundene Jugendliche, sondern auch ganz allgemein Oberschüler, Lehrlinge und Studenten. Nun wurden die als operative Schwerpunkte bezeichneten öffentlichen »Konzentrationspunkte« Jugendlicher durch inoffizielle Kräfte abgesichert. Gleiches galt für die Auftritte von Beatgruppen. Mielke hob hervor, »daß von den staatlichen Organen und gesellschaftlichen Organisationen bei der Durchsetzung der Partei- und Regierungsbeschlüsse *zu Jugendfragen kein sektiererisches und liberales Verhalten geduldet*« werden dürfe [Hervorhebung im Original]. Halbjährliche Berichte sollten einen »allseitigen Überblick« gewährleisten.[13]

Analog zur Dienstanweisung gab der Minister einen Befehl und einen präzisen Maßnahmeplan heraus. Der Plan bildete den Ausgangspunkt für die Behandlung abweichenden Verhaltens Jugendlicher im Bezirk Leipzig in der zweiten Hälfte der 60er Jahre. So hatte die HA XX (Politisch-ideologische Diversion, politische Untergrundtätigkeit) in Zusammenarbeit mit der Auswertungs- und Informationsgruppe (AIG) einen Überblick über vorhandene »jugendliche Gruppierungen von kriminell aufgefallenen Personen« sowie von Personen, »die kriminell und asozial gefährdet sind«, zu erarbeiten. Die HA VII (Sicherung und Abschirmung des Ministeriums des Innern und dessen nachgeordneter Organe und Dienstzweige, u.a. der DVP) hatte außerdem einen »ständige[n] Überblick über die politisch-operative Lage der jugendlichen Häftlinge« in den Strafvollzügen des Bezirks Leipzig, in der Beethovenstraße und in der Alfred-Kästner-Straße in der Stadt sowie in Torgau, Waldheim und im Arbeitserziehungslager Regis-Breitingen zu erstellen, um dort »perspektivvolle IM unter den jugendlichen Strafgefangenen« zu werben. Zur

Überwachung von Personenkreisen, »die politisch-ideologische Diversion betreiben«, sollten vorwiegend IMs angeworben werden, die wegen staatsfeindlicher Delikte verhaftet worden waren.[14]

»Negative Beat-Gruppen, Gammler und Arbeitsbummelanten«

Erich Honecker ließ kontinuierlich ab 1964 und verstärkt seit Anfang 1965 »negative Entwicklungen« unter den Heranwachsenden registrieren, um sie als Argumente gegen die Entspannungspolitik des Jugendkommuniqués verwenden zu können.[15] So forderte ein ZK-Beschluss vom 7. Juli 1965 »über das Auftreten von kriminellen und gefährdeten Gruppen Jugendlicher in der DDR« gründlichere Ermittlungen zur intensiveren Bekämpfung der Jugendkriminalität ein. Acht Tage nach dem ZK-Beschluss vom 11. Oktober 1965 gab Innenminister Dickel eine Weisung »zur Bekämpfung negativer Beat-Gruppen, Gammler und Arbeitsbummelanten« heraus.[16]

Nach einer Überprüfung aller im Jahre 1965 von der DVP bearbeiteten Ermittlungsverfahren verfasste die Hauptabteilung Kriminalpolizei einen »Bericht über das Auftreten von kriminellen und gefährdeten Gruppierungen Jugendlicher in der DDR im Jahre 1965«. Danach war die absolute Zahl der Täter gegenüber dem Vorjahr um ein Neuntel gesunken. Insgesamt wurden 6.712 Ermittlungsverfahren mit zwei und mehr Tätern im Alter von 14 bis 25 Jahren eingeleitet, darunter nur 272 Verfahren mit sechs und mehr Tätern. Nach den Festlegungen handelte es sich um eine Gruppierung, »wenn mindestens zwei Jugendliche z. Zt. der Tat von einer bestimmten Gruppenatmosphäre erscheinende Impulse zur gemeinsamen Vorbereitung und Durchführung von Straftaten erhalten hatten und anzunehmen war, daß diese Straftaten ohne den Einfluß der Gruppenatmosphäre nicht verübt worden wären.«[17] Jedoch wandten die Verfasser des Berichts selbst ein, dass »gewisse subjektive Auslegungen in den Bezirken nicht völlig beseitigt werden [konnten], deshalb ist anzunehmen, daß die Statistik Fälle enthält, bei denen es sich nicht um Gruppierungen, sondern um Teilnahmeformen handelt.«[18]

Aus den Ermittlungsverfahren gingen 1.988 kriminelle Gruppierungen mit 6.297 Tätern hervor. Davon bestanden 1.868 Gruppen aus zwei bis fünf und lediglich 120 Gruppen aus sechs und mehr Tätern. So genannte »Mitläufer« wurden zahlenmäßig nicht erfasst. Am häufigsten traten solche Gruppen in Groß- und Kreisstädten vor Kinos, Vergnügungsparks, Bahnhöfen und Klubs auf. Insgesamt war der Anteil der 14- bis 18-Jährigen vergleichsweise hoch. Jugendliche über 21 Jahren schienen sich aus dem Gruppenleben zurückzuziehen. Eine im Bericht enthaltene Tabelle gibt einen Einblick in die soziale Zusammensetzung der als kriminell erfassten Gruppenmitglieder (Seite 100).

Der Anteil von Gruppierungen an Straftaten mit meist zwei bis drei Tätern lag bei Eigentumsdelikten bei knapp 50 Prozent, bei Grenzverletzungen bei 15,7 Prozent, bei Widerstandsdelikten und Aufruhr bei 3,4 Prozent, bei Staatsverbrechen einschließlich Staatsverleumdung bei 1,4 Prozent und bei Landfriedensbruch bei 0,6 Prozent. Der Anteil an Taten mit einem »rowdyhaften Charakter« (Sachbeschädigung, Sexualdelikte, Körperverletzung) betrug 13,7 Prozent.

Sozialer Hintergrund	Prozentualer Anteil jugendlicher Täter an Gesamtzahl
Ziel der 8. Klasse nicht erreicht	34,7
Lehrverhältnis wieder gelöst	7,3
Ungelernte Arbeiter	32,1
Gelernte Arbeiter und Lehrlinge	53,8
Oberschüler und Studenten	6,8
FDJ-Mitglieder	28,6
Vormals bereits in Jugendwerkhof oder Spezialkinderheim	10,9
Erziehungsmängel im Elternhaus	23,3
Arbeitsbummelanten	14,1
Bei Straftat unter Alkohol	26,2
Rückkehrer od. Erstzuziehende	6,4
Standen vormals bereits vor Schieds- oder Konfliktkommission	2,7
vorbestraft	21,8
Wurden anschließend inhaftiert	34,0

Der Bericht unterscheidet erstmals zwischen verschiedenen Formen von Gruppenzugehörigkeiten nach Art ihrer Entstehung und Zusammensetzung – um auf eine Spezialisierung im Sektor Jugendkriminalität hinzuweisen. Danach waren 8,8 Prozent aller festgestellten Gruppen »organisiert«, die Mitglieder schlossen sich also mit dem Vorsatz zur Tat zusammen und trafen sich für die weitere Planung regelmäßig an bestimmten Orten. »Organisierte Gruppen« waren durch Anführer oder »Führungskerne« gekennzeichnet, welche anderen Mitgliedern geistig oder körperlich überlegen waren und ihnen Aufträge erteilten. Ein besonders starker Einfluss soll von Rückkehrern, Zugezogenen und Arbeitsbummelanten ausgegangen sein, die oftmals als »Aufwiegler« und Initiatoren erkannt wurden. Einige Gruppen, wie der Bad Dübener »Schlangenbund« im Bezirk Leipzig, hatten angeblich Statute, Ausweise und Aufnahmeprüfungen. Einen weiteren Brennpunkt stellten »lose Gruppierungen« dar, welche 53,6 Prozent aller Gruppen ausmachten. Sie entstanden in der Freizeit aus Nachbarschafts- oder Betriebsfreundschaften und waren gekennzeichnet durch regelmäßige, jedoch unplanmäßige Treffs. Einige von ihnen zeigten »innere Organisationsformen wie Tragen gleicher Kleidung, Tätowierungen u.s.w.«. Ein

Grund für das schnelle Anwachsen dieser Gruppen, besonders in wärmeren Jahreszeiten, war die hohe Zahl von »Mitläufern«, die jedoch nichts von den Straftaten erfuhren.

Eine dritte Form, so genannte »zufällige Gruppierungen«, machten 37,7 Prozent aller Gruppen aus. Charakteristisch für deren Zusammensetzung waren zum einen flüchtige Bekanntschaften – meist kannte man sich nur mit Spitznamen –, zum anderen das Begehen von Straftaten aus einer bestimmten Situation heraus, wie es bei Schlägereien oftmals der Fall war.

»Ausschreitungen auf Reichsbahngebiet« führte die Kriminalpolizei gesondert auf, obwohl diese ihrem Charakter nach sicherlich auch zu den »zufälligen Gruppierungen« hätten gezählt werden können. Gemeinsamer Nenner waren Beschädigungen an S- und Fernbahnen, deren Ausgangspunkt oft Mitropa-Gaststätten in Bahnhöfen gewesen sein sollen.

Als »Gruppierungen gefährdeter Jugendlicher« galten solche, die vorbeugend aufgelöst wurden, weil sie »noch nicht« straffällig in Erscheinung getreten waren. Anfang März 1966 befanden sich genau 680 Gruppen unter Beobachtung, bei denen die »Möglichkeit des Straffälligwerdens« bestand.

Für die kriminalistische Einordnung des Leipziger Beatprotests von besonderem Interesse ist die Kategorie »Gruppenkrawalle«, in die 1965 insgesamt 37 Zusammenrottungen oder Ausschreitungen bei Großveranstaltungen, Pressefesten, Weihnachtsmärkten sowie Tanzveranstaltungen auf Straßen und Plätzen fielen. Davon zählten die Sachbearbeiter sechs in Berlin, fünf in Halle an der Saale und jeweils vier in Leipzig und Karl-Marx-Stadt. Als Initiatoren wurden meist organisierte oder zufällige Gruppierungen und deren Angehörige ausgemacht. Nicht zuletzt informiert der Bericht für den Zeitraum November 1965 bis Februar 1966 über 88 gegen Beatfans, Bandmitglieder und »Gammler« eingeleitete Ermittlungsverfahren; in 186 Fällen aus diesem Personenkreis wurden Arbeitserziehungsmaßnahmen verhängt. Nach Angaben der BDVP Leipzig wurden im Jahr 1965 insgesamt 213 Personen zur Arbeitserziehung eingewiesen. Welche Bedeutung diesen Gruppierungen zugemessen wurde, macht das Schlusswort des Berichts des Innenministeriums deutlich. Hier heißt es eindringlich: »Gruppenkriminalität ist die gefährlichste Art der Jugendkriminalität.«

In Leipzig wurden 160 Gruppen mit 618 Tätern festgestellt. Demnach gehörte die Messestadt mit einem achtprozentigen Anteil am Gesamtaufkommen in der DDR vor Berlin und nach Halle, Magdeburg, Karl-Marx-Stadt, Erfurt und Rostock zu den Zentren der Gruppierungen.[19] Aus einem Leipziger Bericht geht allerdings hervor, dass von diesen allein 150 Gruppen weniger als vier jugendliche Zugehörige hatten. Die Kriminalbeamten vor Ort zählten zwölf organisierte, 90 lose und 58 zufällige Gruppierungen. Dort heißt es: »Die durch kriminelle Gruppierungen begangenen Straftaten nahmen im Vergleich zum Vorjahr an Schwere und Intensität zu. Es häufen sich die Fälle, in denen Jugendliche bewußt die Grundsätze des gesellschaftlichen Zusammenlebens mißachten und ihre negative Einstellung zur sozialistischen Entwicklung in der DDR demonstrativ zum Ausdruck bringen. Das zeigt sich im Abhören von Hetzsendern in der Öffentlichkeit und in öffentlichen Verkehrsmitteln, in Diskussionen im Kreis anderer Jugendlicher, in betontem kleidungsmäßigen und frisurmäßigen Auftreten und im Tätowieren des eigenen Körpers mit

Symbolen der Fremdenlegionäre, mit militaristischen, revanchistischen und sexuellen Motiven.«[20]

Eine Erklärung für die hohe Anzahl polizeilich registrierter Gruppierungen in Leipzig könnten Verhaftungen im Umkreis der Beatdemonstration sein. Ein Bericht des Obersten Gerichts der DDR »über die Untersuchungen zur Gruppenkriminalität junger Menschen in den Bezirken Leipzig und Rostock« für den Zeitraum Mai 1965 bis Anfang Februar 1966 enthält tatsächlich niedrigere Zahlenangaben und verweist zugleich auf eine gesonderte Statistik zu den Ermittlungsverfahren infolge des Beatkrawalls. So verzeichneten die Gerichte in Leipzig für diesen Zeitraum 68 Ermittlungsverfahren mit 187 Tätern. Darunter fielen 29 »organisierte Gruppen zur Begehung strafbarer Handlungen« mit insgesamt 76 Tätern, fünf »organisierte Gruppen, deren Bildung mit der Zielsetzung, Disziplinverstöße zu begehen begann und die dann dazu übergingen« mit 16 Tätern, sechs »lose Gruppen« auf Basis von Freundschaften, die »situationsbedingt Strafen begingen« mit 17 Tätern und zwei »zufällige Gruppen« mit insgesamt zwölf Tätern.[21]

Eine den Verfahren zu Grunde gelegte kriminalistische Definition für rechtswidrige Gruppenverbände liefert der Jenaer Strafrechtler Hennig: »Eine kriminelle Gruppe liegt vor, wenn mindestens zwei Jugendliche im Alter von 14 bis 25 Jahren zur Tatzeit *moralisch-ethisch und auch emotional in eine gewisse Gruppenatmosphäre integriert sind* und aus ihr heraus gemeinsam eine oder mehrere tatbestandsmäßige, strafrechtswidrige Handlungen ausführen.« Als Merkmal für diesen Rechtsbruch galt der *»eigenständige Gegensatz dieser Zusammenschlüsse zur sozialistischen Kollektivität.* D.h.: Die dem Zusammenschluß der Jugendlichen eigenen rückständigen oder auch feindlichen politisch-ideologischen und moralisch-ethischen Wertvorstellungen – eine gewisse Gruppenatmosphäre.«[22]

Diese Definition und die entsprechenden Statistiken zur Gruppenkriminalität Jugendlicher zeigen, dass aus Sicht der Sicherheitspolitiker zu diesem Zeitpunkt in der DDR eine Jugendsubkultur existiert hat. Sie ist eindeutig aus dem Arbeitermilieu erwachsen. Ein Drittel verfügte über einen geringen schulischen Bildungsgrad, das Durchschnittsalter lag zwischen 14 und 21 Jahren.

Abgesehen von den Verfahren zum Beatprotest hat es in Leipzig mindestens 42 Gruppen gegeben, die sich 1965 durch die »unsozialistische« Art und Weise ihres öffentlichen Auftritts strafbar machten und dafür vor Gericht zur Verantwortung gezogen wurden. Zählt man alle registrierten Verfahren zu »gefährdeten Gruppen«, den »Beat-Krawall« eingeschlossen, hinzu, ist ihre Zahl viermal so groß.

Absurder Weise waren offenkundig einige Mitarbeiter der Leipziger Volkspolizei der Ansicht, man könne den ersten Verursacher für die Verbreitung des »Gammlertums« in Leipzig festmachen und nach dem Kausalprinzip auf Nachahmer und Rückfalltäter schließen. So analysierte das Dezernat III, Sachgebiet Jugendkriminalität: »Das Bestreben eines Teils dieser Personen ist es, den Typ ›Gammler‹ nachzuahmen. Erstmals traten im Bezirk Leipzig während der Herbstmesse 1965 sogenannte ›Amateur-Gammler‹ aus Berlin in Erscheinung. Sie besuchten im Bezirk Leipzig vorwiegend Veranstaltungen im Kreis Borna. Bei ihrer Durchreise durch Leipzig standen sie im Mittelpunkt vieler junger und

Die in den SED-Medien verschrienen »Lichtenberger Bahnhofsbeatles« und ...   ... das legendäre Ost-Berliner »Diana Show-Quintett«

älterer Bürger, die geteilter Meinung über das Auftreten dieser Figuren waren. Seit diesem Zeitpunkt sind Anzeichen in der Stadt Leipzig vorhanden, daß ortsansässige Jugendliche versuchen diese Typen nachzuahmen. [...] Ein großer Teil der Arbeitsbummelanten sind Anhänger der Beat-Gruppen und Verursacher von Kriminalität. In einer Vielzahl treten sie als Rückfalltäter in Erscheinung.«[23]

Den Begriff »Amateurgammler« prägte das »Neue Deutschland« im Zusammenhang mit den Schlagzeilen über die zu diesem Zeitpunkt vielleicht bekanntesten »Gammler« Ostdeutschlands, die so genannten »Lichtenberger Bahnhofsbeatles« in Berlin, im »Eulenspiegel« auch betitelt als »Die Harlekine von Lichtenberg«. Die »Junge Welt« schuf während ihres Feldzugs gegen den Beat den Ausdruck »Leitgammler«.[24] Aber nicht die Lichtenberger Beatfans besuchten die Leipziger Messe, sondern das Berliner »Diana Show-Quintett« gab ein fulminantes Beatgastspiel an der Pleiße.

»Immergrün« und schwarze Scheiben

Der Stil der Szene
Langes Haar, das tragen wir. Gammler nennt man uns nur hier.
Sind weit ab von Glück und Freud und die Freiheit ist so weit!!!
Langes Haar, das tragen wir. Gammler nennt man uns nur hier.
Sind die Fans der Rolling Stones, doch nur Strolche nennt man uns.
Langes Haar, das ist der Grund. Man verfolgt uns jede Stund'
Und treibt uns in die Zwangsarbeit, wo bleibt denn da die Gerechtigkeit?
Und die Grünen schlagen zu!!! Heut ein Gammler, morgen du!!!
Keine Zelle ist mehr frei – 100 Mann und ich bin dabei!!!
»Lied der Fans« (Melodie: 100 Mann und ein Befehl)[1]

Informelle Kulturorganisation in der Gartenkneipe

Das »Immergrün«, eine Gartenkneipe mit angebautem Tanzsaal in Kleinzschocher, gehörte zu den Insidertreffs, die auf Grund ihrer Größe und ihrer Lage am südlichen Rand von Plagwitz von den Herbststürmen 1965 verschont blieben. Zwar fanden IM auch den Weg in diese Location und Genossin Günther vom städtischen Referat Jugendfragen bekannte der Stasi, dass eine FDJ-Gruppe dort einen Klubraum belege. Aber »rowdyhaft« seien die 15 bis 20 Jugendlichen nicht, da mehrere bereits ihren NVA-Dienst abgeleistet hätten.[6] Die Hausmusiker hatten einen guten Draht zu einem Polizisten aus der Nachbarschaft: »Wenn irgendwo was anstand – die haben ja Razzien gemacht – dann hat der uns gesagt: ›Passt auf, ich kann nicht genau sagen wann, aber heute Abend kommt jemand.‹« Außerdem gab es eine angestammte Clique mit Mitgliedern eines Ringervereins. Die selbsternannten Bodyguards »standen Schmiere« vor dem Eingang und passten auch mehr oder weniger eifrig auf die Partygesellschaft selbst auf. Regelverstöße duldeten sie nicht.

Das Publikum tanzte Twist und Shake, soweit die »Immergrün«-Quadratmeter und die chronische Überfüllung das zuließen.[7] Das »Immergrün«-Lokal fasste offiziell 250 Gäste, nach dem Verkauf von 500 Karten schlug Kneipier Ralf Hellriegel zufrieden sein Kassenbuch zu und ließ jeden weiteren passieren, sofern der noch ein Plätzchen für sich ausmachen konnte.

Ralf Hellriegel bekam die Gartenkneipe 1964 vom HO-Gastronom zugeteilt. Neben der Gaststätte im Eingangsbereich und dem anschließenden Tanzsaal gab es unter der Bühne eine ausgediente Kegelbahn. Dieses »Rattenloch« bauten ansässige Jugendliche unentgeltlich zu einer kleinen Bar um. Fertig war der Jugendklub. Für ein paar Freigetränke mehr schmiss die Hausjugend auch den Einlass. An einem Wochenende rollten zehn bis

Bei 500 Gästen Kassenbuch zu: Insidertreff in Kleinzschocher

zwölf Fässer Bier und weitere Fässer Brause ins Haus. Eine Kleiderordnung gab es nicht, und so fühlten sich die 16 bis 30 Jahre jungen Gäste wohl.[8]

Bekannt wurde das »Immergrün« vor allem durch die legendären Auftritte der »Butlers« im Sommer 1964. Spätere Kontakte zu Beatcombos entstanden in erster Linie dadurch, dass im »roten Leipzig« akuter Probenraummangel herrschte. Auch Ingolf Bauer und seine Jungs kamen mit diesem Problem zu Hellriegel, der die Truppe als Hausband unter dem Namen »Combo Titania« engagierte. Brechend volles Haus war garantiert.

Szene-Gespräche I   Szene-Gespräche I   Szene-Gespräche I

Schwarzhandel auf der Georg-Schwarz-Straße

Während der Lehrzeit verbrachte Wolfram Koschek die Feierabende auf dem »Broadway« in der Georg-Schwarz-Straße, wo »Bravo«-Hefte getauscht wurden und ein »schwunghafter Handel« mit abfotografierten Starbildern lief. Dort flanierte er meist mit einem guten Freund zwischen den Kinos hin und her. Für Gesprächsstoff sorgten Musiksendungen wie die »Hitparade« im Deutschlandfunk und die »Großen 8« auf Radio Luxemburg oder der ARD-»Beat-Club«.

»... das Politische ... hat uns alles nicht interessiert«, sagt Wolfram Koschek. »Uns hat interessiert, welcher Schneider schneidet die Klamotten, wer näht die Hemden, welcher Schuster macht größere Absätze auf die Schuhe, was kommt im Kino ... und die Mädchen, wer geht mit wem ...« Am Samstag Abend stieg er in seine »Star-Kluft«: schwarze Glockenhosen, ein buntes Hemd aus »Frauenkleiderstoff« oder ein kanadisches blauweiß kariertes Holzfällerhemd, das er zur Jacke umfunktioniert hatte.[2]

Die »Combo Titania« über der Elster

Die Laufbahn der drei Jungmusiker hatte in der 9. Klasse auf Initiative des Musiklehrers begonnen. Es ging los mit Stimmungs- und Schlagermusik, zu Berufsschulzeiten, im Zuge der Beatlemania, sattelten sie um: Einer der Akkordeonspieler kaufte sich eine E-Gitarre, der zweite lernte Bassgitarre. Sie coverten bevorzugt »Beatles«-Hits, weil ihnen deren Stil am meisten lag. International gängige Titel gehörten zum Repertoire, der »Stones«-Ohrwurm »I can't get no satisfaction« durfte nicht fehlen. Ein weiterer Dauerbrenner war »Halbstark« von den »Junkies«. Der ARD-»Beat-Club« am Samstag Nachmittag wurde für die Musiker obligatorisch. Hier lernten sie, die bekanntesten Songs nach Gehör nachzuspielen, um sie womöglich am selben Abend im »Immergrün« drauf zu haben. »West-Hits« wurden erst nach Feierabend, also nach ein Uhr morgens, noch einmal in der Zugabe zum Besten gegeben. Der Wiedererkennungseffekt beim Publikum steigerte ihre Beliebtheit und die begeisterte Resonanz auf die Auftritte.

Die »Combo Titania« brachte auch einige Eigenkompositionen, die gut ankamen. Kaum ein Fan

Szene-Gespräche II   Szene-Gespräche II   Szene-Gespräche II

Treffpunkt »Capitol« und der Gänsemarsch

Für Karl-Heinz Däbritz, den begeisterten Beatfan, waren die Jahre 1965 bis 1967 die »›Capitol‹- und ›Clara‹-Zeit«.[3] In die FDJ wurden er und zwei seiner Freunde nicht aufgenommen, auch zu Gitarrengruppen im Rahmen von FDJ-Kulturveranstaltungen sei er nicht gegangen, weil ihm die »zu organisiert« gewesen seien. Wie die frühere »Capitol-Meute«[4], aus der Däbritz einige kannte, trafen er und Gleichaltrige sich insbesondere in der kalten Jahreszeit im Eingang zur Messehofpassage gegenüber vom »Capitol«-Kino. So 50 bis 60 junge Leute aus verschiedenen Stadtvierteln kamen da zusammen. Die Runde blieb aber namenlos. Was war das Besondere am »Capitol«? »Das war einfach ein Treff in der Innenstadt gewesen. Wir waren damals 15, 16 Jahre, und da hat man sich da getroffen. Das wurden automatisch immer mehr Leute, die gleiche Interessen hatten. Das ging erst mal los mit der Musik. Musik war ein Politikum, wurde jedenfalls so dargestellt, das war uns damals gar nicht so extrem bewusst. Dann ging das eben los mit der Poli-

übersah das ganze Spektrum der Popmusik, erläutert Ingolf Bauer, der auch den Grund dafür kennt, warum es zumindest Mitte der 60er keine DDR-eigene Gitarrenmusik gegeben hat: Die Nachfrage habe gefehlt. Zeitzeugen dieser Ära wie etwa Klaus Renft teilen diese Einschätzung.

Die »Combo Titania« wurde vom Kulturkabinett in die Grundstufe eingeteilt. Somit standen jedem Musiker für Auftritte vier Mark pro Stunde zu. Der Kneipier legte später noch eine Mark pro Stunde drauf, da sie der beliebte Stammakt waren. Ein Musiker verdiente also durchschnittlich 22,50 Mark pro Abend. Mit der AWA[9] bekamen sie keine Probleme, auch deren Besuch kündigte sich meist irgendwie an. Im Übrigen war nicht der Kneipier, sondern der Kapellenleiter für die Einhaltung der 60/40-Klausel verantwortlich.[10]

Die Bodyguards waren nicht immer an Deck. Aufsehen erregten schon mal Gruppen Angetrunkener, die auf dem Weg zur Haltestelle die Evergreens in die stille Nacht hinaus grölten. Zweimal wollte der Straßenbahnfahrer die singende, klingende »Bande« nicht mitnehmen. Zur Strafe hoben die kräftigen Kerle kurzerhand den Bahnwagen aus dem Gleisbett und setzten ihn daneben. Entweder alle oder keiner![11]

Ende August 1964 verzeichnete das VPKA Leipzig eine Veranstaltung mit den »Butlers« im »Immergrün«, als die bis dato größte Ausschreitung, da zehn Jugendliche zwei sowjetische Armeeangehörige provoziert und niedergeschlagen hätten.[12] Inwiefern die Ringertruppe dafür verantwortlich war, geht aus den Akten nicht hervor.

Die »Butlers« räumten eben ganz schön ab bei den Fanseelen. Wie es mit der Band losging, weiß der damalige Schlagzeuger Hans-Dieter Schmidt noch genau. Klaus Renft gehörte zu den Ostmusikern, die von der vogtländischen Firma Ollwien eine Bassgitarre erwarben. »Wir hatten irgend etwas gehört von einer Band, die hieß ›Beatles‹, aber die Musik, gefiel uns gar nicht so, das war uns nämlich zu ›weiß‹ [im Unterschied zu den

Szene-Gespräche II

zei, ab drei Mann ist Bandenbildung und lauter so ein Quatsch. Wir mussten uns die Woche ein paar mal [lacht] verkrümeln oder abhauen, wenn die Polizei kam. Uns war das gar nicht so bewusst, dass das ein Politikum ist.« Hat das Spaß gemacht? »Das weniger. Uns wäre es lieber gewesen, die hätten uns in Ruhe gelassen. Wir haben dort gar nichts weiter angestellt. Wir waren eine größere Gruppe, das war natürlich ein Aufsehen ... Es gab auch viele Passanten, so genannte Parteibonzen, die haben sich aufgeregt, die haben die Polizei geholt. Wir haben ja nur da gestanden und haben Musik gehört und sind unseren Freizeitinteressen nachgegangen.«

Im Sommer traf Karl-Heinz Däbritz seine Freunde an der Parkgaststätte im Clara-Zetkin-Park. Da schaute man vorbei und konnte jederzeit damit rechnen, bekannte Gesichter zu treffen. Wegen Schule und Lehre und ein paar Hobbys ging Däbritz nicht täglich zum Treff. Die Auseinandersetzung mit dem Streifendienst war gang und gäbe: »Dort war in der Woche ein-, zweimal eine so genannte Razzia. Da kam die Polizei rein gefahren mit dem Tony [Streifenwagen] und sprang da

»schwarzen« Bluesrhythmen]. Ach so, die nennen sich ›Beatles‹? Also, wir nennen uns jetzt auch irgendwie, wir nehmen einen englischen Namen und fahren das Renft-Konzept weiter, aber nun elektronische Musik.«

Hans-Joachim Richter, der Leadgitarrist, hatte die Idee, die Band »The Butlers« zu nennen. Die Anregung hatte er aus einem Edgar-Wallace-Film, in dem Klaus Kinski den Diener »James« spielte. »Ja, der Butler, das ist es!«, erinnert Schmidt die rasche Übereinstimmung. »Außerdem klingt es ein bisschen ähnlich wie ›Beatles‹, und ein Butler ist ein Diener der Musik ...«[13]

Informelle Musikdistribution: der Leipziger Schallplattenring

Erfolg braucht Organisation. Hans-Dieter Schmidt gehört zu den Entdeckern des Managers. Er kann sich gut entsinnen, auf Grund welcher Fähigkeiten Manfred Klotz engagiert wurde: »Ich hab' mal zu Klaus gesagt: ›Mensch, der Manfred ist eigentlich fichelant, so ein richtig fichelanter Kerl, so vom Auftreten. Der kann doch rechnen und der versteht was von der Musik. Der kennt Gott und alle Welt.‹ Der war schon vorher, Ende der 50er Jahre, ein eifriger Plattensammler und großer Musikfan, ein größerer Musikfan als wir. Der tat eifrig Plakate entwerfen von seinen Idolen, das war ein absoluter Freak. Einer muss ja irgendwie der größte Musikfreak sein ... das war der größte Musikfreak. Er hat auch schon damals einen guten Geschmack bewiesen. Er stand mit seinem Wissen, mit seinen Ansprüchen über dem Durchschnitt der Masse, was das Musikalische anbelangt.«

Manfred Klotz nahm das Angebot der »Butlers« an und übernahm im Frühjahr 1964 deren organisatorische und finanzielle Angelegenheiten. Tatsächlich bevorzugte Klotz den Ausdruck »Org.-Leiter« (Organisationsleiter), da der Begriff »Manager« an unterneh-

Szene-Gespräche II   Szene-Gespräche II   Szene-Gespräche II

raus: Alles antreten und im Gänsemarsch hinter an die Parkbühne, dort auf die Außenbänke setzen ... Da stand nun die Polizei und da musste man einzeln in einen Raum rein, alle Taschen auspacken, Ausweis ... Wenn da nichts weiter Anrüchiges dabei war, irgendwelche Bilder von irgendwelchen [Beat-] Gruppen oder andere Schriftstücke, die jetzt nicht definiert werden konnten, dann durftest du wieder gehen. Sonst gab es Parkverbot oder es wurde sogar auf Arbeit oder in der Schule gemeldet. Wenn es ganz schlimm war, kamen die da nicht wieder raus ... Na ja, es wurden auch schon welche eingesperrt.«

Auffällig machten sich die Fans mit ihrem Kleidungsstil. Neben stahlblauen Glockenhosen, die sie sich vom Schneider »bauen« ließen, trugen die Jungen bevorzugt schwarze Hemden. Zwar gab es auch bunte, aber, so erinnert sich Karl-Heinz Däbritz, »... schwarze Hemden gab es schwer zu kaufen und aufgrund dessen war das wieder sehr interessant.« Schuhe ließ man beim Schuster mit zusätzlichen Absatzschichten »aufpeppen«. Es gab »eine ganz kurze Zeit, wo man noch Eisen hinten drunter gemacht hatte, damit

merische Geschäftigkeit erinnerte und im DDR-Sprachgebrauch entsprechend negativ besetzt war. Spitzen Bemerkungen von Veranstaltern und Arbeitskollegen im Betrieb hinsichtlich seiner musikalischen Nebentätigkeit begegnete er mit dem Hinweis auf die DDR-gerechte Berufsbezeichnung. Die Gruppe versorgte er mit seinem Talent und mit musikalischen Novitäten. Über den von ihm initiierten Schallplattenring ließ er sich illegal von ausländischen Studenten und anderen Personen mit auswärtiger Staatsbürgerschaft und Wohnsitz in der DDR die angesagtesten Schallplatten aus dem westlichen Ausland mitbringen. Legal lief der Handel dann ab, wenn Österreich als Absenderland gewählt wurde.[14] Von den Scheiben stellte er Tonbandmitschnitte her, die den Musikern dazu dienten, die Songs möglichst authentisch nachzuspielen.[15] Zweifellos trug er damit zum großen Erfolg der »Butlers« und anderer Bands aus seinem Bekanntenkreis bei, denn das Publikum favorisierte diejenigen, welche die Hits möglichst originalgetreu wiedergeben konnten. Zum Repertoire der Gitarrencombos gehörten international gängige Titel der End-50er und frühen 60er Jahre. Großer Beliebtheit erfreuten sich dauerhaft Gitarren-Instrumentals im Twangy-Sound im Stil von Duane Eddy (US), »The Shadows« (GB), »The Ventures«, »Spotnicks« (Schweden), »The Hunters« (NL), Twiststücke und Rock 'n' Roll-Klassiker von Elvis Presley, Bill Haley, Chuck Berry, Buddy Holly, Fats Domino, Jerry Lee Lewis oder Little Richard; zudem war es üblich, populäre Schlager oder bekannte Traditionals in Sound, Arrangement und Rhythmus den favorisierten Stilrichtungen anzupassen. Die DDR-Medien fanden in jener Zeit ein Ohr für die »Beatles«, zu den Spezialitäten der »Butlers« gehörte jedoch die härtere Gangart à la »Rolling Stones«, die seinerzeit als die »bösen Buben« schlechthin verpönt waren.[16]

Manfred Klotz pflegte bereits seit 1958 rege Tauschbeziehungen zu anderen Rock 'n' Roll- und Jazzfans in Leipzig, Ost-Berlin und der Bundesrepublik. Den Einstieg brachte

Szene-Gespräche II

das schön Laut macht beim Laufen ...« Eine Zeit lang war es schick, Uhrketten am Gürtel zu tragen, an deren Ende keine Uhr, sondern ein Kreuz befestigt war, das in der Hosentasche steckte: »Wir wollten nicht sagen: ›Wir sind jetzt hier die großen Christen‹ oder irgendwas. Das bestimmt nicht! Mit Kirche hatte das eigentlich nicht viel zu tun. Das sollte zeigen, wir sind anders.«[5]
Die Phase ging vorüber, dann trug man Schmuckketten am Schlag der Hose. Vorbild war eine Band, die sie im ARD-»Beat-Club« gesehen hatten. Zu Staatsfeiertagen konnte

das Eindruck machen: »Auf 1. Mai-Feiern haben wir uns wieder von der anderen Seite gezeigt. Wir haben uns alle bei mir zu Hause getroffen, um die 20 Leute, und sind dann zu den Treffpunkten, wo die Betriebe sich aufgestellt haben. Wir sind im Gänsemarsch hingelaufen in unseren Hosen. Wir sahen ja nun anders aus als die anderen, lange Haare, Glockenhosen und draußen Ketten dran. Wo wir angekommen sind, durften wir natürlich gleich wieder abdrehen. Das wurde so gesagt: Wenn wir nicht gehen, wird die Polizei geholt oder es gibt Ärger im Betrieb und so

seine Freundschaft zu einer Connewitzer Pfarrersfamilie. Einer der Söhne lebte in der Bundesrepublik und brachte auf seinen regelmäßigen Besuchen zur Frühjahrs- und Herbstmesse aktuelle Singles mit, die Klotz zwischen den Messen einigen Interessenten zur Verfügung stellte, damit sie diese auf Band überspielen konnten. Später hatte er Kontakt zu einem Musiksammler in Ost-Berlin. Vor dem Mauerbau kaufte dieser regelmäßig im Westteil der Stadt Singles zu fünf West- beziehungsweise 25 Ostmark ein und schickte diese per Post nach Leipzig. Klotz ließ Musikfans aus seinem Bekanntenkreis die Neuerwerbungen gegen eine Aufwandsentschädigung von bis zu einer Ostmark pro Single bei sich zu Hause überspielen. Von den Einnahmen bestellte er neue Platten in Berlin oder bei anderen »Grenzgängern«. Folge für Klotz: erste Inhaftierung im November 1961 bis zum Sommer 1962 »wegen Einfuhr und Verbreitung von Schund und Schmutz in Form von Rock 'n Roll-Musik«. Klotz gab seinen Tauschring jedoch nicht auf. Ganz im Gegenteil: Über seine Arbeit für die »Butlers«, deren steigende Erfolgskurve im Laufe des Jahres 1964, die Ausdehnung des Konzertprogramms auf Städte und Gemeinden über den Bezirk Leipzig hinaus, wuchsen nicht nur Manfreds Musikkontakte, sondern auch seine Privatsammlung.[17]

Ende Juli 1965 leitete die VPKA Leipzig das Ermittlungsverfahren gegen Manfred Klotz ein. Angelastet wurden ihm negative Beeinflussung der »Butlers« und Verstoß gegen das Zollgesetz mit seinem Plattenring.[18] Maßnahmen für einen koordinierten IM-Einsatz wurden in die Wege geleitet: Zum einen, um seine Verbindungen zu verschiedenen Musikern zu beschatten und dabei herauszufinden, inwiefern deren Popularität von Klotz' Einfluss ausging; zum anderen mit dem Ziel, IMs an den bekannt gewordenen Stellen der Plattenübergaben »in das Blickfeld des Managers« zu stellen, damit dieser versuchen würde, sie für Kuriertätigkeiten zu gewinnen.[19] Am 25. Oktober 1965 wurde Manfred Klotz dem KI der Kriminalpolizei zugeführt und vernommen. Auslöser für die Festnahme war der Ver-

Szene-Gespräche II   Szene-Gespräche II   Szene-Gespräche II

weiter und so fort. Wir haben gesagt: ›Wir sind da, wir marschieren hier mit‹ [lacht], aber wir sind ruhig geblieben, wir haben nichts gesagt, keine Sprüche und nichts. Ja, wenn wir dort an der Mai-Tribüne vorbeigelaufen wären, das wäre natürlich nicht so für die gewesen. Angst haben wir eigentlich nicht gehabt. Wir haben das immer relativ locker gesehen, weil wir gesagt haben, es ist ja nicht strafbar, was wir machen. Für die Politiker war es nicht schön, für die war es schon mehr strafmäßig.« Auf diese Art parodierten die Beatfans die Schikanen der Polizei im Park.

Mitschnitte gegen Titelgebühr

Beschlagnahmte LPs, Musikzeitschriften und NS-Devotionalien

dacht, zwischen Flugblattfunden zur Beatdemo und Klotz bestehe eine Verbindung. Dieser Verdacht bestätigte sich nicht. Dem Vorwurf des Plagiats westlicher Originale durch die »Butlers« in den Vernehmungen hielt er entgegen, es handele sich lediglich um Blues-Improvisationen. Ferner gab er an, von Mitte 1964 bis Juni 1965 genau 47 Langspielplatten und 25 Singles von drei verschiedenen Personen gekauft zu haben; deren Quellen seien ihm unbekannt. Von den Abnehmern seiner Tonbänder seien ihm die wenigsten namentlich bekannt gewesen, einigen hätte er gestattet, Aufnahmen von den Platten gegen eine Titelgebühr anzufertigen.[20] Laut Bericht der BVS-Abteilung XX machte Klotz ein Zugeständnis. Er habe gesagt, »daß er stark belastet sei, auch durch das Ermittlungsverfahren […] wegen illegaler Schallplatteneinfuhr. Er wolle aber unter allen Umständen dem MfS helfen, so schnell wie möglich die wirklichen Anstifter zu finden«[21].

Die Staatssicherheit war nicht zufrieden. Statt nach der Haftentlassung über Musikfans zu informieren, teilte Klotz dem Mittelsmann beim ersten Treff mit, in der Szene herrsche die Meinung, die Initiatoren seien in älteren Personenkreisen zu finden. Die BVS stellte über die zu Kontrollzwecken beauftragten Beobachter fest, dass ihr neuer Kandidat über verschiedene Begebenheiten nicht berichtete. So wurde die Zusammenarbeit schließlich beendet.[22]

Sechs Jahre später wurde ein neues Verfahren gegen Klotz eingeleitet.[23] Er hatte sich auch diesmal nicht einschüchtern lassen und den Plattenring in der zweiten Hälfte der 60er Jahre weiter betrieben, und zwar republikweit. Mit Kurieren, oft Studenten auf Heimreisen, wanderten die Platten von einem ostdeutschen Bahnhof zum nächsten. Mitunter lagerte Hans-Dieter Schmidt, ab 1967 im Phono-Klub des staatlichen Versandkaufhauses in der Nähe des Leipziger Hauptbahnhofes beschäftigt, die Schallplatten zwischen.[24] Eine weitere illegale Übergabestelle hieß »bei Michael«. An der Raststätte »Michendorf« kurz vor Berlin vereinbarten Manfreds Mopedkuriere mit einem österreichischen Transitfahrer Treffpunkte, die im Vorfeld kodiert deklariert wurden, beispielsweise alles um zwei Tage und zwei Stunden versetzt.[25] Diese Aktivitäten blieben dem MfS natürlich nicht verborgen. Im Mai 1971 wurde Manfred Klotz zum dritten Mal inhaftiert. Zehn Monate musste er in Untersuchungshaft zubringen, bis das Verfahren wegen Geringfügigkeit eingestellt wurde. Wegen »Ordnungswidrigkeit« wurden Geldstrafen seitens der Zollverwaltung und der AWA erhoben. Eine Haftentschädigung wurde ausgeschlossen, da »die von [Manfred Klotz] eingeführte und verbreitete Musik degenerienden Inhalts ist und deshalb gegen die politisch-moralischen Auffassungen der Bürger der DDR gröblichst verstößt«[26], so der Staatsanwalt. Auf Grund der Verletzung des Urheberrechts hätte Klotz ursprünglich 8300 Ostmark zahlen sollen. Dank eines gut informierten Verteidigers aus Halle brauchte er letztlich nicht für den Schaden aufkommen. Nach seiner Haftentlassung gab Manfred Klotz schließlich auf, zwar nicht seine Leidenschaft für die Musik, aber die DDR. Er beantragte die Ausreise, die vier Jahre später genehmigt wurde. Vom 7. Oktober 1977 an lebte er in West-Berlin und dirigierte von nun an die selbst eingekauften musikalischen Raritäten an seine alten »Ostfreunde«.[27]

Statistische Informationen der Hauptverwaltung Abteilung Zollfahndung veranschaulichen, wie bedeutend die informelle Musikdistribution für die Szene der DDR war. Am 21. Juli 1964 erließ der erste Stellvertreter des Abteilungsleiters Zollfahndung eine Weisung zur Reglementierung der »Einfuhr von ›Beatles‹-Propagandamaterial (inkl. Schallplatten)« in Postsendungen. Die Tabelle zeigt das Ausmaß der so genannten »Maßnahmen zu Schund- und Schmutzliteratur und Waren«:

Maßnahmen	1964	1965
Rücksendungen (Pakete komplett zurück in die Bundesrepublik gesandt)	97.964	119.263
Entnahmen (einzelne Stücke aus den Sendungen beschlagnahmt)	116.338	92.752
Einziehungen (Pakete komplett beschlagnahmt)	109.309	142.210
Maßnahmen insgesamt	323.611	354.225

Zu den beschlagnahmten Waren zählten Kleidungsstücke wie Damenstrümpfe, Halstücheund bedruckte T-Shirts, Fanartikel mit »Beatles«-Motiven.[28]

Rote Gitarren für die Stars

Mit wachsender Publikumsgunst machten sich die »Butlers« auch in der ostdeutschen Musikindustrie einen Namen. »Wir sind immer auf die Messe gegangen und haben uns die Instrumente angeguckt, haben da mal gespielt, da war sofort alles schwarz vor Menschen«, denkt Schlagzeuger Hans-Dieter Schmidt zurück. »Da kannten die uns, die Musikinstrumentenvertreiber, -manager und -hersteller aus der DDR. Wir waren eben doch ganz sympathische Jungs. Der Musikindustrie im Vogtland, das sind ja auch alles Private gewesen, und auch diesen Staatlichen waren wir alle sympathisch. Dann sind wir ins Vogtland gefahren und haben da ein paar Abende verbracht ...«

Bei VEB Gitarrenbau »Musima« im Vogtland produzierten viele fest angestellte Instrumentenbauer Elektrogitarren für das nichtsozialistische Ausland, die dort allerdings als Anfängergitarren gehandelt wurden. Über gute Beziehungen kamen die »Butlers« an Exportware: »Wir waren für die absolute Exoten und kamen wie gerufen. Endlich mal eine Band aus dem Osten, die hier die neue Musikkultur vertrat und die ganzen Bedürfnisse kannte. Von uns konnten sie viele Hinweise aufnehmen, was jetzt so in der Beatmusik, in der Rock- und Popmusik gefragt war, was die Musiker für Vorstellungen hatten, was nun gebaut werden müsste und wie. Die vogtländischen DDR-Musikinstrumentenhersteller haben uns mit offenen Armen empfangen. In der Staatsakte steht auch, dass die [Privat-]Firma Böhm, die damals in der DDR die besten und für Rockmusik leistungsfähigsten Verstärkeranlagen herstellte, uns sogar eine Anlage zur Verfügung gestellt hat«

»Musima« hatte nur schwarze und weiße Gitarren im Sortiment. Die »Butlers« träumten aber von roten, so rot wie die roten Thender-Gitarren der schwedischen Band »The Tigers«. »Da waren wir im Betrieb«, erzählt Schmidt, »und haben gesagt ›Jungs, ihr stellt keine roten Gitarren her, aber wir möchten gern unsere Gitarren in der Farbe Rot haben.‹ Darauf die Antwort: ›Das machen wir für Euch.‹«[29]

Traum erfüllt:
The Butlers

»Sender Freies Paunsdorf«

Fünf Jahre nach den geheimen Rock 'n' Roll-Hitparaden des Holzhausener Teenager-Senders begannen drei Beatfans in Paunsdorf, den »Sender Freies Paunsdorf« aufzuziehen. Das Kürzel »SFP« klang auf Sächsisch wie »SFB«. Die Entstehungsgeschichte erzählt Karl-Heinz Krause, Jahrgang 1949, einer der damaligen Programmmacher: »Wir haben gesucht nach irgendetwas Gemeinsamen, und da war diese aufkommende Beatmusik ideal. Wir haben uns schon damit identifiziert. Verboten, nicht verboten, da haben wir uns eigentlich wenig drum geschert. Wir fingen an, Musiktitel zu sammeln und machten eine Hitparade für uns und für die Schulklasse. Dann merkten wir, dass wir nicht mehr so ganz aktuell sind, die Musikszene entwickelte sich ja schnell weiter. Aber wie einzelne Westtitel aktuell reinkriegen? Wir haben den ›Plattenteller‹ genommen vom Deutschlandfunk, wir haben den RIAS genommen, auf Mittelwelle, dann den Deutschen Soldatensender 904. Da haben wir mitgeschnitten auf Teufel komm raus und das, was einigermaßen brauchbar war, hineingesetzt in unsere Hitparaden.«[30]

Karl-Heinz Krause und seine Freunde lasen sich elektrotechnische Fachkenntnisse an und bauten nach Anleitung zwei kastenförmige Sendeanlagen, von denen eine den künftigen Sender darstellte. Ab 1964 wurde vier Jahre lang, bis 1967/68, jeden Samstag die frisch abgemischte Hitparade ausgestrahlt. Der Stil der Ansagen hörte sich etwa so an: »Guten Tag, meine Damen und Herren, ich habe das Rundfunkgerät noch einmal angeschaltet und den Rest des Bandes. Für Sie noch ein wenig vom Rundfunk, unserem alt bewährten Hilfsmittel unserer ganzen Musiksendungen, um ein wenig zu plaudern.«[31] Vor allem die Beatsendungen verhalfen ihnen zu Popularität in weiblichen Bekanntenkreisen. Karl-Heinz Krause schwärmt: »Damals haben die Mädels einfach gemerkt, das sind die drei, vier Verrückten mit dem Radio, und in dem Moment haben sie mit uns Kontakt aufgenommen. Das hat wunderbar funktioniert. Das war schon ein belebendes Gefühl, mit einem Kofferradio ›Stern 4‹, ›Stern Radio Berlin‹ oder wie sie alle hießen die eigenen Dinge, die eigene Moderation zu hören vom ›Sender Freies Paunsdorf‹.«[32]

Die Paunsdorfer hatten im Übrigen mehr Glück als die Holzhausener zuvor. Einmal nur zeigte der Sender Peilzeichen in ihrer unmittelbaren Nähe an. Als der Messwagen der Deutschen Post wenige Minuten später tatsächlich in ihre Straße einbog, hatten sie die Anlage schon ausgeschaltet.[33]

Die Szene lässt sich nicht verbieten

Trotz Kahlschlag und breit angelegter Kampagnen gelang es den SED-Funktionären nicht, das Ausdehnen der Beatszene zu unterbinden. So beanstandete die Abteilung Erlaubniswesen 1967, dass die Jugendklubhäuser nicht ihre erzieherische Aufgabe erfüllten. Das galt besonders für solche Häuser, in denen Leitung und Bewirtschaftung getrennt liefen, wie in den Leipziger Kulturhäusern »Jörgen Schmidtchen« und »Erich Zeigner«. Anlässe für Beschwerden waren gewöhnlich Verstöße gegen den Jugendschutz und übermäßiger Alkoholausschank.[34]

Im Zuge der Säuberungsaktionen im Anschluss an das 11. Plenum hatte das K I zu Beginn des Jahres 1966 die Anlage der zentralen Akte »Gosse« beschlossen: »Nach Einschätzung der Lage in den Jugendklubhäusern macht es sich erforderlich, dieselben in Objekt-Kriminalakten zu bearbeiten, [...] mit der Zielstellung:
- die Ordnung und Sicherheit in den Klubhäusern und Klubeinrichtungen zu gewähren,
- bestehende und sich entwickelnde Gruppierungen Jugendlicher, die in negativer Hinsicht auftreten, zu ermitteln und aufzulösen,
- rowdyhafte Ausschreitungen in oder in der Umgebung der Jugendklubhäuser zu unterbinden,
- die Einhaltung von Verordnungen, wie z.B. VO zum Schutze der Jugend, Richtlinie über die Tätigkeit von Laientanzkapellen usw. zu gewährleisten, strafbare Handlungen aufzudecken und aufzuklären.«[35]

So erklärten die Sachbearbeiter das Jugendklubhaus »Nord« in der Knopstraße zu einem kriminellen »Schwerpunkt«. Infolge der Sanktionen anlässlich der Beatdemonstration war es zu einem der bestbesuchten Klubhäuser geworden. Die Attraktivität ließ sich in erster Linie auf die »Hauskapelle« zurückführen, die nicht vom Spielverbot betroffenen Beat-«Kometen«. Wer kam, war zwischen 15 und 19, trug »überlange Haare« und »Glockenhosen« und war, so heißt es im Eröffnungsbericht, »noch von der Welle der Beatmusik infiziert«. Die »Sicherheit« machte in der Menge suspekte Angehörige der Szene aus dem Clara-Zetkin-Park aus. Besonders beunruhigte sie der Umstand, dass sich ehemalige Mitglieder verbotener Bands, etwa von den »Butlers«, »Guitarmen«, »Shatters«, »Players« oder »Planeten«, im Publikum befanden und diese auf der Bühne »aushalfen«.[36] Das K I leitete schließlich im August 1966 mit der Anlage der Kriminalakte »Note« ein Ermittlungsverfahren gegen neuere Beatformationen ein, da, so heißt es in der Begründung, »zur Zeit die Gefahr in das allmähliche Hinübergleiten in die Situation vor dem 31.10.1965 [besteht und] [...] [d]urch die Bearbeitung der KA [...] erreicht werden [soll], daß eine solche Situation wie vor dem 31.10.1965 nicht wieder entsteht und rechtzeitig die geeigneten Maßnahmen eingeleitet werden können.«[37]

Vor allem die Band »Ikeya Seki«, die sich aus ehemaligen Musikern der »Butlers« und der »Äquator-Combo« zusammensetzte, geriet unter Beschuss. In einer Aussprache wurde von den Musikern verlangt, ihren »Kapellennamen« zu ändern. »Ikeya Seki« – eine Bezeichnung aus der Astronomie[38], hieße übersetzt »Wiederkehrender Stern« und könne folglich als Andeutung auf erneuten Erfolg unter dem früheren Kapellennamen »The Butlers« missverstanden werden. Es wurde eine auf drei Monate befristete Spielerlaubnis erteilt. Bis dahin sollte sich die Band an ein Leipziger Kulturhaus binden. Konzerte außerhalb der Stadt wurden untersagt.[39] Die Musiker benannten sich in »Orgaphon 25« um, nach dem Markennamen eines westdeutschen Verstärkers, wie die Kulturfunktionäre erst später erfuhren. Als sie trotz Auflagen außerhalb Leipzigs, in Borna, Neukieritzsch und im Vogtland, spielten, wurde allen Musikern bis Juli 1968 die Spielerlaubnis entzogen.

Auch andere Beatgruppen gerieten unter strengere Aufsicht: die »Leipziger Sängerknaben« (Klaus Renft u.a.) mussten sich an das Arbeitervarieté des FDGB binden, die »Club-Combo 25« (ehemals »The BEL-Boys«) an das Volkshaus Wiederitzsch. Auftritte von

Musikern der ehemaligen »Towers«, jetzt die »Flamingos«, sowie der »Studio Combo«, der »Lipsia-Combo« und der »Kometen« wurden fortan in der Akte »Note« registriert.[40]

Im Jahr 1967 zählten die Kriminalbeamten im Bezirk Leipzig insgesamt 28 Beatkapellen, besetzt mit 143 Musikern. Stadtweit bekannt waren neben den genannten die »Decentos«, die »Con-Fuooo-Combo«, die »Color-Combo«, das »Ulf-Willi-Quintett« im »Singeklub« der Karl-Marx-Universität, in dem Klaus Renft ebenso vorübergehend musizierte, die »Eisbrecher«, »WB-Club 18«, die »Combo-Astoria«, »Die Sterne« (ehemals »The Starlets«) und die »Animato-Combo«. In Leipzig-Land waren die »Jugendtanzkapelle ›Expreß‹«, das »Studio-Team 66«, die »Sonar-Combo«, »Die Planeten«, das »Eldorado Quartett« und die »Combo-Orion« registriert.[41]

In der Öffentlichkeit ließ der Kahlschlag-Erfolg auf sich warten. Trotz aller Anstrengungen der Ordnungshüter nahmen langhaarige Beatfans auch 1968 noch Vorplätze und Gehwege der Stadt in Beschlag. Anfang Oktober beobachtete die Polizeistreife im Revierbereich Südwest in den Abendstunden auf dem Karl-Heine-Platz regelmäßig Gruppierungen von bis zu 20 Jugendlichen im Alter zwischen 15 und 16 Jahren. Sobald die Polizei auftauchte, zerstreuten sie sich, weil sie aus Erfahrung wussten, dass die Vopos ihre Personalien aufnehmen würden. Am 8. Oktober schlugen einige Jugendliche am Karl-Heine-Platz laut VP-Rapport einen oder mehrere Bürger zusammen. Beim Eintreffen der Sicherheitskräfte hatten alle die Flucht ergriffen. Die Beamten sahen nur noch die Rückenansichten: »Besonders fielen zwei Jugendliche [beide 16] auf, einmal in der Form recht langer Haare [...] [Ferner trug einer der beiden] das Abzeichen der Rolling Stones an der Jacke.«

Fünf Jungen wurden dem Revier zugeführt, jedoch wieder entlassen. Am Abend des folgenden Tages marschierten etwa 80 Jugendliche in Viererreihen vom Karl-Heine-Platz aus mehrere Meter die Siemeringstraße hinunter, machten eine Kehrtwendung und marschierten wieder zurück bis zur Ecke Karl-Heine-/Josephstraße. Da sie angeblich Fußgänger und Fahrverkehr behindert hatten, fuhren ein Schnellkommando und Funkstreifenwagen auf. Dem Revier Südwest wurden rund 40 Jugendliche zugeführt.[42] Ähnlich dem »Gänsemarsch« der Clara-Park-Clique dürfte diese Aktion als ein Protestakt mit dem Ziel der Provokation aufdringlicher Streifenpolizisten gewertet werden. Wie das spontane Zusammenfinden von 80 Jugendlichen deutlich macht, stießen die bis dato gehäuft aufgetretenen Gängelungsmaßnahmen auf starke Ablehnung und schufen im Gegenzug einen großen Konsens über eigensinnige Verteidigungsinitiativen.

Die Jugendkriminalitätsstatistiken von Leipzig zwischen 1965 und 1969 präsentieren die gesamte Kriminalität, ohne das so genannte »Gammlertum« besonders auszuweisen. 43 Leipzig stand an fünfter Stelle der 15 Bezirke der DDR.

Inoffizielle Methoden

Die Behandlung der Beat-Anhänger hat bestätigt, mit welch gewieften Methoden die Staatsorgane sich Zugang zu Informationen beschafft haben. Woher kamen die IM? Die Staatssicherheit wollte keine Amateure, sie wollte Profis und die kamen direkt aus der Szene.

IM-Werbungen in der Szene

Wer am »Capitol« oder im Clara-Zetkin-Park seine Kumpels traf, konnte nicht wissen, dass nicht nur die Vopo sondern auch die Staatssicherheit auf ihre »Gruppierung« angesetzt war. Der »Maßnahmeplan zur politisch-operativen Bekämpfung der politisch-ideologischen Diversion und Untergrundtätigkeit unter jugendlichen Personen im Bezirk Leipzig« vom Sommer 1966 benennt »die jugendliche Konzentration in Leipzig, Clara-Zetkin-Park, die z.T. aus Jugendlichen der ehemaligen Konzentration am Filmtheater ›Capitol‹ besteht«. Diesen »Schwerpunkt« sollten die Beamten von der BVS-Abteilung XX und der Stasi-Kreisdienststelle Leipzig-Stadt »unter ständiger Kontrolle halten« beziehungsweise durch »gezielten IM-Einsatz« auflösen.[1]

So wurde Anfang März 1966 der IM »Thomas«, 15 Jahre alt und beschrieben als »fanatischer Anhänger der Beatmusik«, von der KD Leipzig-Stadt geworben, um den »Charakter der Konzentrierung der jugendlichen Gruppen vor dem Capitol« aufzuklären. »Während der [Frühjahrs-]Messe wurden mit ›T.‹ alle zwei Tage Treffs durchgeführt. Er brachte uns u.a. wertvolle Hinweise über eine ganze Reihe von Jugendlichen – welche auch bereits schon am 31.10.65 in Erscheinung getreten waren.«[2]

Der Beat-IM berichtete, wer ihn wann über welche geplanten Treffen und »Aktionen« informierte, insbesondere »wer welchen Einfluss auf die anwesenden Jugendlichen nimmt«.[3]

Durch ihn erfuhr die Staatssicherheit, dass Reproduktionen von Starfotos aus westlichen Musikzeitschriften im Umkreis des »Capitol« hergestellt wurden. In der IM-Akte finden sich auch Informationen über diverse Ideen zum Jubiläum der Beatdemonstration am 31. Oktober 1966. IM »Thomas« versuchte selbst, andere zu einer »Gedenkminute« anzustiften, wie ein weiterer Beobachter der Szene berichtete.[4]

Zehn Jahre später brach »T.« plötzlich von sich aus jeden Kontakt zur Staatssicherheit ab. Der mittlerweile 26-Jährige bereute seine IM-Laufbahn, wie seine Führung notierte: »Zur Ablehnung der Zusammenarbeit erklärte der IM, daß er sich nicht mehr mit den ihm übertragenen Aufgaben identifizieren kann, da sich seine Einstellung zum Staat und zur sozialistischen Entwicklung in der DDR geändert hat. [...] In seiner bisherigen Zusammenarbeit sieht er einen grundsätzlichen Fehler. Er sagte weiter, daß er es mit seinem

Gewissen keinesfalls weiterhin vereinbaren kann, dem MfS Informationen zukommen zu lassen.«[5] Seinem zeitgleich gestellten Ausreiseantrag wurde nie stattgegeben.[6]

Schon im Zuge der Verhaftungen bei der Beatdemonstration machte sich das MfS die Zwangssituation einiger »Polizeiopfer« zunutze. Wer wollte seinen guten Ruf verlieren und später im Betrieb oder in der Schule die Benachteiligungen eines »Knastis« in Kauf nehmen? Allein der Vorwurf der politischen Dissidenz, welcher Art auch immer, konnte den Weg durch die sozialistisch gleichgeschalteten Institutionen erheblich erschweren, gar blockieren. Eine Tätigkeit beim MfS hingegen öffnete Türen und brachte dem so genannten »Kandidaten« eine Reihe materieller Vergünstigungen ein.

So wurde ein 18-jähriger Dresdner festgenommen. Wohl wegen der langen Haare, vermutete er, denn seine beiden kurzhaarigen Freunde wurden in der selben Situation nicht belangt Der Dresdner wurde zu zwölf Tagen Arbeitserziehung verurteilt, obwohl sein Ausflugsziel an diesem Tag nicht der Protest, sondern das Fußballländerspiel gewesen sei. Später fand er heraus, dass in seiner Kaderakte anstelle von Arbeitserziehung drei Wochen Gefängnis vermerkt worden waren, was als Vorstrafe galt. Nach seiner Entlassung trat er sofort aus der FDJ aus und wollte nichts mehr mit Politik zu tun haben. Sechs Monate später nahm das MfS mit ihm Kontakt auf. Die Stasi-Mitarbeiter nahmen auf die registrierte Vorstrafe Bezug. Der genötigte »Kandidat« lehnte nach einigen Treffen die Mitarbeit indirekt ab, indem er seine negative Einstellung zum MfS auf Grund der ungerechtfertigten Behandlung seiner Person beim Beatprotest zum Ausdruck brachte.[7]

Mehr Glück hatte die Stasi mit einem »Kandidaten« aus Döbeln. Die Akte des »Wolf Kaiser« erzählt die Geschichte von einer erfolgreichen Anwerbung. »W. K.« wurde als damals 19-Jähriger bei der Beatdemo festgenommen und zu 14 Tagen Arbeitserziehung wegen Landfriedensbruchs verurteilt.[8] Im Frühjahr 1966 wurde er als IM in Döbeln eingesetzt, weil der Redegewandte gute Kontakte zur dortigen Szene besaß, insbesondere zu den Ermittlungsopfern der Kriminalakte »Sternchen«, den Musikern der verbotenen Beatgruppe »Ganymed«. Zudem arbeitete er in einem Großbetrieb, in dem mehrere hundert Jugendliche beschäftigt waren.[9] »W. K.« hatte sich verpflichtet, »auf freiwilliger Grundlage mit der Kriminalpolizei geheim zusammenzuarbeiten« und war bereit, »mitzuhelfen, dass die Jugendkapellen sich ordentlich verhalten.«[10] Da in der Berufsschulklasse des »W. K.« ein zweiter Kandidat saß, war gegenseitige Kontrolle gewährleistet.[11]

Während es den Sicherheitsorganen offenbar gelang, das »selbstsichere« Verhalten des »Kandidaten« auszunutzen, erwecken die IM-Berichte den Eindruck, der Verfasser sieht sich in der Rolle eines wichtigen Geheimagenten, der für das Gute in der Welt einsteht. Obgleich »W. K.« stets aktives Mitglied der FDJ war, fiel er regelmäßig wegen vorlauter Bemerkungen gegenüber Erwachsenen und insbesondere im Staatsbürgerkundeunterricht negativ auf. Sein Führungsoffizier hatte ihn anzuhalten, mehr Zurückhaltung zu üben, um nicht als »Rowdy« zu gelten. Zunächst sollte er die »Ganymed«-Mitglieder ausspionieren, da von diesen erwartet wurde, dass sie sich in Kürze wieder um eine Spielerlaubnis bemühen würden.[12]

Die Zuträgerleistungen wurden ausdrücklich gelobt. Die Informationen des IM hätten dazu beigetragen, Straftaten Jugendlicher zu verhindern, hielt sein Vorgesetzter 1970 fest.

Zudem hätte er sich bei der Absicherung von Großveranstaltungen in Leipzig bewährt: »Er zeigte dabei eine große Einsatzbereitschaft und bei Diskussionen mit Jugendlichen und anderen Bürgern aus Westdeutschland hat er immer die Politik der DDR vertreten.«[13]

Filtrierpunkt für Langhaarige zum »Fest der Freundschaft«

Einen Einblick in die üblichen kriminalpolizeilichen Maßnahmen zur »Gewährleistung der Ordnung und Sicherheit« bei Großveranstaltungen, den so genannten »Höhepunkten des gesellschaftlichen Lebens«, gibt eine Dissertation der Hochschule der DVP in Halle. Alle Dienstzweige der VP waren für vorbeugende Absicherung verantwortlich. Besonders bewährt hatten sich vorbeugende Aussprachen mit Jugendlichen und Jungerwachsenen. Diese wurden teilweise ein halbes Jahr im Voraus geführt, gezielte Gespräche fanden zudem in den letzten sechs Wochen vor dem Ereignis statt. Voraussetzung für die erfolgreiche »Sicherung« waren Erkenntnisse über »gefährdete und kriminelle Gruppierungen« und deren »Konzentrationspunkte«. Diese Informationen lieferten die K I und VII. Für die Vorbereitung der Observation wurden Lichtbilder kriminell gefährdeter Jugendlicher angefertigt, so dass das K I und die Schnellkommandos im Falle eines sich anbahnenden Verstoßes zugreifen konnten. Die Befehle für den Veranstaltungstag lauteten Vorfiltrierung, Observation und, wenn nötig, gedeckte Festnahme. Eine für die Dauer der Veranstaltung eingesetzte Untersuchungsgruppe hatte die Aufgabe, aus den Vernehmungen schnellstmöglich operative Informationen zu verarbeiten.[14]

Nach diesem Muster wurde das »Fest der Freundschaft« vom 13. bis 15. Oktober 1967 in der Messehalle 4 der Technischen Messe begleitet. Zu der Vertiefung der deutsch-sowjetischen Beziehungen waren 7.700 Teilnehmer, Thälmann-Pioniere, FDJ-ler, Lenin-Pioniere und Komsomolzen, geladen. Bereits Ende Juli 1967 hatte die Abteilung Kriminalpolizei den »Maßnahmeplan zum Fest der Freundschaft« herausgegeben. Dieser enthielt die Anweisung, dass die K I und VII bekannte Gruppierungen negativer Jugendlicher bis spätestens zur Herbstmesse 1967 aufzulösen hatten. Personen, die wegen Staatsverbrechen, Gewaltverbrechen, Gruppenverbrechen und Rowdytum registriert waren, sollten vom Dezernat V »intensiv« bearbeitet werden.[15] Zwecks Koordination von K I und VII wurden die Schwerpunkte Gruppierungen, Klubhäuser, Massenquartiere und Privatquartiere zur vorbeugenden Bearbeitung festgelegt. Darüber hinaus müsse die Schutzpolizei bei den Tanzveranstaltungen auf die Einhaltung der zu diesem Anlass verschärften Titelverteilung 70:30 achten und entsprechend die Kapellenleiter belehren.[16]

Die »intensive« Bearbeitung geschah mit Hilfe des so genannten Filtrierpunktes. Dafür bildeten BVS und die Abteilung Kriminalpolizei eine gemeinsame Einsatzgruppe für den Veranstaltungszeitraum. Zugeführt werden sollten »Gammler und Personen mit überlangen Haarschnitt, von denen eine Störung des Festes der Freundschaft zu erwarten sein könnte«.[17] In der Arbeitsordnung der Einsatzgruppe auf dem Messegelände wurde festgelegt, dass alle zugeführten Personen nach der Vernehmung in einem dortigen »Auffangraum« zu verbleiben hatten. »Für die Zuführungen, die durch MfS erfolgen, finden die Festlegungen dieser Ordnung keine Anwendung. Falls durch Mitarbeiter des MfS Personen

Walter Ulbricht (Mitte) auf dem »Fest der Freundschaft« mit der Sowjetunion

in den Auffangraum eingeliefert werden, sind diese von anderen Zugeführten zu trennen und karteimäßig nur zu erfassen, wenn vom Leiter der Einsatzgruppe oder seinem Stellvertreter dies angewiesen wird.«[18] Haarschnitte seien erst nach der kriminaltechnischen Behandlung (Fotografien, Fingerabdrücke, Schriftproben) durchzuführen.

Äußerliche Merkmale wie Haarlänge und »Westbekleidung« führten zu Personenkontrolle und Stichproben, schließlich zur Festnahme. So fand die Schutzpolizei bei einem 16-Jährigen mit »überlangem Haarschnitt«, der eine Halskette mit einem zehn Zentimeter langen Kreuz trug, ein aus dem »Eulenspiegel« ausgeschnittenes »Beatles«-Bild mit einer Hakenkreuzarmbinde. Tatsächlich veröffentlichten die DDR-Medien derartige Collagen zum Zwecke der Diffamierung westlicher Stars. Weitere drei Jugendliche zwischen 16 und 18 Jahren wurden dem Filtrierpunkt zugeführt, weil sie laut Aussage eines Mitarbeiters der SED-Kreisleitung Leipzig Süd-West drei ihnen entgegenkommende Pioniere vom Fußweg gedrängt hätten. Dabei hätte einer der Jugendlichen die Jüngeren als »Russenschweine« betitelt, während sein Freund gesagt hätte: »Geht mal zur Seite, lasst mal die alte Garde durch!« Die Transportpolizei führte zwei weitere Jugendliche im Alter von 18 und 15 Jahren zu, weil sie im Hauptbahnhof FDJ-ler aufgefordert hätten, ihre Blauhemden auszuziehen.[19] Auch in der Petersstraße machten sich Jugendliche strafbar, weil sie FDJ-ler provozierten. Die vier Jungen waren mit aufgedrehtem Kofferradio durch die Innenstadt gezogen. Entgegenkommenden FDJ-lerinnen rief einer von ihnen zu: »Mädchen, zieht die Blusen aus, ihr kotzt mich an!« Einen anderen 17-Jährigen nahm die Schutzpolizei in Gewahrsam, weil er »offen ein am Hosenbund mit einem schwarz-weiß-roten Band befestigtes Eisernes Kreuz von 1914 zur Schau« trug.

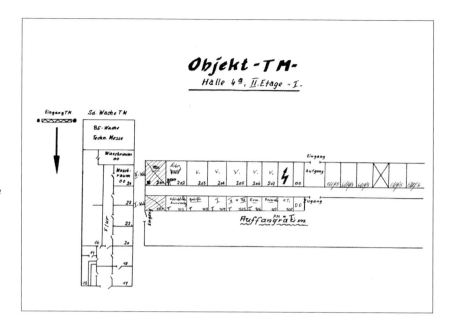

Objektplan
Filtrierpunkt zum
Fest auf der
Technischen Messe

Insgesamt 38 Personen, vorwiegend unter 20 Jahren und aus dem Stadtgebiet von Leipzig, wurden diesem Filtrierpunkt zugeführt. In 23 Fällen wurden Ermittlungsverfahren mit Untersuchungshaft eingeleitet, in einem Fall blieb der Betroffene von der Haft verschont.[20] Ein Grund für die getrennte Verwahrung von Polizei- und MfS-Verhafteten mag die Werbung von IM gewesen sein. In den Akten der Staatssicherheit finden sich handschriftliche Verpflichtungserklärungen Jugendlicher und Ausspracheberichte mit geworbenen Kandidaten.[21] Jugendliche, denen man nichts anlasten konnte, wurden für die Dauer des Festes im Filtrierpunkt festgehalten.[22]

Vier Jugendliche wurden nach Überprüfung entlassen, zehn weitere nach einer erzieherischen Auswertung ihren Eltern übergeben. Zu den Aussprachen unter Vorsitz des Staatsanwaltes Leipzig-Stadt waren Vertreter des Referates Jugendhilfe, der Abteilung Inneres und der Betriebe geladen. Ein Protokollauszug: »Arbeitskollektiv wie Eltern hatten nicht die Kraft, gemeinsam die jungen Menschen auf richtige Bahnen zu bringen. Den Eltern war bekannt, daß ihre Söhne ziellos ihre Freizeit verbringen und teils eine ganz schlechte Arbeitsmoral zeigten. Ihr Einfluß ist zu schwach, um sich durchzusetzen. Sie dankten den Organen der Staatsmacht, sich ihrer Söhne angenommen zu haben und ihnen ein gesellschaftswürdiges Aussehen zurückgegeben [zu] haben.«[23]

»Time is on my side«

RENFT

Die Etablierung der Leipziger Szene

Den sich auf die DDR ausdehnenden populären Musikkulturen des Rock 'n' Roll und des Beat kommt in den 50er und 60er Jahren die Bedeutung einer Gegenkultur zu. Während der Rock 'n' Roll und seine Anhänger von Anfang bis Ende vehement von Seiten der Sicherheitsorgane und der Kulturpolitiker attackiert wurden, zeigte sich in der DDR-Rezeptionsgeschichte des Beat in der ersten Hälfte der 60er Jahre der Versuch von Staats wegen, das Streben der Jugend »nach dem neuesten Schrei« mit der Fortschrittsphrase der Kulturfunktionäre zu verbinden und entsprechend zu fördern. Als Mitte 1964 und vehement im Herbst 1965 deutlich wurde, dass nicht die Partei, sondern die Jugend selbst den Takt in Sachen Freizeitgestaltung angab, zogen die Staatsorgane die Notbremse, um auf den Stand der 50er Jahre zurückzufallen. So wurde auch der Beat in die Nische zurückgedrängt. In der Anhängerschaft blieb die Musik nicht nur unvergessen, sie hatte Kultstatus erreicht – ein Lebensgefühl, die Erfüllung eines gemeinsamen Identifizierungsbedürfnisses, ein Stil. Der Agitprop-Kultur in Form des »Lipsi« oder der aufkommenden »Singebewegung« konnten diese Jugendlichen nichts abgewinnen.

Belehrungen und Aussprachen, Medienkampagnen und Ordnungsgruppen, Filtrierpunkte, Jugendstrafanstalten, Arbeitslager vermochten die Eigendynamik der Szene genau so wenig zu unterbinden wie die IM-Durchdringung von Band- und Fankreisen. Im Gegenteil, als der Staat handfest seine Autorität durchsetzen wollte, verweigerten Jugendliche sich den Formierungsansprüchen der SED und ihrer Staatsorgane. Dabei waren die Fans kreativ. Nicht zuletzt aus Spaß am Widerstand entwickelten die Protagonisten der Szene aus der Synthese von jugendkulturspezifischen und staatstragenden Elementen in der sozialistischen Gesellschaftsordnung eigene Stilformen und somit eigene Symbole des Protests. Offiziell wurden sie mit Systemgegnern gleichgesetzt und faktisch aus der Gesellschaft ausgegrenzt. Die Erfahrung dieser Ausgrenzung spiegelte sich in ihren Protestformen wieder.

Noch ein Wort über den in den vergangenen 20 Jahren in der deutschen Zeitgeschichte bevorzugt gebrauchten Begriff »Jugendkultur« im Unterschied zu dem hier verwendeten Begriff »Jugendsubkultur«[1]. Während Jugendsubkultur eine latente Widerständigkeit assoziiert, entsteht Jugendkultur erst aus der Akzeptanz des Ungehörigen: Die Subkultur ist dann salonfähig geworden.

Die offizielle Wahrnehmung der subkulturellen Szene in der DDR folgte den Maßgaben der politisch dirigierten Justiz. Ende der 60er Jahre setzte sich in der strafrechtlichen Praxis die Definition »Kriminelle Gruppe« als Resultat der Herausbildung einer so genannten »Gruppenatmosphäre« durch, deren Eigenart als »eigenständiger Gegensatz zur sozialistischen Kollektivität«[2] verstanden wurde. Darüber hinaus lässt sich die Entwicklung von einer Jugendsubkultur zur Jugendkultur auch in der DDR der 50er und 60er nachvollziehen. Die totale Absage der SED an die Unterhaltungskultur des Westens in den 50er Jahren führte zur Herausbildung einer distinktiven, die staatssozialistischen Angebote ablehnenden subkulturellen Halbstarkenszene auf den Straßen Leipzigs. Im Zuge der kulturellen Wende in der ersten Hälfte der 60er Jahre wurde der Beatkultur mit sozialistischen Gitarrengruppen die Tür zu den ostdeutschen Salons geöffnet, es etablierte sich eine staatlich geförderte Jugendkultur. Markanter Beleg ist das Deutschlandtreffen 1964. Mit dem »Kahlschlag-Plenum« ein Jahr darauf wurden die Protagonisten dieser Jugendkultur zurück in die Nische gedrängt, so dass sich eine neue subkulturelle Szene entwickelte. Auch diese sollte nicht auf immer im »Untergrund« bleiben müssen. Mit dem »plötzlichen Sinneswandel« Erich Honeckers zur öffentlichen Legitimation seiner Machtübernahme lautete die Propagandaparole Anfang der 70er Jahre »Es kommt nicht darauf an, was auf, sondern was im Kopf ist«. Besonders für die Weltöffentlichkeit sollte im Hinblick auf die Entspannungspolitik der Ära Honecker die neue Offenheit zur Schau gestellt werden. Zu den Weltfestspielen 1973 in Ost-Berlin durften sich die eingefleischten Beatfans wieder vor der Tribüne des Sozialismus sehen lassen. Auf dem Woodstock Ostdeutschlands gaben sich auch Klaus Renft und seine neu zugelassene Combo ein Stelldichein. Die »Glockenhosen-Mode« breitete sich Mitte der 70er Jahre in der DDR aus. Am Ende der Dekade trugen selbst die Schullehrer während des Unterrichts fußweite »Jeanshosen«, und der DDR-Außenhandel bestellte eine Million der einst verhassten Textil-Unart beim Klassenfeind.

Einer, der schon immer wusste, dass es so kommen würde, war bei der Beatdemo in Leipzig verhaftet worden. Während der Strafarbeit im Braunkohleabbau Regis-Breitingen pfiff er die Hymne seiner Generation vor sich hin, den »Rolling Stones«-Hit »Time is on my side«.[3] Die Geschichte hat gezeigt, dass man dem Fan nur beipflichten kann: »... Yes it is!«

Abkürzungsverzeichnis

Abt.	Abteilung
Abt. X	Abteilung X des MfS, internationale Verbindungen (private Verbindungen der Bevölkerung, wie Besuche oder Postverkehr) und zweckgerichtete Zusammenarbeit mit den Geheimdiensten anderer sozialistischer Staaten
ABV	Abschnittsbevollmächtigter der Volkspolizei
AFN	American Forces Network
AG I	Arbeitgebiet I der Kriminalpolizei, seit 1964 gebräuchliche Bezeichnung des Teils der Kriminalpolizei, der mit inoffiziellen Kräften arbeitete. Frühere Bezeichnung: Operativgruppe bzw. Operativabteilung, vgl. K I
AG VII	Arbeitgebiet VII der Kriminalpolizei: Delikte Jugendliche und Kinder, insbesondere Gruppen Jugendlicher
AIG	Auswertungs- und Informationsgruppe
AIM	Archivierter IM-Vorgang bzw. archivierter IM-Vorlauf (passive Erfassung)
AO	Angriffsobjekt
AOG	im MfS archivierte Akten der Operativgruppe bzw. des AG I der Kriminalpolizei (passive Erfassung)
AOP	Archivierter operativer Vorgang (passiver Vorgang)
AU	Archivierter Untersuchungsvorgang
AWA	Anstalt zur Wahrung der Aufführungsrechte auf dem Gebiet der Musik in der DDR
BBS	Betriebsberufsschule
BDVP	Bezirksbehörde der Deutschen Volkspolizei
BL	Bezirksleitung
BS	Berufsschule
BStU	Bundesbeauftragte für die Unterlagen des Staatssicherheitsdienstes in der ehemaligen Deutschen Demokratischen Republik
BVS	Bezirksverwaltung der Staatssicherheit
DEFA	Deutsche Film-Aktiengesellschaft
Dezernat AK	Dezernat Auswertung und Kontrolle in der DVP
DFD	Demokratischer Frauenbund Deutschlands
DHfK	Deutsche Hochschule für Körperkultur
DVP	Deutsche Volkspolizei
EV	Ermittlungsverfahren
FDJ	Freie Deutsche Jugend
FS	Fernschreiben
GST	Gesellschaft für Sport und Technik
HA	Hauptabteilung – selbstständige Diensteinheit im MfS Handakte – Aktenkategorie
HA VII	Hauptabteilung VII des MfS, Sicherung und Abschirmung des Ministeriums des Innern (MdI) und dessen nachgeordneter Organe und Dienstzweige, u.a. der Organe der DVP, sowie der »zivilen« Einrichtungen wie Schulen des MdI
HA IX	Hauptabteilung IX des MfS, staatsfeindliche Angelegenheiten und Kapitalverbrechen
HA XX	Hauptabteilung XX des MfS, Staatsapparat, Kultur, Kirche und Untergrund, Verhinderung bzw. Aufdeckung und Bekämpfung »politisch-ideologischer Diversion« (PID) und »politischer Untergrundtätigkeit« (PUT)
HA XX/6	Abteilung 6 der HA XX des MfS, Post- und Fernmeldewesen
HO	Handelsorganisation
HPbPB	Historische Polizeisammlung beim Polizeipräsidenten in Berlin
HVDVP	Hauptverwaltung Deutsche Volkspolizei
IM	Inoffizieller Mitarbeiter
JGG	Jugendgerichtsgesetz
JHS	Juristische Hochschule des MfS
JW	Junge Welt
K	Kriminalpolizei
K I	Kommissariat I im AG I der Kriminalpolizei
K VII	Kommissariat VII im AG VII der Kriminalpolizei
KA	Kriminalakte
K AK	Kommissariat Auswertung und Kontrolle in der DVP
KD	Kreisdienststelle der BVS

KP	Kontaktperson; Bezeichnung von Abwehrdiensteinheiten des MfS für Personen, zu denen Kontakt (Verbindung) hergestellt wurde, mit dem Ziel, diese Personen partiell zu nutzen. Keine Kategorie in offizieller Mitarbeiter, aber nicht selten Nutzung von KP mit Zügen der IM-Arbeit. KP wurden nicht registriert.	PHS b. P.	Polizeihistorische Sammlung beim Polizeipräsidenten in Berlin
		PO	Parteiorganisation
		SED	Sozialistische Einheitspartei Deutschlands
		SED-Pb	SED-Politbüro
		Sekr.	Sekretär
		StA-L	Sächsisches Staatsarchiv Leipzig
		U	Untersuchung
KPdSU	Kommunistische Partei der Sowjetunion	UA	Untersuchungsabteilung
		VEB	Volkseigener Betrieb
LPG	Landwirtschaftliche Produktionsgenossenschaft	VO	Verordnung
		VOV	Vorlauf zu einem operativen Vorgang
Ltg.	Leitung		
LVZ	Leipziger Volkszeitung	VP	Volkspolizei
MfS	Ministerium für Staatssicherheit	VPKA	Volkspolizeikreisamt
ND	Neues Deutschland	ZAIG	Zentrale Auswertungs- und Informationsgruppe
Pb	Politbüro des ZK der SED		
PGH	Produktionsgenossenschaft des Handwerks	ZK	Zentralkomitee
		ZKA	Zentrale Kriminalakte

Bildnachweis

Archiv Bürgerbewegung Leipzig e.V (34, 52, 67); BArch (37/3, 38, 63/3, 103/1, 104); BStU, BVS Leipzig (56, 57, 73, 81/2, 111); Deutsche Fotothek/F. Hettmer (77/1); Deutsches Historisches Museum (U 1/1,17); Deutsches Kleingärtnermuseum (105); Deutsches Rundfunkarchiv Potsdam (64); LVZ (43); Mentzel Media Management GbR (103/1); Ppk Berlin/Alex Enger (69); PHS b. P. (U4/2, 25,28,53, 61); Privat (U 1/3, 21/3, 67/2, 113, 70/2, 72, 95, 106, 110, 111/2, 123); SAPMO/BArch (120); StA-L, BDVP Leipzig (40, 72, 77/2, 73, 83, 85, 87 – 91, 121) SED IV(70/1); Zeitgeschichtliches Forum Leipzig (20, 47).

Umschlag Vorderansicht: Halbstarke bei einer Tanzveranstaltung (oben links); Elvis Presley (oben rechts); Party in Holzhausen (unten links); Autogrammkarte der tschechischen »The Matadors« (unten rechts).
Umschlag Rückansicht: Wasserwerfer gegen die Beatdemo 1965 (oben); DDR-Innenminister Karl Maron (1955 – 1963) und Fritz Eikemeier, Präsident der Volkspolizei von Berlin (1953–1964), während einer Kampfgruppenübung 1957 in Berlin (v. l. n. r.).
Seite 95: Werner Schmidt am Schlagzeug für »Ikeya Seki«.
Seite 123: Christian Kunert, Jochen Hohl, Peter Gläser, Peter Kichentz, Thomas Schoppe, Klaus Jentzsch (v. l. n. r.).

Anmerkungen

»Rowdys beeinträchtigen ein normales Leben«

1 »Rowdys beeinträchtigten ein normales Leben«, LVZ, 09.10.1989; Original-Ruf der Leipziger, Videokassette 22, ABL.
2 Ausspruch des Filmhelden in dem DEFA-Film »Berlin – Ecke Schönhauser«, 1957, in: König, Ingelore/Wiedemann, Dieter/Wolf, Lothar (Hg.): Zwischen Bluejeans und Blauhemden: Jugendfilm in Ost und West, Berlin 1995, S. 24.
3 Beschluß des Politbüros des ZK vom 24. Januar 1956, Der Jugend unser Herz und unsere Hilfe, in: Dokumente der SED, Bd. VI, Berlin 1958, S. 11.
4 Bereits Ende des 19. Jahrhunderts bildeten sich in den Straßen deutscher Industriemetropolen Jugendcliquen heraus. Während sich um die Jahrhundertwende die Bezeichnung »Halbstarker« zuerst im Hamburger Raum etablierte, sprach man in den Arbeitervierteln Leipzigs von jugendlichen »Meuten«. Erstmals öffentlich diskreditiert und strafrechtlich verfolgt wurden solche Meuten im Dritten Reich, da einige unter ihnen eine ablehnende Haltung gegenüber dem ideologischen Totalitätsanspruch und dem paramilitärischen Drill der Hitler-Jugend teilten. Vgl. Grotum, Thomas, Die Halbstarken: Zur Geschichte einer Jugendkultur der 50er Jahre, Frankfurt a.M./New York 1994; Gruchmann, Lothar, Jugendopposition und Justiz im Dritten Reich, in: Wolfgang Benz (Hg.), Miscellanea: Festschrift für Helmut Krausnick zum 75. Geburtstag, Stuttgart 1980, S. 103–130; Peukert, Detlev, Edelweißpiraten, Meuten, Swing: Jugendsubkulturen im Dritten Reich, in: Gerhard Huck (Hg.), Sozialgeschichte der Freizeit. Untersuchungen zum Wandel der Alltagskultur in Deutschland, Wuppertal 1982, S. 307–327; Peukert, Detlev, Die »Halbstarken«: Protestverhalten von Arbeiterjugendlichen zwischen Wilhelminischem Kaiserreich und Ära Adenauer, in: Zeitschrift für Pädagogik, 30, 1984, S. 533–548.
5 Hartmut König war als Kultursekretär Mitglied des Zentralrates der FDJ und Leiter des »Oktoberklubs«, dem ersten Singeklub in der DDR. Der »Oktoberklub« wurde 1967 als »Hootennanyklub« gegründet und hatte eine Leitbildwirkung in der Singebewegung.
6 Vgl. Skyba, Peter, Vom Hoffnungsträger zum Sicherheitsrisiko: Jugend in der DDR und Jugendpolitik der SED 1949–61, Köln/Weimar/Wien 2000; Wierling, Dorothee, Die Jugend als innerer Feind, in: Hartmut Kaelble/Jürgen Kocka/Hartmut Zwahr (Hg.): Sozialgeschichte der DDR, Stuttgart 1994, S. 404–425.
7 Nach den 18- bis 21- und den 21- bis 25-Jährigen stellte die Altersgruppe der 14 bis 18 Jahre alten Jugendlichen die dritthöchste Belastung dar. Die kriminelle Belastung der männlichen Bevölkerung übertraf dabei die der Weiblichen um ein Mehrfaches, beispielsweise bestand 1969 zwischen weiblichen und männlichen Tätern über 18 Jahren ein Verhältnis von etwa eins zu acht. Leipzig befand sich in der zweiten Hälfte der 60er Jahre in der Platzverteilung der Jugendkriminalitätsstatistiken auf Bezirksebene durchschnittlich im Mittelfeld. Vgl. Ministerium des Innern, HA K, Bericht über das Auftreten von kriminellen und gefährdeten Gruppierungen Jugendlicher in der DDR im Jahre 1965, BArch, DC 4/869, unpaginiert; Statistische Information zu einigen Problemen der Jugendkriminalität und ihrer Bekämpfung im Jahre 1969, BArch, DO 1/5.0/ Nr. 215/2, unpaginiert; Generalstaatsanwalt der DDR, Regionale Verteilung der Kriminalität, 1969, BArch, DC 4/869, unpaginiert.
8 Speziell kamen bei der Recherche im Aktenfundus der Kriminalpolizei die Materialien des Arbeitsbereiches I und ab Mitte der 60er Jahre, also nach der Umstrukturierung des Volkspolizeiapparates, auch die Akten des Arbeitsbereiches VII in Betracht. Die entsprechenden Arbeitsgebiete waren für die »Aufdeckung latenter Straftaten« (AG I) und für die Delikte Jugendlicher und Kinder, insbesondere Gruppen Jugendlicher (AG VII) verantwortlich. Insofern ein Großteil der Jugendkriminalitätsbearbeitung präventiv angelegt war, kam der Schutzpolizei bei der täglichen Streifenarbeit die Aufgabe des Aufspürens von »Hetz«-Schriften und -Postern, der Missachtung staatlicher Symbole wie Fahnen abreißen, beschmutzen oder verbrennen sowie der Tatbestände Widerstand und Rowdytum zu. Dementsprechend wurde der Abschnittsbevollmächtigte (ABV) über jede Einleitung einer Personenkontrolle bzw. über kriminelle Konzentrationspunkte zwecks Überwachung informiert. Eine Sonderstellung nahm das Kommissariat I (K I) ein. Der Leiter der Kriminalpolizei war verpflichtet, dem Leiter des K I alle Informationen aus den Beratungen der Leitungsgremien der Kreis-

ebene sowie zu personengebundenen Hinweisen der Leitung bekannt zu machen, so dass beide Leiter gemeinsam langfristige Strategien mit spezifisch politisch-ideologischem Akzent planen konnten. Dabei galt strikt Wahrung der Konspiration in der Ermittlungstätigkeit. So hatte der Stellvertreter des K-Leiters keinen Zugang zu Informationen des K I; bei Abwesenheit des Leiters waren der Volkspolizeikreisamt (VPKA)-Leiter oder der Kreisstellenleiter des MfS zu Rate zu ziehen. Dem Kommissariat VII (K VII) oblag die kontrollierende Zusammenarbeit mit der Ständigen Kommission für Volksbildung, Jugend und Sport, der FDJ, dem Kreisschulrat, der Abteilung Volksbildung, den Leitern der Jugendclubs sowie mit der Abteilung Inneres und dem Referat Jugendhilfe im Rahmen der Mobilisierung aller gesellschaftlichen Kräfte zur Beseitigung der Ursachen und Bedingungen der Jugendkriminalität. Ein weiterer Kampfauftrag lautete »Koordination der operativen Bekämpfung«. Demnach fand monatlich eine Koordinierungsberatung des Leiters vom K VII mit der Kreisdienststelle des MfS und dem speziellen Arbeitsgruppenleiter bzw. Mitarbeiter des Dezernats I statt. Vgl. Oberstleutnant der Kriminalpolizei Karl-Heinz Speckhardt und Alexander Kleefisch, »Zur Gestaltung und Verwirklichung einer wissenschaftlich-operativ wirksamen Arbeitsweise der Kriminalpolizei der Großstädte der DDR«, Dissertation der Hochschule der DVP, Halle 1972, BArch, DO 1/5.0/Nr. 215/1, S. 47–54.
9 Vgl. Lüdtke, Alf, »... den Menschen vergessen«? – oder: Das Maß der Sicherheit: Arbeiterverhalten der 1950er Jahre im Blick von MfS, SED, FDGB und staatlichen Leitungen, in: ders./Peter Becker (Hg.), Akten, Eingaben, Schaufenster: Die DDR und ihre Texte. Erkundungen zu Herrschaft und Alltag, Berlin 1997, S. 189–222, hier S. 195.
10 Vgl. Engelmann, Roger, Zum Quellenwert der Unterlagen des Ministeriums für Staatssicherheit, in: Klaus-Dietmar Henke/Roger Engelmann, Aktenlage: Die Bedeutung der Unterlagen des Staatssicherheitsdienstes für die Zeitgeschichtsforschung, Berlin 1995, S. 23–39, hier: S. 26, 39.

Die Sehnsucht im »Grauen Osten« nach den Sternen des »Goldenen Westens« 1956–1962
Das Scheitern der Jugendpolitik im Rahmen einer sozialistischen Nationalkultur

1 Vgl. Schulze, Edeltraud/Noack, Gert (Hg.), DDR-Jugend. Ein statistisches Handbuch, Institut für zeitgeschichtliche Jugendforschung e. V., Berlin 1995, S. 17.
2 Mählert, Ulrich/Stephan, Gerd-Rüdiger, Blaue Hemden – rote Fahnen: Die Geschichte der Freien Deutschen Jugend, Opladen 1996, S. 112.
3 Vgl. Skyba, Hoffnungsträger, a.a.O., S. 388–390.
4 Mählert/Stephan, Blaue Hemden, a.a.O., S. 136.
5 Vgl. Skyba, Hoffnungsträger, a.a.O., S. 417/418.
6 Vgl. Skyba, Hoffnungsträger, a.a.O., S. 410/412; Ahbe, Thomas/Hofmann, Michael, Es kann nur besser werden: Erinnerungen an die 50er Jahre in Sachsen, Leipzig 2001, S. 135.
7 Maase, Kaspar, Körper, Konsum, Genuss: Jugendkultur und mentaler Wandel, in: Aus Politik und Zeitgeschichte. Beilage zur Wochenzeitung Das Parlament, B 45, 2003, S. 10.
8 Gesetzesblätter I, 1958, Nr. 4, S. 38, zit. nach Penzel, Katrin, Studien zur Institutionalisierung von Rockmusik. DDR-Rockmusik im Gefüge der Institutionen des gesellschaftlichen Kulturbetriebes, Diss., Berlin (Ost) 1989, S. 87.
9 Rauhut, Michael, Beat in der Grauzone: DDR-Rock 1964 bis 1972. Politik und Alltag, Berlin 1993, S. 51.
10 Poiger, Uta G., Jazz, Rock and Rebels: Cold War Politics and American Culture in a divided Germany, Berkeley/London/Los Angeles 2000, S. 194.
11 Ulbricht, Walter, Fragen der Entwicklung der sozialistischen Literatur und Kunst, zit. nach Rauhut, Beat, a.a.O., S. 37, vgl. Poiger, Jazz, a.a.O., S. 195.
12 Vgl. Hofmann, Heinz Peter, Alles tanzte »Lipsi«, in: Musik und Gesellschaft, Jg. 9, Heft 2, Berlin (Ost) 1959, S. 5–7.
13 Vgl. Rauhut, Beat, a.a.O., S. 38–46; Penzel, Studien zur Institutionalisierung, a.a.O., S. 85–87; Wicke, Peter, Anatomie des Rock, Leipzig 1987, S. 157–161.
14 Vgl. Kraushaar, Wolfgang, Die Protest-Chronik 1949–1959. Eine illustrierte Geschichte von Bewegung, Widerstand und Utopie, Frankfurt a. M. 2000, S. 1269–1279, 1301, 2237, 2505; Grotum, Die Halbstarken, a.a.O., S. 200–208.

15 Zit. nach Rauhut, Beat, a.a.O., S. 31; Vgl. Poiger, Jazz, a.a.O., S. 193.
16 »Materialien über die Rolle der NATO-Kriegssender und des schwarzen Kanals«, zit. nach Rauhut, Beat, a.a.O., S. 58.
17 Vgl. ebd.; Mählert/Stephan, Blaue Hemden, a.a.O., S. 137–139; Ohse, Marc-Dietrich, Jugend nach dem Mauerbau: Anpassung, Protest und Eigensinn (DDR 1961–1974), Berlin 2003, S. 33; Wierling, Die Jugend als innerer Feind, a.a.O., S. 406/407.

Die Maßnahmen gegen das Rowdytum

1 Das politische Strafrecht wurde nach dem Zweiten Weltkrieg durch die Gesetze des Alliierten Kontrollrats in ganz Deutschland aufgehoben. Die Sowjetische Militäradministration für Deutschland (SMAD) führte in ihrer Zone die Tatbestände »Diversion« (Beschädigung gemeinnütziger öffentlicher Einrichtungen in konterrevolutionärer Absicht) und »Sabotage« (Nichterfüllung oder unzulängliche Erfüllung von Verpflichtungen zwecks Beeinträchtigung des Staatsapparats) unter Androhung der Todesstrafe ein. Die Verfassung der DDR von 1949 bestimmte in Art. 6: »Boykotthetze gegen demokratische Einrichtungen und Organisationen, Mordhetze gegen demokratische Politiker, Begründung von Glaubens-, Rassen-, Völkerhaß, militaristische Propaganda sowie Kriegshetze und alle sonstigen Handlungen, die sich gegen die Gleichberechtigung richten, sind Verbrechen im Sinne des Strafgesetzbuches«. Und: »Wer wegen Begehung dieser Verbrechen bestraft wird, kann weder im öffentlichen Dienst noch in leitenden Stellen im wirtschaftlichen und kulturellen Leben tätig sein. Er verliert das Recht, zu wählen und gewählt zu werden.« Die Strafgerichte der DDR stützten darauf ihre Spruchpraxis über regimekritische Äußerungen wie auch über Unternehmen zur Beseitigung der Staats- und Gesellschaftsordnung, staatsfeindliche Verbindungen, Spionage, Kontakte zu Westberliner Flüchtlingsstellen, Terrorhandlungen, Angriffe gegen Beamte oder Mitglieder gesellschaftlicher Organisationen und Beschädigung öffentlicher Sachen. Das »Gesetz zum Schutze des Friedens« vom 15.12.1950 enthielt wiederum Äußerungsdelikte wie Völker- und Rassenhetze, Propagierung von Angriffskriegen, Aggressionshandlungen, Militarismus und Imperialismus, Verwendung von Massenvernichtungsmitteln, Hetze gegen völkerrechtliche Vereinbarungen, Falschwerbung und Verächtlichmachung der Friedensbewegung. Das »Strafrechtsergänzungsgesetz« (StEG) vom 11.12.1957 führte für das politische Strafrecht elf Einzeltatbestände ein, die der Rechtsprechung nach Verfassungsart. 6 entsprachen: »Staatsverrat« (§ 13), Spionage, Nachrichtensammeln und Verbindung zu staatsfeindlichen Organisationen (§§ 14–16), Terrorhandlungen und Angriffe gegen örtliche Organe der Staatsmacht (§§ 17, 18), staatsgefährdende Propaganda und Hetze, Staatsverleumdung (§§ 19, 20), Verleiten zum Verlassen der DDR (§ 21), Diversion, Schädlingstätigkeit und Sabotage (§§ 22, 23). Das Strafgesetzbuch (StGB) von 1968 übernahm in dem Kapitel »Verbrechen gegen die Deutsche Demokratische Republik« im Wesentlichen die Vorschriften des StEG. Fluchtversuche aus der DDR wurden als »Ungesetzlicher Grenzübertritt« (§ 213) in den »Straftaten gegen die staatliche und öffentliche Ordnung« erfasst und mit Freiheitsstrafe bis zu acht Jahren bedroht. Im Paßgesetz von 1957 war Fluchtversuch unter Gefängnisstrafe bis zu drei Jahren gestellt.
Zitiert nach: Schroeder, Friedrich-Christian, Die Entwicklung des politischen Strafrechts, in: Im Namen des Volkes? Über die Justiz im Staat der SED. Wissenschaftlicher Begleitband zur Ausstellung des Bundesministeriums der Justiz, Leipzig 1996, S. 107–111.
2 Vgl. Bennewitz, Inge, Die Glatzkopfbande. Ein DEFA-Spielfilm und seine Hintergründe, in: Heiner Timmermann (Hg.), Deutsche Fragen: Von der Teilung zur Einheit. Dokumente und Schriften der Europäischen Akademie Otzenhausen e.V., Bd. 97, Berlin 2001, S. 335–351.
3 Die Glatzkopfbande, DEFA, 1963, Drehbuch: Carl Andriessen/Lothar Creutz/Richard Groschopp, vgl. VEB Progress Film Vertrieb (Hg.), Programm zum DEFA-Film »Die Glatzkopfbande«, Heft 16, 1963. Der Film wurde 1968 verboten.
4 Dem ersten Richter, der vor dem 13. August 1961 als Höchststrafmaß anderthalb Jahre ausgesprochen hatte, wurde die richterliche Zulassung entzogen. Neue Ermittlungen und Vernehmungen wurden angesetzt. Schließlich wurden Haftstrafen von vier bis acht Jahren ausgesprochen. Vgl. Bennewitz, Die Glatzkopfbande, a.a.O., S. 335–351.
5 Meldung vom 04.09.1961, StA-L, BDVP Leipzig, 24/1/420, S.5.
6 Ebd.; Lutz Jahoda begann seine Karriere als Entertainer Ende der 50er Jahre in Leipzig als Operetten-

sänger und als Schlagersänger im Rundfunktanzorchester der DDR. Mit »Bundesopa Conny« war der bundesdeutsche Kanzler Konrad Adenauer gemeint.
7   Ebd.
8   Schlußbericht, 08.10.1961, StA-L, BDVP Leipzig, 24/1/420, S. 13.
9   Ebd., S. 23.
10 Vgl. ebd., S. 46/47.
11 Ebd., S. 47. Hervorhebung im Bericht.
12 HVDVP, U, 12.03.1956, an die BDVP, Analyse des verbrecherischen Rowdytums, zit. nach Lindenberger, Thomas, Volkspolizei: Herrschaftspraxis und öffentliche Ordnung im SED-Staat 1952–1968, Zeithistorische Studien, Bd. 23, Köln/ Weimar/ Wien 2003, S. 368. Demgegenüber wurde die Bezeichnung »Rowdy« in den frühen 50ern unspezifisch als Synonym für den gewaltbereiten, häufig betrunkenen und ungehobelten Störer öffentlicher Ordnung verwendet. Vgl. ebd.
13 Amt für Jugendfragen, Entwurf des Berichtes für den Genossen Walter Ulbricht über Ursachen und Stand der Jugendkriminalität in der DDR und Vorschläge für Maßnahmen zur Senkung der Jugendkriminalität, 26.07.1955, BArch, DC 4/1401, unpaginiert.
14 HVDVP, U, 12.03.1956, an die BDVP, Analyse des verbrecherischen Rowdytums, zit. nach Lindenberger, Volkspolizei, a.a.O., S. 368.
15 Ebd., 1968 wurde dies als eigenständiger Tatbestand im neuen StGB festgehalten. Vgl. ebd.
16 Vgl. ebd.
17 Vgl. ebd., S. 369.
18 HVDVP, Januar 1960, Bericht über die Jugendkriminalität und das Rowdytum, SAPMO, Dy 30 IV 2/16-90, Bl. 53, zit. nach Lindenberger, Volkspolizei, a.a.O., S. 373.
19 HA K, 31.12.1957, zit. nach Lindenberger, Volkspolizei, a.a.O., S. 390, vgl. ebd.
20 BDVP Leipzig, Abt. K, 02.01.1959, betr. Beratung in der HVDVP über die Verbesserung der Bekämpfung des Rowdytums StA-L, BDVP Leipzig, 24/113.
21 Die Nationale Front war der von der SED kontrollierte Dachverband aller Parteien und Massenorganisationen (SED, LDPD, CDU, DbD, NDPD, DFD, FDJ, FDGB, Kulturbund, VdgB), mit Ausnahme kirchlicher Organisationen. Zweck war, die Parteien und Massenorganisationen auf die Politik der SED auszurichten.
22 Ebd., S. 390/391.
23 Vgl. ebd., S. 391.
24 Vgl. VPKA Leipzig, Abteilung K, 09.01.1958, Maßnahmen zur Bekämpfung des Rowdytums, StA-L, BDVP Leipzig 24/262, S. 123–127; BDVP Leipzig, Abt. K, Wann wurde begonnen sich ernsthaft mit dem Problem Jugendkriminalität und Rowdytum zu befassen, [ohne Datum, zu datieren auf 1960], StA-L, BDVP Leipzig, 24/113, S. 141–144.
25 BDVP Leipzig, U, 30.10.1958, Niederschrift über die Beratung über Fragen der Jugendkriminalität und des Rowdytums in der Stadt Leipzig, StA-L, BDVP Leipzig, 24/113, S. 86a–89a.
26 Redebeitrag Major Mittelstädt, ebd., S. 86a.
27 Vgl. ebd., S. 87a, 88a.
28 Redebeitrag Oberst Hoppe, ebd., S. 87a.
29 Redebeitrag Genosse Kampfrad, ebd., S. 87b.
30 Ebd.
31 Redebeitrag Genosse Wirth, ebd., S. 87b.
32 Redebeitrag Genosse Kampfrad, ebd., S. 88a.
33 Vgl. ebd., S. 88b/89a.
34 Als gesetzliche Grundlage für die Tätigkeit der Ordnungsgruppen reichte das Jedermannsrecht zum Eingreifen bei Störungen der öffentlichen Ordnung aus, selbstständige polizeiliche Befugnisse erhielten die Ordnungsgruppen nicht. Vgl. HVDVP, Politische Verwaltung, 24.12.1958, Vorlage für das Sekretariat des Zentralrates der FDJ, Vorschlag zur Bildung von FDJ-Brigaden zur Unterstützung der Volkspolizei, SAPMO, Dy 30 IV 2/12-81, Bl. 20–25., zit. nach Lindenberger, Volkspolizei, a.a.O., S. 376.
35 Vgl. BDVP-Leipzig, Abt. K, 1960, Der Kampf gegen die Jugendkriminalität im Bezirk Leipzig, StA-L, BDVP Leipzig 24/113, S. 213–242.

36 Amt für Jugendfragen, Bericht über die Teilnahme am Erfahrungsaustausch der Jugendstaatsanwälte bei der Obersten Staatsanwaltschaft der DDR in Berlin am 12.7.1960, BArch, DC 4/1401, unpaginiert.
37 Ministerium f. Volksbildung, Sektor Jugendhilfe, Minister Prof. Dr. Lemnitz, Bericht über die Teilnahme am Erfahrungsaustausch der Jugendstaatsanwälte, 08.08.1960, ebd., unpaginiert.
38 VPKA (Stellvertreter Operativ Major Bergt) an Ersten Sekretär der SED-Stadtleitung, Fritz Beier, 09.10.1959, Einschätzung des Rowdywesens in der Stadt Leipzig, bisherige und zukünftige Bekämpfung, StA-L, BDVP Leipzig, 24/262, S. 128a–130b; Leiter des VPKA Leipzig (Oberst Pfütze) an Bezirkschef (Oberst Hoppe), 19.07.1960, Rowdytum im Stadt- und Landkreis Leipzig, ebd., S. 134–140; VPKA Leipzig, Abt. K (Hauptmann Richter), 29.10.1960, Rowdytum im Stadt- und Landkreis Leipzig, ebd., S. 155–162.
39 Vgl. BDVP Leipzig, Analyse der Entwicklung der Jugendkriminalität im Bezirk Leipzig im I. Halbjahr 1962, StA-L, BDVP Leipzig., 24/1/420, S. 83.
40 Sozialistische Einheitspartei Deutschlands, Heiße Musik und Kalter Krieg, Schwerin 1960.
41 Vgl. »Meuternde Jugendliche erobern die Straßen und Plätze Leipzigs«.
42 »Sie nannten sich ›Wilde 13‹«, LVZ, 14.10.1960.

Meuternde Jugendliche erobern die Straßen und Plätze Leipzigs

1 »Entwicklung und Bekämpfung der Jugendkriminalität«, 1960, StA-L, BDVP Leipzig, 24/110, Schulungsmaterial, S. 157. Diese Quelle ist insofern von besonderem Wert, da sie einen Eindruck von dem Bild abweichender jugendlicher Verhaltensweisen gibt, das den angehenden Volkspolizisten in der Polizeischule vermittelt wurde und folglich ihre Berufspraxis maßgeblich prägte.
2 Ebd., S. 179. Unter das Halbstarkenproblem fielen ebenfalls die Rock 'n' Roller, die von den Sicherheitsorganen als Rowdys diskriminiert wurden.
3 Amt für Jugendfragen, Konzeption für die Abteilungsleiterberatung am 22.04.1958 zur Vorbereitung einer zentralen Konferenz über Jugendschutzarbeit, 21.04.1958, BArch, DC 4/1404, unpaginiert.
4 U, Niederschrift über die Beratung über Fragen der, a.a.O., Redebeitrag Major Mittelstädt, S. 86b.
5 1963 existierten im Bezirk Leipzig 110 Lichtspieltheater. Vgl. Interview mit Jürgen Gössel.
6 Vgl. Film, Programme und Spielzeiten sämtlicher Leipziger Lichtspieltheater, VEB Kreis-Lichtspielbetrieb Leipzig Stadt, 1960.
7 Vgl. Interviews mit Hans-Dieter Schmidt und Dieter Woellner.
8 BDVP Leipzig., Abt. K, Bekämpfung der Jugendkriminalität und des Rowdytums, 26.03.1960, StA-L, BDVP Leipzig 24/113, S. 145. Die Dokumentation geht zurück auf das Jahr 1956.
9 Ebd.
10 »Gerichtliches Rock'n-Roll-Nachspiel«, LVZ, 29.09.1957, S. 6. Die Namen wurden zum Persönlichkeitsschutz der Betroffenen geändert.
11 »Entwicklung und Bekämpfung der Jugendkriminalität«, a.a.O., S. 155.
12 Ebd., S. 157.
13 BDVP Leipzig, Abt. K, Der Kampf gegen die Jugendkriminalität im Bezirk Leipzig, Dezember 1960, StA-L, BDVP Leipzig 24/113, S. 218.
14 Ebd. S. 146.
15 Ebd., S. 218.
16 Vgl. Mittelstädt an Leiter des VPKA Leipzig, Einschätzung des Rowdytums im Bereich des VPKA Leipzig, 24.08.1960, StA-L, BDVP Leipzig, 24/262, S. 146; VPKA Leipzig, Abt. K, Hauptmann Richter, Rowdytum im Stadt- und Landkreis Leipzig, 29.10.1960, ebd. S. 157; VPKA Leipzig, Abt. K., Hauptmann Richter, Jahresanalyse 1960. Über das Rowdytum im Bereich des VPKA Leipzig, 14.12.1960, ebd., S. 174.
17 Vgl. Jugendkriminalität und Rowdytum, 1958, StA-L, BDVP Leipzig, 24/108, S. 96/97.
18 Bekämpfung der Jugendkriminalität und des Rowdytums, 26.03.1960, a.a.O., S. 147.
19 VPKA Leipzig, Abt. K., Hauptmann Richter, Jahresanalyse 1960, a.a.O., S. 174.
20 Vgl. Interview mit Klaus Renft; Renft, Klaus, Zwischen Liebe und Zorn. Die Autobiografie, Berlin 1997, S. 48.
21 Vgl. BDVP Leipzig., Abt. K, Bericht über die Entwicklung des Rowdytums und dessen Bekämpfung, 21.01.1960, StA-L, BDVP Leipzig 24/113, S. 150.
22 Bekämpfung der Jugendkriminalität und des Rowdytums, a.a.O., S. 148.

23 BDVP Leipzig, An die HVDVP, Stellvertreter Operativ, Bekämpfung der Jugendkriminalität und des Rowdytums, Bezug: PS Nr. 1464 der HVDVP – Stellvertreter Operativ – Gen. Oberst der VP Weidlich vom 11.03.1960, StA-L, BDVP Leipzig, 24/113, S. 164.
24 »Entwicklung und Bekämpfung der Jugendkriminalität«, a.a.O., Schulungsmaterial, S. 159. »Alo Koll« war der Name eines bekannten ostdeutschen Tanzorchesters im Big Band-Format.
25 Vgl. Kraushaar, Protest-Chronik, a.a.O., S. 2071, 2315. Fred Frohberg war ein bekannter Schlagersänger der DDR.
26 Vgl. ebd.; Bekämpfung der Jugendkriminalität und des Rowdytums, a.a.O., S. 147.
27 Ebd. S. 147.
28 Vgl. VPKA Leipzig, Referat K, Maßnahmen und Berichte zur Bekämpfung des Rowdytums 1958–1960, StA-L, BDVP Leipzig, 24/262, S. 123–200.
29 Stellvertreter Operativ an die HVDVP, Bekämpfung der Jugendkriminalität und des Rowdytums, 26.03.1960, a.a.O., S. 159.
30 Ebd.
31 Ebd.
32 Vgl. BDVP Leipzig, Dezernat AK, Jahresabschlußbericht 1961, 12.01.1962, StA-L, BDVP Leipzig, 24/1/396, S. 53.
33 Amt für Jugendfragen, Sozialistische Erziehung der Jugend, Jugendkriminalität und Rowdytum, BArch, DC 4/1401, unpaginiert.
34 Anklagekarte, Plakat, Größe: 1,15 x 0,9 cm [sic], welches von den Jugendlichen der Stadt Schmölln durch Ponitz getragen wurde, StA-L, BDVP Leipzig, 24/113, S. 91.
35 BDVP Leipzig, Abt. K, Bekämpfung der Jugendkriminalität und des Rowdytums, a.a.O., S. 151.
36 Ebd. In Wolfgang Kraushaars Protest-Chronik wurde der Fall fälschlicher Weise auf das Jahr 1956 zurückdatiert. Vgl. Kraushaar, Protest-Chronik, a.a.O., S. 1408.
37 Vgl. ebd.
38 Vgl. Institut für Strafrecht, Juristische Fakultät, Martin-Luther-Universität Halle-Wittenberg, an das Amt für Jugendfragen, Ministerium für Volksbildung, Einschätzung des Standes der sozialistischen Erziehung in den BBS, BS, in den privatkapitalistischen und halbstaatlichen Betrieben sowie in den Handelsbetrieben, den PGH und LPG, 03.11.1960, BArch, DC 4/1401, unpaginiert.
39 »Arbeiter dulden keine Kudamm-Manieren«, LVZ, 03.07.1958.
40 »Vogelscheuchen in der Petersstraße«, LVZ, 23.07.1958.
41 »Der Zwinger auf dem Hinterteil. Leserbriefe zu unserem Beitrag ›Vogelscheuchen in der Petersstraße‹«, LVZ, 30.07.1958.
42 »Keine Frage der Mode, sondern der Politik. Was steckt hinter den ‚Vogelscheuchen'?«, LVZ, 14.08.1958.

Zu Hause im wilden Osten: Lichtspieltheater »auf dem Broadway«
1 Interview mit Helga Jentzsch.
2 Interview mit Hans-Dieter Schmidt.
3 BDVP Leipzig, Abt. K, Bericht über die Presley- und 42er Bande, 10.12.1958, StA-L, BDVP Leipzig, 24/113, S. 90a.
4 Ebd., S. 90b.
5 Zit. nach Lindenberger, Volkspolizei, a.a.O., S. 389.
6 Vgl. BDVP Leipzig, Abt. K, Bekämpfung der Jugendkriminalität und des Rowdytums, a.a.O., S. 148.
7 Interview Marc-Dietrich Ohse mit Manfred Ulmer, zit. nach Ohse, Jugend, a.a.O., S. 59.
8 Vgl. Leiter des VPKA Leipzig an Bezirkschef, Rowdytum im Stadt- und Landkreis Leipzig, 19.07.1960, StA-L, BVDVP Leipzig, 24/262, S. 35.
9 Vgl. Leiter der Abteilung K, Kommissariat AK an Leiter des VPKA, Einschätzung des Rowdytums im Bereich des VPKA Leipzig, 24.08.1960, ebd., S. 146.

»Brennpunkt Clara-Zetkin-Park«
1 Renft, Zwischen Liebe und Zorn, a.a.O., S. 48.
2 Ebd., S. 50.
3 BDVP Leipzig, Abt. K, Stellungnahme zur Bekämpfung des Rowdytums – Brennpunkt »Klara-Zetkin-Park«. Bez. der gemeinsamen Direktive des Ministerium des Innern, des Ministers für Justiz und des Generalstaatsanwaltes der DDR, 24.08.1960, StA-L, BDVP Leipzig, 24/113, S. 167–175.
4 Ebd. S. 172.
5 Ebd. S. 169.
6 Vgl. ebd.
7 Ebd., S. 167.
8 Ebd. S. 175.
9 VPKA Leipzig (Stellvertreter Operativ Major Bergt) an Ersten Sekretär der SED-Stadtleitung, Fritz Beier, Einschätzung des Rowdywesens in der Stadt Leipzig, bisherige und zukünftige Bekämpfung, 09.10.1959, StA-L, BDVP Leipzig, 24/262, S. 129a, Hervorhebung Y. L.
10 Ebd.
11 Ebd.
12 Ebd., S. 219a–130a; VPKA Leipzig, Jahresanalyse 1960, Über das Rowdytum im Bereich des VPKA Leipzig, 14.12.1960, ebd., S. 175; vgl. »Rowdys in Haft genommen«, LVZ, 13.10.1959.
13 Amtsleiter VPKA Leipzig, An den Oberbürgermeister, Vorschlag zur Veränderung des gegenwärtigen Zustandes am Musik-Tanzplatz im Klara-Zetkin-Park, 14.08.1962, StA-L, BDVP Leipzig, 24/1/420, S. 91–93.
14 BDVP Leipzig, Analyse der Entwicklung der Jugendkriminalität im Bezirk Leipzig im I. Halbjahr 1962, StA-L, BDVP Leipzig, 24/1/420, S. 86.
15 Vgl. Lindenberger, Volkspolizei, a.a.O., S. 434f.

Rock 'n' Roll vom »Sender Freies Holzhausen«
1 Vgl. Interview mit Thomas Schiegl. Holzhausen wurde 2001 nach Leipzig eingemeindet.
2 BDVP Leipzig, Referat Nachrichten, Bericht über die Untersuchung des Sende- und Empfangsplatzes Eigenbau, 21.11.1959, BStU, MfS, BVS Leipzig, AU 165/60, S. 143.
3 Interview mit Thomas Schiegl. Der legendäre Titel von Bill Haley markiert allgemein den Beginn des weltweiten Siegeszuges des Rock 'n' Roll. Er stammt aus dem Jahre 1954 und hielt sich im Folgejahr acht Wochen lang auf Platz 1 der amerikanischen Hitparade und insgesamt 19 Wochen in den Charts. Vgl. Kraushaar, Protest-Chronik, a.a.O.
4 Interview mit T. Schiegl.
5 Ebd.
6 Interview mit D. Woellner.
7 Ebd.
8 Auch Thomas Schiegl, Ingolf Bauer, Helga Jentzsch, Karl-Heinz Däbritz und Wolfram Koschek können sich an »Tauchschern« erinnern. Dieses traditionelle Fest am ersten Septemberwochenende geht auf eine Leipziger Messelegende zurück: Da es den Lindenauer Bürgern untersagt war, an der Messe in der Innenstadt teilzunehmen, verkleideten sie sich einst als Afrikaner, Chinesen und andere Fremdländische. Weil es aber zu regnen begann, lief ihnen die Farbe von den Gesichtern, sie wurden entdeckt und von der Messe gejagt. Zu »Tauchschern« boten sich die Kinder benachbarter Stadtteile oder Straßenzüge symbolische Straßenkämpfe, wobei sie sich verkleideten und mit Holzschwertern »bekriegten«. Vgl. Interview mit K.-H. Däbritz; im Weiteren: Interviews mit T. Schiegl, I. Bauer, H. Jentzsch, W. Koschek.
9 Vgl. Interview mit D. Woellner.
10 Die rechtliche Grundlage bestand im Ausfuhrverbot für DDR-Währung. Ein gängiger Trick war, die Kleidung gleich anzuziehen und zu behaupten, sie als Geschenk erhalten zu haben.
11 Interview mit D. Woellner. Zum Kleidungsstil der Halbstarken vgl.: Ohse, Jugend, a.a.O., S. 55.; Ahbe/Hofmann, Es kann nur besser werden, a.a.O., S. 155.
12 Vernehmungsprotokoll D. Woellner (V.W. 1), 19.11./20.11.1959, BStU, MfS, BVS Leipzig, AU 165/60, S. 45.
13 Vgl. Interview mit D. Woellner.

14 Bei D. Woellner nach §318 StGB in Verbindung mit §57 Gesetz über das Post- und Fernmeldewesens, Ziffer 2 und 3, bei T. Schiegl in Verbindung mit §§ 1, 4 und 24 JGG ; vgl. Sachbestandsbericht, 30.11.1959, BStU, MfS, BVS Leipzig, AU 165/60, S. 34; Haftbeschluß D. Woellner, 20.11.1959, ebd., S. 12; Haftbeschluß T. Schiegl, 20.11.1959, ebd., S. 61.
15 Einlieferungsanzeige D. Woellner, 19.11.1959, ebd., S. 16/17; Einlieferungsanzeige T. Schiegl, 19.11.1959, ebd., S. 65/66.
16 Interview mit D. Woellner.
17 Sachbestandsbericht, a.a.O., S. 35.
18 Vgl. Interviews mit T. Schiegl und D. Woellner.
19 Die in den Protokollen zu den Vernehmungen innerhalb der ersten 24 Stunden nach der Festnahme aufgeführten Zeitangaben vermitteln einen Eindruck von der Verhörpraxis: T. Schiegls erstes Verhör begann um 14.30 Uhr und dauerte, mit kurzen Unterbrechungen, bis in die Morgenstunden des folgenden Tages, 1.30 Uhr, an. D. Woellner wurde von 17.30 bis 8.00 Uhr und dann noch einmal von 9.45 bis 12.30 Uhr verhört. Vgl. V.W. 1, a.a.O., S. 40–51; Vernehmungsprotokoll Schiegl (V.S. 1), 19.11.1959, BStU, MfS, BVS Leipzig, AU 165/60, S. 86–93. Die anderen Vernehmungen dauerten jeweils drei Stunden. Vgl. Vernehmungsprotokoll D. Woellner (V.W. 2), 21.11.1959, ebd., S. 54/55; Vernehmungsprotokoll T. Schiegl (V.S. 2), 21.11.1959, ebd., S. 94–96; Vernehmungsprotokoll T. Schiegl (V.S. 3), 28.11.1959, ebd., S. 98/99. Weitere Vernehmungen fanden zweifelsohne statt, der Verbleib der Protokolle ist jedoch ungeklärt. Vgl. Interviews mit D. Woellner und T. Schiegl.
20 Vgl. V.W. 1; V.S. 1; V.S. 3; Interview mit T. Schiegl.
21 Interview mit D. Woellner.
22 Vgl. ebd.; Interview mit T. Schiegl; Untersuchungsabteilung, Beschluß, 09.12.1959, BStU, MfS, BVS Leipzig, AU 165/60, S. 181–185.
23 Abschrift einer Aussprache zwischen Ortssekretär, Bürgermeister u. Vors. d. DFD, Einschätzung der Tätigkeit des illegal. Senders in Holzhausen, 03.12.1959, BStU, MfS, BVS Leipzig, AU 165/60, S. 178.
24 Vgl. Untersuchungsabteilung, Beschluß, a.a.O.
25 Vgl. Interview mit T. Schiegl.
26 Die Dokumente des Kreisgerichts waren nicht verfügbar. Im Interview gab D. Woellner an, am 21. September verhaftet worden zu sein. Laut Akten wurde er Anfang Dezember 1959 verhaftet. Wahrscheinlich wurde er am 21. September 1960 freigelassen, was sich mit der von ihm angegebenen Gesamthaftstrafe von zehn Monaten deckt. Vgl. Interview mit D. Woellner.

Erfolgreiche Regierungsmaßnahme?
1 BDVP Leipzig, Abt. K, Bericht über das erste Halbjahr 1961 des Dezernates AK, 11.07.1961, StA-L, BDVP Leipzig, 24/1/396, S. 8a.
2 BDVP Leipzig, Abt. K, Halbjahresbericht I/62, StA-L, BDVP Leipzig, 24/1/397, S. 104.
3 BDVP Leipzig, Dezernat AK, Jahresabschlußbericht 1961, 12.01.1962, StA-L, BDVP Leipzig, 24/1/396, S. 58.
4 BDVP Leipzig, Gemeinsame Analyse der Volkspolizei und Staatsanwaltschaft über den Stand der Jugendkriminalität im 2. Halbjahr 1962 im Bezirk Leipzig, 18.03.1963, StA-L, BDVP Leipzig, 24/1/420, S. 102–119.
5 Ebd., S. 103.
6 Vgl. ebd., S. 102; Die Jugendkriminalität wurde in der DDR in absoluten Fallzahlen gemessen. Im ersten Halbjahr 1962 wurden 582 straffällige Jugendliche ermittelt, im zweiten 470.
7 MfS, HA IX, Analyse über die Lage unter der Jugend, 04.11.1961, BStU, MfS, JHS Potsdam, Mikrofilmstelle, HFI 11845, S. 1.

Die Geschichte der Leipziger »Beatdemonstration« 1963–1965
Vertrauen versprechen und Misstrauen bewahren
1 Vgl. Wierling Dorothee, Geboren im Jahr Eins: Der Jahrgang 1949 in der DDR. Versuch einer Kollektivbiographie, Berlin 2002, S. 192.
2 Kommuniqué des Politbüros des Zentralkomitees der Sozialistischen Einheitspartei Deutschlands zu Prob-

lemen der Jugend in der Deutschen Demokratischen Republik, Der Jugend Vertrauen und Verantwortung, in: Zentralkomitee der Sozialistischen Einheitspartei Deutschlands (Hg.), Dokumente der Sozialistischen Einheitspartei Deutschlands: Beschlüsse und Erklärungen des Zentalkomitees sowie seines Politbüros und seines Sekretariats, Bd. IX, Berlin 1965, S. 679–706; vgl. Mählert/Stephan: Blaue Hemden, a.a.O., S. 150–163.
3 Ebd., S. 691.
4 Der Jugend Vertrauen und Verantwortung, a.a.O., S. 603.
5 Vgl. Rauhut, Beat, a.a.O., S. 78; Kaiser, Monika, Machtwechsel von Ulbricht zu Honecker. Funktionsmechanismen der SED-Diktatur in Konfliktsituationen 1962 bis 1972, Berlin 1997, S. 159. Tatsächlich kennzeichnete das Jugendgesetz wiederum eine konservative Haltung, im Mittelpunkt standen die ideologische Basis und Organisationsfragen, während Kultur und Freizeit nur am Rande Erwähnung fanden. Vgl. Auszug in: Mählert/Stephan: Blaue Hemden, a.a.O., S. 160.
6 Vgl. Rauhut, Michael, DDR-Beatmusik zwischen Engagement und Repression, in: Günter Agde (Hg.), Kahlschlag: Das 11. Plenum des ZK der SED 1965. Studien und Dokumente, Berlin 2000, S. 125–127.
7 Dazu gehörten u. a. Kurt Hager, Inge Lange, Alfred Kurella, Paul Fröhlich, Paul Verner, Willi Stoph, Günther Mittag, Margot Honecker und Hanna Wolf.
8 Vgl. Kaiser, Machtwechsel, a.a.O., S. 167–172.
9 Beschluß des Sekretariats des ZK vom 11.10.1965, Zu einigen Fragen der Jugendarbeit und dem Auftreten der Rowdygruppen, BArch, DY 30/JIV2/3/1118; vgl. Die Lesemappe [zum 11. Plenum], in: Agde (Hg.), Kahlschlag, a.a.O., S. 228/229.
10 Ebd., S. 229; vgl. Verordnung über Aufenthaltsbeschränkung, 24.08.1961, § 3/2: »Gegen arbeitsscheue Personen kann auf Verlangen der örtlichen Organe der Staatsmacht durch Urteil des Kreisgerichts Arbeitserziehung angeordnet werden.«, in: Regierungskanzlei der Deutschen Demokratischen Republik, Gesetzesblätter der Deutschen Demokratischen Republik, Teil 2, 25.08.1961, Berlin 1961, S. 343.
11 Vgl. Kaiser: Machtwechsel, a.a.O., S. 177/178.

Beatlemania in Leipzig
1 Vgl. VPKA Leipzig, VP-Revier Südost, Einschätzung der Lage betr. Konzentrationspunkte und Gruppierungen von Jugendlichen, 05.11.1964, StA-L, SED-BL Leipzig, IV A-5/01/247, S. 142–145; Rauhut, Beat, a.a.O., S. 50–52, 97–103.
2 Abt. Erlaubniswesen, Einschätzung der Lage in den Gaststätten nach dem Stand vom 31.10.1967, 10.11.1967, StA-L, BDVP Leipzig, 24/1/604, S. 18–20.
3 Ständige Kommission für Jugendfragen des Bezirkstages Leipzig, »Dem Missbrauch der Jugend keinen Raum!«, LVZ, 20.10.1965. Alle folgenden Zitate aus diesem Artikel.
4 Vgl. Rauhut, Beat, a.a.O., S. 126-128.
5 Stabschef BDVP Leipzig, Ergänzung zur mündlichen Information über die Gitarrengruppen, 02.11.1965, StA-L, BDVP Leipzig 24/1/236, S. 133–135; vgl. Kabinett für Kulturarbeit der Stadt Leipzig, »Aufforderung an die Laientanzkapellen der Stadt Leipzig«, LVZ, 28.10.1965; Laut Michael Rauhut bekamen von 56 nur fünf Gruppen eine neue Lizenz. Vgl. Rauhut: Beat, a.a.O., S. 140.
6 S 1 – 1/65: Monatsbericht über die Tätigkeit der Schutzpolizei im September 1965, 07.10.1965, HPbPB, S. 4/5.
7 Ebd., S. 2.
8 Ebd., S. 5.
9 »Die Schlacht in der Waldbühne«, ND, 17.09.1965.
10 »Pinscher, Index und Banausen. Zu Problemen der Westdeutschen Kulturpolitik«, LVZ, 13.10.1965. Die Bezugnahme auf die damalige Bücherverbrennung einer ›christlichen‹ Sekte in Düsseldorf hatte mit den ›Rolling Stones‹ nichts zu tun.
11 »Dem Missbrauch der Jugend keinen Raum!«, a.a.O.
12 Es finden sich viele Stimmen von Jugendlichen, die für eine differenzierte Sicht auf die Gitarrenmusik plädieren und sich gleichzeitig von Ausschreitungen distanzieren. Vgl. StA-L, SED-BL Leipzig, IV A 2/9/02/365, unpaginiert.

13 VPKA Leipzig, Abt. K III/2 KFZ, Information betr. Vorkommnis auf dem Karl-Marx-Platz am 10.10.1965 und Verbrennung von einer Zeitung der LVZ, 27.10.1965, BStU, MfS, BVS, HA, operatives Material der VP, S. 27. Diese Information verdeutlicht, wie emsig die Beamten der Volkspolizei zum Teil auch außerhalb ihrer Dienstzeit fahndeten. Zugleich illustriert diese Quelle das Ausmaß der Überwachung und die Gefahr von »Klatsch« in einer staatlich überwachten Gesellschaft. So informierte ein Polizist das MfS über ein Ereignis, das er von seiner Frau, welche es von ihrer Arbeitskollegin, die es wiederum von ihrer Tochter, welche es schließlich in der Schule erfahren hatte!
14 BDVP Leipzig an Minister des Innern, Chef der DVP, Berlin, Gammlertum und Beat-Gruppen – FS v. 26.10.1965, StA-L, BDVP Leipzig, 2265, S. 2/3.
15 Operativstab, AIG, Reaktionen zu Problemen des Beschlusses des Sekretariats des ZK der SED vom 11.10.1965 (Zeitraum: 30.10., 5.00 Uhr – 31.10.1965, 8.00 Uhr), BStU, MfS, BVS Leipzig, Ltg. 687, S. 60.
16 SED-BL Leipzig, Abteilung Schulen, Fach- und Hochschulen, Information, 18.11.1965, StA-L, SED-BL Leipzig, IV A-2/16/464, unpaginiert.
17 VPKA Leipzig Abt. K, K I/2, Sachbestandsbericht, 26.10.1965, BStU, MfS, BVS Leipzig, AOG 129/69 (I), KA »Beat«, S. 12.; Vgl. [Lage-]Film über Flugblätter, 25.10. – 2.11.1965, ebd., S. 163.
18 [Lage-]Film über Flugblätter, 25.10. – 2.11.1965, a.a.O., vgl. ebd.
19 Ebd., S. 164.
20 Ebd., S. 164.
21 Vgl. Befragungsprotokolle, 29.10.1965, ebd., S. 47–66.
22 Vgl. ebd.; ZAIG, Einzelinformation über erste Ergebnisse gegen die wegen Beteiligung an der Zusammenrottung in Leipzig festgenommenen Jugendlichen, 01.11.1965, BStU, MfS, BVS Leipzig, ZAIG 1129, S. 6.

Die Akte »Beat«
1 Zur Tätigkeit des K I siehe Einleitung, Anm. 8, Seite XXX
2 VPKA Leipzig Abt. K, K I/2, Beschluß der KA »Beat«, 26.10.1965, BStU, MfS, BVS Leipzig, AOG 129/69 (I), KA »Beat«, S. 9.
3 Vgl. Abschlussbericht des Leiters des K I zur KA »Beat«, ebd. (o.D., letzte Meldung in der Akte vom 15.12.1965), S. 175–178.
4 Operativstab, AIG, Reaktionen zu Problemen des Beschlusses des Sekretariats des ZK der SED vom 11.10.1965 (Zeitraum: 30.10., 5.00 Uhr – 31.10.1965, 8.00 Uhr), BStU, MfS, BVS Leipzig, Ltg. 687, S. 53.
5 Ebd.
6 Ebd., S. 58.
7 VPKA Leipzig, Abt. K, K I/2, Beschluß der Zentralen Kriminalakte »Spieler«, 19.3.1965, BStU, MfS, BVS Leipzig, A09 1822/68, ZKA »Spieler«, S. 11.
8 Ebd.
9 VPKA Leipzig, Abt. K Operativ, Operativer Maßnahmeplan zur ZKA »Spieler«, 19.03.1965, ebd. S. 39–41.
10 Vgl. VPKA Leipzig, Abt. K, K I/2, Bericht, 05.03.1965, ebd., S. 13–28.
11 Vgl. ebd.; VPKA Leipzig, Abt. K Operativ, Bericht, Einschätzung der Laienkapelle »The Butlers«, 08.09.1964, ebd., S. 33–38; Seit Juli 1965 bestand zudem eine Kriminalakte zu Ermittlungen gegen den Bandmanager der »Butlers«, der einen so genannten Schallplattenring unterhielt, vgl. S. XXX
12 Dezernat I, Information betr. »Veranstaltung des Filmclubs ›Kino der Jugend‹ unter Mitwirkung der Laienkapelle ›The Butlers‹«, 07.09.1965, BStU, MfS, BVS Leipzig, AOG 129/69 (II), KA »Manager«, S. 70/71.
13 SED-BL Leipzig – FS 43, An das ZK der SED, Sektor Parteiinformation und Sektor Jugend, 13.10.1965, StA-L, SED-BL Leipzig, IV/A-2/16/464.

Räumketten auf dem Wilhelm-Leuschner-Platz
1 »Wer ist denn gegen Gitarrenmusik?«, LVZ, 30.10.1965.
2 Es standen zwei Kompanien der VP-Schule, sieben Funkstreifenwagen, zwölf Motorradstreifen, neun Diensthundestreifen und zwei Schnellkommandos mit Diensthund sowie vier Züge der 5. und 21. Bereitschaftspolizei mit jeweils einem Wasserwerfer zur Verfügung. Vgl. BDVP Leipzig, Fernschreiben an Minister des Innern, 30.10.1965, StA-L, BDVP 24/1/236, S. 126; Tabellarische Kräfteübersicht, VPKA Leipzig, 31.10.1965,

ebd., S. 147. Zu den einzelnen eingeleiteten Maßnahmen vgl. Lagefilm des Stabes, ebd., S. 1–124; vgl. ZAIG, »eine Zusammenrottung von Jugendlichen in Leipzig am 31.10.1965«, 01.11.1965, BStU, MfS, BVS Leipzig, ZAIG 1129, S. 1–8. Dieser Bericht wurde gesandt an: Walter Ulbricht, Erich Honecker (Mitglied des Politbüros, Sekretär des ZK der SED, verantwortlich für Sicherheitsfragen, Kaderfragen und »Leitende Parteiorganisation«), Willi Stoph (Mitglied des Politbüros, Vorsitzender des Ministerrats und Mitglied des Staatsrats), Albert Norden (Mitglied und Sekretär des ZK der SED, Leiter der Agitations-Kommission beim Politbüro des ZK der SED), Kurt Hager (Mitglied des Politbüros und Leiter der Ideologischen Kommission beim Politbüro), Paul Verner (Mitglied des Politbüros, 1. Sekretär der SED-Bezirksleitung Berlin), Paul Fröhlich (Mitglied des Politbüros, 1. Sekretär der SED-Bezirksleitung Leipzig), Horst Schumann (Mitglied des ZK der SED, 1. Sekretär des Zentralrats der FDJ), Friedrich Dickel (Minister des Innern und Chef der Deutschen Volkspolizei), Walter Borning (Leiter der Abteilung des Zentralkomitees für Sicherheitsfragen), Hilde Benjamin (Mitglied des ZK der SED, Ministerin für Justiz), Werner Schröder (Leiter der Hauptabteilung XX im Ministerium für Staatssicherheit, verantwortlich für Staatsapparat, Kultur, Kirchen und Untergrund) und Günter Halle (Leiter der Abteilung Agitation des Ministeriums für Staatssicherheit).

3 Vgl. Lagefilm des Stabes der BDVP, 28.10. – 07.11.1965, StA-L, BDVP Leipzig 24/1/236. S. 5.
4 ZAIG, »eine Zusammenrottung von Jugendlichen in Leipzig am 31.10.1965«, a.a.O.
5 SED-Bezirksleitung Leipzig, Abt. Parteiorgane, Information zu den gestrigen Vorfällen in der Stadt Leipzig, StA-L, SED-BL Leipzig, IV A-2/16/464, unpaginiert. Im Hinblick auf das am Nachmittag stattfindende Länderspiel und ausschließlich dazu angereiste Fußballfans müssen die Zahlenangaben mit Vorbehalt aufgenommen werden.
6 BDVP Leipzig, Abt. K, Berichterstattung über kriminelle und gefährdete Gruppierungen Jugendlicher im Bezirk Leipzig (Berichtszeitraum 01.01.1965 – 31.12.1965), StA-L BDVP Leipzig, Vorlage Nr. 2265, unpaginiert.
7 Vgl. ZAIG, »eine Zusammenrottung von Jugendlichen in Leipzig am 31.10.1965«, a.a.O., S. 3.
8 Vgl. Wede, Jürgen, Erinnerungen eines Betroffenen, in: Rauhut, Beat, a.a.O., S. 151–155; Wierling, Dorothee, Der Staat, die Jugend und der Westen. Texte zu Konflikten der 1960er Jahre, in: Lüdtke/Becker, Akten, a.a.O., S. 223–240, hier S. 231–134; Literarische bzw. autobiografische Darstellungen: Lange, Bernd-Lutz, Mauer, Jeans und Prager Frühling, Leipzig 2003, S. 119–125; Renft, Klaus, Zwischen Liebe und Zorn, a.a.O., S. 68–74; Geißler, Gert, Landfriedensbrecher: Eine zeitweilige Festnahme am 31. Oktober 1965 in Leipzig, in: Deutsche Lehrerzeitung, 44, 1997, S. 10–11; Loest, Erich, Es geht seinen Gang, Halle/Leipzig 1977.
9 Interview mit Wolfram Koschek.
10 Vgl. ebd.; Funksprüche, StA-L, BDVP Leipzig 24/1/236.
11 Interview mit W. Koschek.
12 Interview mit Karl-Heinz Däbritz. Es muss offen bleiben, ob die Jugendlichen tatsächlich dieser Situation ausgesetzt waren. Auf wiederholte Nachfrage, ob sie drei ganze Tage dort hatten ausharren müssen, bestätigte K.-H. Däbritz die Aussage erneut.
13 Vgl. ebd.
14 Bericht über das eingesetzte Sonderkommando Regis vom 1. bis 19. November 1965, StA-L, BDVP Leipzig 24/1/929.
15 Vgl. Interview mit K.-H. Däbritz.
16 Vgl. ZAIG, »Weitere Ergebnisse gegen die wegen Beteiligung an der Zusammenrottung in Leipzig festgenommenen Jugendlichen«, 02.11.1965, BStU, MfS, BVS Leipzig, ZAIG 1129, S. 10.
17 Vgl. ZAIG, »Einzelinformation über erste Ergebnisse gegen die wegen Beteiligung an der Zusammenrottung in Leipzig festgenommenen Jugendlichen«, a.a.O., S. 6.
18 Vgl. Oberstes Gericht der DDR, Bericht über die Untersuchungen zur Gruppenkriminalität junger Menschen in den Bezirken Leipzig und Rostock, 07.02.1966 (Berichtszeitraum: 01.05.1965 – 07.02.1966), darin Abschnitt: Zur Leitungstätigkeit des Bezirksgerichts Leipzig im Zsh. mit den Ereignissen am 31.10.65, BArch, DC 4/978, unpaginiert.
19 Vgl. ebd.; ZAIG, »Weitere Ergebnisse gegen die wegen Beteiligung an der Zusammenrottung in Leipzig festgenommenen Jugendlichen«, a.a.O., S. 10. Daraus geht hervor, dass bis zum 2. November lediglich gegen 101 Jugendliche wegen Auflauf § 116 StGB ein Vermittlungsverfahren eingeleitet worden ist und davon

96 Personen zur Arbeitserziehung in den Braunkohletagebau Regis-Breitingen eingewiesen wurden, S. 6. Laut Information der SED-Bezirksleitung wurden 267 Personen verhaftet. Vgl. SED-Bezirksleitung Leipzig, Abt. Parteiorgane: Information zu den gestrigen Vorfällen in der Stadt Leipzig, a.a.O.
20 Laut Statistik des Obersten Gerichts der DDR fielen die einzelnen Strafmaße wie folgt aus: In: Oberstes Gericht der DDR, Bericht über die Untersuchungen zur Gruppenkriminalität junger Menschen in den Bezirken Leipzig und Rostock, a.a.O., unpaginiert

Strafmaß	Personen
In Untersuchungshaft insgesamt	279
Straffrei	117
Strafen ohne Freiheitsentzug	8
Bis zu 3 Wochen Arbeitserziehung	139
Heimerziehung	7
3 bis 6 Monate Freiheitsentzug	4
6 bis 12 Monate Freiheitsentzug	2
Über ein Jahr Freiheitsentzug	2
Strafverfolgung insgesamt	162

21 Vgl. ebd.
22 »Ruhestörern und Rowdies das Handwerk gelegt«, LVZ, 01.11.1965.
23 Vgl. »›The Beatles‹, Ledernacken, Aggression. Noch einmal zum Thema ›Dem Mißbrauch der Jugend keinen Raum‹«, LVZ, 09.11.1965. Zur Gegendarstellung: Rauhut, Beat, a.a.O., S. 149.
24 »Für Ordnung und Sauberkeit. Prozeß gegen junge Aufrührer auf der Leipziger Kleinmesse«, LVZ, 24.10.1965; »Wer ist denn gegen Gitarrenmusik?«, LVZ, 30.10.1965; »Für Ordnung und Sauberkeit«, LVZ, 06.11.1965.
25 StA-L, BDVP Leipzig 2266, unpaginiert.
26 Ebd.
27 [Lage-]Film über Flugblätter, 25.10. – 02.11.1965, BStU, MfS, BVS Leipzig, AOG 129/69 (I), KA »Beat«, S. 133/134, 165.
28 StA-L, BDVP Leipzig 2266, unpaginiert.
29 Ebd.
30 ZAIG, »Weitere Ergebnisse zur Aufklärung der Vorkommnisse in Leipzig«, 09.11.1965., a.a.O., S. 15.
31 Ebd.
32 Einlieferungsanzeige Peter Washeim, 06.11.1965, BStU, MfS, BVS Leipzig, AU 252/6, S. 6/7; Einlieferungsanzeige Kurt Richter, 06.11.1965, ebd., S. 46. Aus personenrechtlichen Gründen wurden die Namen der neben P. Washeim Beteiligten geändert.
33 Interview Bernd Lindner und Uwe Schwabe mit Peter Washeim; vgl. Vernehmungsprotokoll Peter Washeim (V.W. 1), 06.11.1965, BStU, MfS, BVS Leipzig, AU 252/66, S. 36.
34 V.W. 1, S. 37. Gemeint waren Auseinandersetzungen zwischen Beatfans und der VP nach einem Konzert auf dem Karl-Marx-Platz anlässlich der Volkswahlen. Vgl. BDVP Leipzig, Einschätzung auf dem Gebiet der Jugendkriminalität, der Beat-Gruppen, des Gammler- und des Arbeitsbummelantentums, StA-L, BDVP Leipzig, Nr. 2265, unpaginiert; vgl. Anm. 33.
35 V.W. 1, S. 26.
36 Vgl. Vernehmungsprotokoll Andreas, 06.11.1965, BStU, MfS, BVS Leipzig, AU 252/66, S. 106–110.
37 Vernehmungsprotokoll Kurt Richter (V.R.), 06.11.1965, ebd., S. 66.
38 Ebd., S. 68.

39 Ebd., S. 69.
40 Ebd., S. 69; vgl. V.W. 1, S. 42.
41 Interview Lindner/Schwabe mit P. Washeim.
42 Vgl. V.R, S. 70/71; Vernehmungsprotokoll P. Washeim, 12.11.1965, BStU, MfS, BVS Leipzig, AU 252/66, S. 41/42.
43 V.W. 1, S. 21.
44 Interview Lindner/Schwabe mit P. Washeim.
45 Vgl. Urteil der Jugendstrafkammer des Kreisgerichts Leipzig Land, 18.12.1965, BStU, MfS, BVS Leipzig, AU 252/66, S. 248–262.

Gedenken an den »Beat-Aufstand«

1 Vgl. Leiter der BVS Leipzig, Befehl Nr. 224/66. Zur Verhinderung von Ausschreitungen, Zusammenrottungen und Provokationen sogenannter Beat-Anhänger und anderer labiler Jugendlicher in Leipzig am 30. bzw. 31. Oktober 1966, 25.10.1966, BStU, MfS, BVS Leipzig, Ltg. 1717.
2 Vgl. HA IX 1038, 03.11.1966, Bericht über beabsichtigte Provokationen von jugendlichen Personen am 30. und 31. Oktober 1966 in Leipzig, BStU, MfS, BVS Leipzig, HA IX 1038, S. 17–23.
3 Vgl. Lob und Dankschreiben für die Mitarbeiter (u.a. aus Gera, KMS, Halle) der Aktion »Tanne« zur Niederschlagung des Aufstands, BStU, MfS, BVS Leipzig, Ltg. 764/03, 08.11.1966.
4 Flugblätter, BStU, MfS, BVS Leipzig, AU 367/67 UV (2), Band II, S. 194–198.
5 Vgl. Telegramm, 07.12.1966, BStU, MfS, BVS Leipzig, AU 367/67 UV (1), S. 14.
6 Vernehmungsprotokoll »B«, 12.12.1966, BStU, MfS, BVS Leipzig, AU 367/67 UV (2), S. 46; vgl. Einlieferungsanzeige »B«, 07.12.1966, ebd., S. 12.
7 Vernehmungsprotokoll »B«, 19.12.1966, AU 367/67 UV (1), S. 15–17, 23; Vernehmungsprotokoll eines zweiten Jugendlichen (geb. 1950), 09.12.1966, ebd, S. 35.
8 Kreisgericht Leipzig, Vernehmungsprotokoll »B«, 07.12.1966, ebd, S. 41.
9 Vgl. Abschlußbericht, 19.12.1966, BStU, MfS, BVS Leipzig AU 367/67, S. 3–26; ausführlich über die weitere Entwicklung der Szene im Umkreis der »Coppi«- und »Golipa«-Lichtspiele seit Anfang 1967 informiert die Akte BStU, MfS, BVS Leipzig, AOG 1662/67, EV »Nachtrag«.
10 Leitung BVS Leipzig, Geplante Zusammenrottung von Jugendlichen am 18.12.1966 auf dem Karl-Marx-Platz, BStU, MfS, BVS Leipzig, Ltg. 402, S. 11, vgl. ebd., S. 1/2, 14.

Der Kampf gegen das »Gammlertum« in Leipzig 1965–1968
Der erneute Sieg der Hardliner

1 Vgl. Kaiser, Machtwechsel, S. 208–214.
2 Erich Honecker instrumentalisierte die Jugend, um seine eigenen Interessen in der Machtkonstellation des ZK durchzusetzen. Er sah das uneingeschränkte Machtmonopol der SED durch Ulbrichts Liberalisierungstendenzen gefährdet. Da er die eigentlichen Verantwortlichen nicht direkt angreifen konnte, mussten die Jugend- und Kulturpolitik als Sündenböcke herhalten.
3 Walter Ulbricht: An die 1. Sekretäre der Bezirksleitung der SED, 02.11.1965, in: Agde, Kahlschlag, a.a.O., S. 221/222, hier S. 221.
4 Stenografisches Protokoll der 11. Tagung, Bericht des Politbüros, Berichterstatter Erich Honecker. Auszüge, ebd., S. 238–251, hier: S. 249.
5 Ebd., S. 242.
6 Ebd., S. 247.
7 Ebd.
8 Ebd.
9 SED-PB, Bericht, 15.12.1965, SAPMO-BArch, DY/30/IV 2/1/336, Auszüge, in: Ohse, Jugend, a.a.O., S. 105/106.
10 Walter Ulbricht, Diskussionsbeitrag, 16.12.1965, SAPMO-Barch, DY/30/IV 2/1/337, zit. nach Rauhut, Beat, a.a.O., S. 162.
11 Stenografisches Protokoll der 11. Tagung des ZK, zit. nach Kaiser, Machtwechsel, a.a.O., S. 210/211.

12 Ebd., S. 211.
13 Ministerrat der DDR, MfS, Der Minister, DA 4/66, Zur politisch-operativen Bekämpfung der politisch-ideologischen Diversion und Untergrundtätigkeit unter jugendlichen Personenkreisen in der DDR, 15.05.1966, BStU, MfS, BVS Leipzig, Ltg. 01017/01, Nichtstrukturelle Arbeitsgruppe Jugend, S. 2–29; siehe auch Ministerrat der DDR, MfS, Der Minister, Befehl Nr. 11/66, Zur politisch-operativen Bekämpfung der politisch-ideologischen Diversion und Untergrundtätigkeit unter jugendlichen Personenkreisen in der DDR, 15.05.1966, ebd., S. 30–34.
14 BVS Leipzig, Stellvertreter Operativ, Major Pommer, Maßnahmeplan zur politisch-operativen Bekämpfung der politisch-ideologischen Diversion und Untergrundtätigkeit unter jugendlichen Personen im Bezirk Leipzig, 27.06.1966, ebd., S. 35–41.
15 Auf Republikebene stieg die Anzahl der registrierten »kriminellen Gruppierungen« von 430 im Jahr 1964 auf 1.988 Gruppen im Jahr 1965. Vgl. Rauhut, Beat, a.a.O., S. 125; Kaiser, Machtwechsel, a.a.O., S. 167–192; Lindenberger, Volkspolizei, a.a.O., S. 411–419.
16 Ministerium des Innern, HA K, Bericht über das Auftreten von kriminellen und gefährdeten Gruppierungen Jugendlicher in der DDR im Jahre 1965, 27.06.1966, BArch, DC 4/869, unpaginiert.
17 Ebd., S. 4 des Berichts.
18 Ebd., S. 5 des Berichts.
19 Vgl. ebd.; BDVP Leipzig, Abt. K, Berichterstattung über kriminelle und gefährdete Gruppierungen Jugendlicher im Bezirk Leipzig, a.a.O.
20 Ebd. Die Berichte in der Akte wurden gesammelt in der Kategorie »Jugendkriminalität insb. ›Gammlertum‹ und Beat-Gruppen in Leipzig«, 1965–1970. Der erste Eintrag läuft parallel zu den Ermittlungen zur Beatdemo. Vgl. BDVP Leipzig an Minister des Innern, Chef der DVP, Berlin, Gammlertum und Beat-Gruppen – FS v. 26.10.65, 26.10.1965, StA-L, BDVP Leipzig 2265, unpaginiert.
21 Oberstes Gericht der DDR, Bericht über die Untersuchungen zur Gruppenkriminalität junger Menschen in den Bezirken Leipzig und Rostock, 07.02.1966, a.a.O.
22 Dr. Hennig, Entwurf eines Rahmenprogramms zur Forschung über »kriminelle Gruppen Ju. (14–25) in der DDR«, Jena, 20.11.1965, BArch DC 4/808, unpaginiert. Hervorhebungen Y.L.
23 BDVP Leipzig, Abt. K, Dezernat III, Einschätzung auf dem Gebiet der Jugendkriminalität, der Beat-Gruppen, des Gammler- und Arbeitsbummelantentums, 28.10.1965, BDVP Leipzig 2265, unpaginiert.
24 Vgl. »Die Amateur-Gammler von Max Stiller«, ND, 17.10.1965; »Kamm drüber: Die Harlekine von Lichtenberg«, Eulenspiegel, Nr. 42, Oktober 1965; »Eine Lektion für den Leitgammler«, Junge Welt, Jg. 19, Nr. 250 A, 23/24.10.1965.

»Immergrün« und schwarze Scheiben

1 KD Leipzig-Stadt, Sachbestandsbericht IM »Thomas«, 16.03.1966, BStU, MfS, BVS Leipzig, AIM 1318/76, S. 47.
2 Interview mit W. Koschek.
3 Interview mit K.-H. Däbritz.
4 Zeitlich lässt sich zwischen den Rock 'n' Roll-Meuten von 1957 bis 1962 und den Beatmeuten ab 1963 unterscheiden. So erinnert sich ein ehemaliger Beatfan in einem Brief von 1992 an seine Zeit in der »Auensee-Meute II«. Vgl. Wierling, Geboren, a.a.O., S. 229.
5 Interview mit K.-H. Däbritz.
6 Vgl. VPKA Leipzig, Abt. K Operativ, Protokoll, 02.10.1964, BStU, MfS, BVS Leipzig, A09, 1822/68, ZKA »Spieler«, S. 118/119.
7 Interview mit I. Bauer.
8 Vgl. Interview mit Ralf Hellriegel.
9 Anstalt zur Wahrung der Aufführungsrechte auf dem Gebiet der Musik in der DDR.
10 Vgl. Interview mit I. Bauer.
11 Vgl. Interview mit Ralf Hellriegel.
12 VPKA Leipzig, Abt. K, K I/2, Bericht, 05.03.1965, BStU, MfS, BVS Leipzig, A09 1822/68, ZKA »Spieler«, S. 13–28.

13 Interview mit H.-D. Schmidt.
14 Seit der zweiten Hälfte der 60er konnten Warensendungen mit dem Zusatz »Fortschrittliches Gegenwartsschaffen« oder »Kulturerbe« in der DDR postalisch empfangen werden, sofern die Bundesrepublik weder Absender- noch Herstellerland war. Vgl. Gespräch mit Manfred Klotz.
15 Vgl. Interview mit H.-D. Schmidt.
16 Vgl. Rauhut, Beat, S. 49/50.
17 Vgl. Gespräch mit M. Klotz; vgl. BStU, MfS, BVS Leipzig, AOG 129/69 (II), KA »Manager«.
18 Vgl. Beschluß über die Einleitung des Ermittlungsverfahrens »Manager«, 30.07.1965, ebd. S. 8.
19 Maßnahmeplan zum VOV »Manager«, 30.07.1965, BStU, MfS, BVS Leipzig, AOP 784/72, S. 29; vgl. ebd., S. 315.
20 Vgl. VPKA Leipzig, Abt. K, K I, Befragungsprotokoll, 25.10.1965, BStU, MfS, BVS Leipzig, AOG 129/69 (II), KA »Manager«, S. 84, 88.
21 BVS Leipzig, Abt. XX/6, 03.11.1965, BStU, MfS, BVS Leipzig, AOP 784/72, S. 64.
22 Vgl. BVS Leipzig Abt. XX/6, Oberleutnant Leopold, Treffbericht, 06.11.1965, ebd., S. 96; BV Leipzig Abt. XX/6, Oberleutnant Leopold, Einschätzung, 06.11.1965, ebd., S. 100.
23 Vgl. KD Leipzig-Land, Eröffnungsbericht zum VOV »Manager«, 11.01.1971, ebd. S. 15–23.
24 Vgl. ebd.; Gespräch mit M. Klotz; Interview mit H.-D. Schmidt; Kunert, Christian »Kuno«, The Times They Are ä Wahnsinn: Gerste, Renft und Rebellion, in: Michael Rauhut/Thomas Kochan (Hg.), Bye bye, Lübben City: Bluesfreaks, Tramps und Hippies in der DDR, Berlin 2004, S. 84/85. Parallel zu Manfred Klotz betrieben Ilja Lasaroff und Karl-Heinz Krause Anfang der 70er auch Plattentauschringe oder waren an ihnen beteiligt. Vgl. Interview mit Ilja Lasaroff, Gespräch mit Karl-Heinz Krause.
25 Vgl. Gespräch mit M. Klotz.
26 Staatsanwalt Leipnitz, Kreisgericht Leipzig, Einstellungsbescheid, 14.03.1972, Privatsammlung M. Klotz, vgl. KD Leipzig-Land, Eröffnungsbericht zum VOV »Manager«, 11.01.1971, BStU, MfS, BVS Leipzig, AOP 784/72, S. 15–23; vgl. Gespräch mit M. Klotz .
27 Vgl. Gespräch mit M. Klotz.
28 Hauptverwaltung Abteilung Zollfahndung, Bericht über die Maßnahmen der Zollverwaltung der DDR zur Bekämpfung der Jugendkriminalität, 18.03.1966, BArch, DC 4/978, unpaginiert.
29 Interview mit Hans-Dieter Schmidt.
30 Interview mit Karl-Heinz Krause in der MDR-Dokumentation »Damals in der DDR: Utopie hinter Mauern«, MDR 2004.
31 Amteuraufnahme, 1965, ebd.
32 Interview mit K.-H. Krause, ebd.
33 Vgl. ebd.
34 Abt. Erlaubniswesen, Einschätzung der Lage in den Gaststätten nach dem Stand vom 31.10.1967, 10.11.1967, StA-L, BDVP Leipzig, 24/1/604, S. 34.
35 VPKA Leipzig, Abt. K, K I/2, Sachbestandsbericht zur Objektakte »Gosse«, 03.02.1966, BStU, MfS, BVS Leipzig, 1575/68, KA »Gosse«, Beiakte zu XIII/1712/67, S. 14.
36 Vgl. ebd., S. 15; VPKA Leipzig, Abt. K, K I/2, Beschluß zur Objektakte »Gosse«, 03.02.1966, ebd., S. 8; VPKA Leipzig, Abt. K, K I/2, Information, 29.01.1966, ebd., S. 103.
37 VPKA Leipzig, Abt. K, K I/2, Beschluß der Kriminalakte »Note«, 23.08.1966, BStU, MfS, BVS Leipzig, AO9 537/67 ZKA »Note«, S. 8; vgl. VPKA Leipzig, Abt. K, Komm. I/2, 23.08.1966, Eröffnungsbericht, ebd., S. 20.
38 Werner Schmidt, vormals Schlagzeuger der »Butlers«, nach dem Ausscheiden Hans-Dieter Schmidts wegen Einziehung zur NVA im Frühjahr 1965, war Gründungsmitglied von »Ikeya Seki«. Den Bandnamen fand er in der Tageszeitung, die in einer Kurzmeldung den Aufgang des »Ikeya Seki« ankündigte. Vgl. Gespräch mit Werner Schmidt.
39 Vgl. VPKA Leipzig, Abt. K, K I/2, Information, 23.09.1966, BStU, MfS, BVS Leipzig, AO9 537/67 ZKA »Note«, S. 198 f.
40 Vgl. ebd.
41 Vgl. Abt. Kriminalpolizei, Beat-Kapellen – Funkspruch vom 04.10.1967, StA-L, BDVP Leipzig 2265, unpaginiert.

42 Vgl. BDVP Leipzig, Im VPKA Leipzig vorhanden gewesene Informationen, Oktober 1968, StA-L, BDVP Leipzig 24/1/420, S. 175–178.
43 Die erste Tabelle zeigt die prozentualen Anteile der ausgewählten Bezirke an der Gesamtkriminalität in der DDR.

Bezirk	1965	1966	1967	1968	1969
Halle	12,0	12,1	11,9	11,2	11,2
Dresden	10,1	9,8	10,6	9,6	9,4
Karl-Marx-Stadt	9,3	10,2	9,8	10,2	9,9
Berlin	9,2	9,5	9,9	9,4	8,2
Leipzig	8,9	8,9	8,9	9,0	9,0

Die zweite Tabelle zeigt die Anzahl jugendlicher Täter, aufgegliedert nach Altersgruppen je 100.000 Einwohner in der jeweiligen Altersgruppe. Die dem Schrägstrich nachgestellte Ziffer verweist auf den Rang auf Bezirksebene. Daraus ergibt sich, dass die Gruppe der 16- bis 21-Jährigen den größten Anteil an jugendlichen Straftätern in Leipzig stellte. Die Stadt lag damit im Vergleich zu den übrigen 14 Bezirken im Mittelfeld. Gruppe B weist kleine Schwankungen auf und pegelt sich in etwa bei 2000/2100 ein. Die Kriminalitätsrate von Gruppe C fällt kontinuierlich ab. Die prozentualen Anteile sind in regionaler wie auch in überregionaler Hinsicht relativ gleichbleibend. Die Anteile der jüngsten Tätergruppe, die in Leipzig gering ausfallen, auf Republikebene jedoch vergleichsweise hoch liegen, steigen von 1965 bis 1967 um etwa ein Drittel an und fallen dann wieder ab.

Altersgruppe im Bezirk Leipzig	1965	1966	1967	1968	1969
(A) 14–16 Jahre	820/7	1136/3	1376/2	1016/5	1000/7
(B) 16–18 Jahre	2180/7	2114/7	2334/4	1996/6	2072/6
(C) 18–21 Jahre	2457/10	2047/12	1968/7	1760/6	1692/9
(D) 21–25 Jahre	1447/12	1500/12	1517/12	1414/11	1415/11

Generalstaatsanwalt der DDR, Regionale Verteilung der Kriminalität 1969, BArch, DC 4/869, unpaginiert.

Inoffizielle Methoden

1 BVS Leipzig, Stellvertreter Operativ, Major Pommer, Maßnahmeplan zur politisch-operativen Bekämpfung der politisch-ideologischen Diversion und Untergrundtätigkeit unter jugendlichen Personen im Bezirk Leipzig, 27.06.1966, a.a.O., S. 39.
2 KD Leipzig-Stadt, Sachbestandsbericht IM »Thomas«, 16.03.1966, a.a.O., S. 47.
3 Ebd., S. 39.
4 Vgl. ebd., S. 56–59.
5 Ebd., S. 115.
6 Vgl. ebd., S. 112–117.
7 Vgl. BStU, MfS, BVS Dresden, AIM 526/67 P.
8 Vgl. BStU, MfS, BVS Leipzig, AOG 1852/85, »Wolf Kaiser«.
9 Vgl. VPKA Döbeln, Abt. K – Sachgebiet 1, Antrag auf Bearbeitung, 01.02.1966, ebd., S. 11.

10 Verpflichtung, 12.07.1977, ebd., S. 17.
11 VPKA Döbeln, Abt. K – Sachgebiet 1, Vorschlag zur Werbung, 12.03.1966, ebd., S. 15.
12 Vgl. ebd.
13 VPKA Döbeln, Abt. K – Sachgebiet 1, Vorschlag zur Übergabe, 07.05.1970, ebd., S. 84/85.
14 Vgl. Speckhardt/Kleefisch, Diss., Halle 1972, BArch, DO 1/5.0 Nr. 215/1.
15 BDVP Leipzig, Abt. K., Maßnahmeplan zum Fest der Freundschaft vom 13.–15.10.1967, 31.7.1967, StA-L, BDVP Leipzig 2266, unpaginiert.
16 Vgl. Beratung zur Vorbereitung »Fest d. Freundschaft« am 9.9.1967, 11.00 Uhr beim Leiter der Abteilung K, ebd.
17 BDVP Leipzig, Abt. K, Einsatzplan für die Zeit vom 12.10.–16.10.1967, 10.10.1967, ebd.
18 BDVP Leipzig, Abt. K, Dez. II, Arbeitsordnung, 06.10.1967, ebd.
19 Vgl. BVS Leipzig, Filtrierpunkt, Bericht für die Zeit vom 13.10.–8.00 bis 14.10.1967–8.00 Uhr, 14.10.1967, ebd.
20 BDVP Leipzig, Abt. K, Abschlussbericht, 16.10.1967, ebd.
21 Vgl. Abt. XIII 1712/67, Erklärung, 15.08.1967, ebd.; BStU, MfS, BVS Leipzig, KD Leipzig-Stadt, Ausspracheberichte, 1967, ebd.; Abschlussbericht, ebd.
22 Vgl. BVS Leipzig, Filtrierpunkt, Bericht für die Zeit vom 12.10.–8.00 bis 13.10.1967–8.00 Uhr, 13.10.1967, ebd.
23 Protokoll, betr. Situationsbericht zur Aussprache und Übergabe von drei Jugendlichen, ebd.

»Time is on my side«
Die Etablierung der Leipziger Szene

1 Zu einem besseren Verständnis der Entstehung von Jugendsubkulturen innerhalb eines Staatsgefüges verhelfen die Forschungsmodelle der Soziologen und Kriminologen der Chicago School in den 1920er Jahren sowie die daran anknüpfenden kulturwissenschaftlichen Arbeiten des in Birmingham angesiedelten Centre for Contemporary Cultural Studies in den 1970ern. Diese gelangten bei der Untersuchung jugendlicher Straßenbanden und Musikszenen zu der Erkenntnis, dass die Jugendlichen aus einer Ablehnungshaltung gegenüber der eingeführten Kultur eigene Symbole, Rituale und Codes etablieren.

Jugendliche versuchen, bestimmte Probleme auf symbolisch-expressive Weise zu lösen. Durch Umkodierungen geben sie scheinbar banalen Objekten – einer genieteten Arbeitshose, einem farbigen Hemd oder einem Moped, aber auch körpersprachlichen Ausdrucksformen wie Frisuren oder Gestik – eine zweite Bedeutung und erzeugen somit Spannungen zwischen herrschenden und untergeordneten Gruppen durch ihr bloßes Erscheinen. Sie wandeln alltägliche Gebrauchsgegenstände in Zeichen der Verweigerung um, die in Verbindung mit einem entsprechend herausfordernden Habitus zu Symbolen des Triumphs werden können. Dadurch erreichen die Jugendlichen ein gewisses Maß an Autonomie.

Für die Bildung einer alternativen Identität wenden sie drei verschiedene Strategien an: (1) sie fordern traditionelle Werte heraus, (2) sie verweigern die Annahme dieser Werte und (3) sie adaptieren Bilder, Stilformen und Ideologien, welche ihnen an anderen Orten, insbesondere in Massenmedien, zur Verfügung gestellt werden. Jeder Stil hat seine eigenen Charakteristika. Man kann sagen, der Stil bringt das Selbstbild der Gruppe hervor. Aber Gruppenidentität entsteht nicht nur durch Prozesse innerhalb der Gemeinschaft, sondern ebenso durch die Auseinandersetzung mit anderen. So ist die wichtigste Funktion eines subkulturellen Stils, dass er Grenzen gegenüber anderen Gruppen definiert. Die Herausforderung, die eine solche jugendliche Subkultur letztlich für die Herrschenden darstellt, besteht darin, dass sie die eingeforderten Normen untergräbt.

In einer pluralistischen Gesellschaft sind von Seiten der herrschenden Kultur zwei Vereinnahmungsformen zu konstatieren: Subkulturelle Stile werden abwechselnd bejubelt (auf der Mode-Seite) oder verlacht und als soziales Problem abgewertet. Subkulturelle Stilelemente können als Trendsetter angesehen und letztlich zu Massenprodukten transformiert werden. Die Mitglieder von Subkulturen können aber auch von den Institutionen (Polizei, Medien, Justiz) mittels Etikettierung und Neudefinition von abweichendem Verhalten für die herrschende Kultur vereinnahmt werden. »Das Andere« wird zunächst trivialisiert, naturalisiert, domestiziert, der Unterschied einfach geleugnet, indem Andersartigkeit auf Gleichheit reduziert wird.

Demgegenüber kann »das Andere« auch in bedeutungslose Exotik umgewandelt und somit zum bloßen Objekt, zum Spektakel oder zum Lächerlichen degradiert werden.

Auch wenn das Modell der Cultural Studies nicht 1:1 auf die SED-Diktatur übertragbar ist, lassen sich eine Reihe von Anknüpfungspunkten bei der Herausbildung und Rezeption von jugendlichen Subkulturen in monopolistischen Gesellschaften wie in pluralistischen Gesellschaften erkennen. Es bleibt künftigen Forschungsprojekten überlassen, Gemeinsamkeiten und Differenzen im Einzelnen herauszuarbeiten.

Vgl. Hebdige, Dick: Subculture: The meaning of style, London 1979; Clarke, John/Berger, Hartwig/Honneth, Axel/Lindner, Rolf/Maas, Utz/Paech, Joachim/Paris, Rainer (Hg.), Jugendkultur als Widerstand: Milieus, Rituale, Provokationen, Frankfurt a.M. 1979; Zur Chicago School: Park, Robert Ezra/Burgess, Ernest W./McKenzie, Roderick D., The City: Suggestions for the Investigation of Human Behavior in the Urban Environment, Chicago 1984; Thrasher, Frederick, The Gang. A Study of 1.313 Gangs in Chicago, Chicago 1927; White, William Foote, Die Street Corner Society: Die Sozialstruktur eines Italienerviertels Berlin/New York 1996. Einen guten Überblick über das Schaffen der Chicago School bietet: Lindner, Rolf, Die Entdeckung der Stadtkultur: Soziologie aus der Erfahrung der Reportage, Frankfurt a.M. 1990.

2 Dr. Hennig, Entwurf eines Rahmenprogramms zur Forschung über »kriminelle Gruppen«, a.a.O., vgl. »Der historische Hintergrund«.

3 Vgl. »Im Zentrum warteten Vopo's mit Wasserwerfern«, Wochenkurier Leipzig, 21.10.1998.

Dokumentenverzeichnis

Interviews

Ingolf Bauer, geb. 1948 in Leipzig, Musiker (Gitarre) bei der »Combo Titania« (1964–1968), später bei »Esprit«, »Cassiopeia«, »Radiostation Disco-Eiland & SOS« ▶ Interview am 25.08.2004

U.-G. Baum, geb. 1949 in Leipzig, Angehörige der »Klaus-Renft-Combo«-Clique, bekannt als »Beat-Maus« ▶ Interview am 04.08.2004

Karl-Heinz Däbritz, geb. 1949 in Leipzig, Angehöriger der Clique vom »Capitol« (1965–1968), verhaftet bei der Beatdemonstration 1965
▶ Interview am 10.08.2004

Jürgen Gössel, geb. 1938 in Seyda (Erzgebirge), Technischer Leiter VEB Lichtspielbetriebe Bezirk Leipzig (1963–1989) ▶ Interview am 26.08.2004

Ralf Hellriegel, geb. 1937 in Leipzig, Kneipier der HO-Gaststätte »Immergrün« (1964–1972)
▶ Interview am 12.07.2004

Helga Jentzsch, geb. 1949 in Leipzig, Beatfan, Lehre im VEB Lichtspielbetriebe Leipzig, Mitarbeit im Vorstand des »Filmklub Capitol«
▶ Interview am 12.07.2004

Manfred Klotz, geb. 1938, Initiator und Betreiber des Leipziger Plattentauschrings (1958–1976), Organisationsleiter der »Butlers« (1964–1965)
▶ Gespräche Anfang Oktober 2005

Wolfram Koschek, geb. 1948 in Leipzig, Beatfan vom »Broadway« in der Georg-Schwarz-Straße, Teilnehmer an der Beatdemonstration 1965
▶ Interview am 06.07.2004

Karl-Heinz Krause, geb. 1949 in Leipzig, Betreiber des »Senders Freies Paunsdorf« (1964–1968), Beteiligter an einem Schallplattentauschring in den 70er Jahren ▶ Gespräch am 05.06.2005

Ilja Lasaroff, geb. 1950 in Sofia, Bulgarien, Betreiber eines Schallplattentauschrings für progressive Musik Ende der 60er/Anfang der 70er Jahre, Angehöriger der »Klaus-Renft-Combo«-Clique
▶ Interview am 05.08.2004

Klaus Renft, geb. Jentzsch, 1942 in Jena, Musiker bei der »Klaus-Renft-Combo« (1958–1962 und 1968–1975), »The Butlers« und dem »Ulf-Willy-Quintett«
▶ Interview am 01.06.2004

Thomas Schiegl, geb. 1944 in Leipzig, Betreiber des »Senders Freies Holzhausen« (1959)
▶ Interview am 04.08.2004

Werner Schmidt, geb. 1939 in Leipzig, Musiker bei »The Butlers« (1965), »Ikeya Seki« (1966), später bei der »Klaus-Renft-Combo«, der »Gerhard-Stein-Combo«, dem »Studio-Team« und »Die Sterne«
▶ Interview am 01.06.2004

Hans-Dieter Schmidt, geb. 1943 in Leipzig, Musiker (Schlagzeug) bei der »Klaus-Renft-Combo« (1957–1963), »The Butlers« (1963–1965), den »Jokers«, »Progressiv« u.a.
▶ Interviews am 03.08. u. 24.08.2004

Peter Washeim, geb. 1949 in Leipzig, Initiator der Beatdemonstration ▶ Interview Bernd Lindner, Uwe Schwabe im Oktober 1995

Dieter Woellner, geb. 1941 in Leipzig, Betreiber des »Senders Freies Holzhausen« (1959)
▶ Interview am 29.06.2004

Archivbestände

Bestand Bundesarchiv Berlin:
BArch, DC 4/808
BArch, DC 4/869
BArch, DC 4/978
BArch, DC 4/1401
BArch, DC 4/1404
BArch, DO 1/5.0/Nr. 215/1
BArch, DO 1/5.0/Nr. 215/2
BArch, DY 30/JIV2/3/1118

Bestand der Bundesbeauftragten für die Unterlagen des Staatssicherheitsdienstes in der ehemaligen Deutschen Demokratischen Republik:
BStU, MfS, BVS Dresden, AIM, 526/67 P.
BStU, MfS, BVS Leipzig, 1575/68, KA »Gosse«, Beiakte zu XIII/1712/67
BStU, MfS, BVS Leipzig, AIM 1318/76.
BStU, MfS, BVS Leipzig, AOG 129/69 (I), KA »Beat«.
BStU, MfS, BVS Leipzig, AOG 129/69 (II), KA »Manager«.
BStU, MfS, BVS Leipzig, AOG 1662/67.
BStU, MfS, BVS Leipzig, AOG 1744/68.
BStU, MfS, BVS Leipzig, AOG 1852/85.
BStU, MfS, BVS Leipzig, AOP 784/72, ZKA »Manager«.
BStU, MfS, BVS Leipzig, AO9 537/67, ZKA »Note«.
BStU, MfS, BVS Leipzig, AO9 1822/68, ZKA »Spieler«.
BStU, MfS, BVS Leipzig, AU 165/60.
BStU, MfS, BVS Leipzig, AU 252/66.

BStU, MfS, BVS Leipzig, AU 367/67.
BStU, MfS, BVS Leipzig, Ltg. 01017/01.
BStU, MfS, BVS Leipzig, Ltg. 402.
BStU, MfS, BVS Leipzig, Ltg. 687.
BStU, MfS, BVS Leipzig, Ltg. 690.
BStU, MfS, BVS Leipzig, Ltg. 697.
BStU, MfS, BVS Leipzig, Ltg. 764/03
BStU, MfS, BVS Leipzig, Ltg. 1717.
BStU, MfS, HA IX 1038.
BStU, MfS, HA IX HFI 11845.
BStU, MfS, HA IX MFI 11832.
BStU, MfS, JHS Potsdam, Mikrofilmstelle, HFI 11845.
BStU, MfS, ZAIG 1129.

Bestand Polizeihistorische Sammlung beim Polizeipräsidenten in Berlin
S 1 – 1/65: Monatsbericht über die Tätigkeit der [West-Berliner] Schutzpolizei im September 1965, 07.10.1965.
Fotosammlung DVP.

Bestand Sächsisches Staatsarchiv Leipzig:
StA-L, BDVP Leipzig, 24/108.
StA-L, BDVP Leipzig, 24/110.
StA-L, BDVP Leipzig, 24/113.
StA-L, BDVP Leipzig, 24/262.
StA-L, BDVP Leipzig, 24/1/236.
StA-L, BDVP Leipzig, 24/1/396.
StA-L, BDVP Leipzig, 24/1/397.
StA-L, BDVP Leipzig, 24/1/420.
StA-L, BDVP Leipzig, 24/1/431.
StA-L, BDVP Leipzig, 24/1/603.
StA-L, BDVP Leipzig, 24/1/604.
StA-L, BDVP Leipzig, 24/1/929.
StA-L, BDVP Leipzig, 2265.
StA-L, BDVP Leipzig, 2266.
StA-L, SED-BL Leipzig, IV A-2/9/02/365.
StA-L, SED-BL Leipzig, IV A-2/16/461.
StA-L, SED-BL Leipzig, IV A-2/16/464.
StA-L, SED-BL Leipzig, IV A-5/01/247.

Zeitgeschichtliche Dokumente

Beschluß des Politbüros des ZK vom 24. Januar 1956, Der Jugend unser Herz und unsere Hilfe, in: Dokumente der SED, Bd. VI, Berlin 1958, S. 347–365.
Die Lesemappe [zum 11. Plenum], in: Agde, Kahlschlag, a.a.O., S. 198–237.
Honecker, Erich, Bericht des Politbüros an die 11. Tagung des ZK der SED, Auszug, in: Agde, Kahlschlag, a.a.O. S. 238–251.
Kommuniqué des Politbüros des Zentralkomitees der Sozialistischen Einheitspartei Deutschlands zu Problemen der Jugend in der Deutschen Demokratischen Republik, Der Jugend Vertrauen und Verantwortung, in: Zentralkomitee der Sozialistischen Einheitspartei Deutschlands (Hg.), Dokumente der Sozialistischen Einheitspartei Deutschlands: Beschlüsse und Erklärungen des Zentralkomitees sowie seines Politbüros und seines Sekretariats, Bd. IX, Berlin 1965, S. 679–706.
Regierungskanzlei der Deutschen Demokratischen Republik, Gesetzesblätter der Deutschen Demokratischen Republik, Teil 2, 25.08.1961, Berlin 1961, S. 343.
SED-Pb, Bericht, 15.12.1965, SAPMO-BArch, DY/30/IV 2/1/336, Auszüge, in: Ohse, Jugend, a.a.O., S. 105–106.
Sozialistische Einheitspartei Deutschlands, Heiße Musik und Kalter Krieg, Schwerin 1960.
Stenografisches Protokoll der 11. Tagung, Bericht des Politbüros, Berichterstatter Erich Honecker, Auszüge, in: Agde, Kahlschlag, a.a.O., S. 238–251.
Ulbricht, Walter, An die 1. Sekretäre der Bezirksleitung der SED, 02.11.1965, in: Agde, Kahlschlag, a.a.O., S. 221–222.
VEB Kreis-Lichtspielbetrieb Leipzig Stadt (Hg.), Film, Programme und Spielzeiten sämtlicher Leipziger Lichtspieltheater, September 1960.
VEB Progress Film Vertrieb (Hg.), Programm zum DEFA-Film »Die Glatzkopfbande«, Heft 16, 1963.
Zentralvorstand der Gewerkschaft Unterricht und Erziehung, Abteilung Propaganda, Agitation, Presse in Zusammenarbeit mit dem Pädagogischen Zentralinstitut (Hg.), Die Saat der Gewalt. Zum Rowdytum in Westdeutschland, Reihe: Schule und Erziehung in Westdeutschland, Berlin 1961.

Filmdokumente

Aehnlich, Kathrin/Meier, André, Soundtrack Ost – Macht und Musik in der DDR, ARTE/ MDR 2004.
Damals in der DDR, Teil II; Utopie hinter Mauern, MDR 2004.
Kleinert, Karoline/Joksch, Reinhard, Heiße Rhythmen, Kalter Krieg, MDR 2004.

Sekundärliteratur

Handbücher

Baacke, Dieter (Hg.), Handbuch Jugend und Musik, Opladen 1997.

Diedrich, Torsten/Ehlert, Hans/Wenze, Rüdiger (Hg.), Im Dienste der Partei: Handbuch der bewaffneten Organe der DDR, Berlin 1998.

Müller-Enbergs, Helmut/Wielgohs, Jan/Hoffmann, Dieter (Hg.), Wer war wer in der DDR? Ein biographisches Lexikon, Berlin 2001.

Schulze, Edeltraud/Noack, Gert (Hg.), DDR-Jugend. Ein statistisches Handbuch, Institut für zeitgeschichtliche Jugendforschung e.V., Berlin 1995.

Suckut, Siegfried (Hg.), Das Wörterbuch der Staatssicherheit: Definitionen zur »politisch-operativen Arbeit«, Berlin 1996.

Aufsätze, Monographien, Sammelwerke

Agde, Günter (Hg.), Kahlschlag: Das 11. Plenum des ZK der SED 1965. Studien und Dokumente, Berlin 2000.

Ahbe, Thomas/Hofmann, Michael, Es kann nur besser werden: Erinnerungen an die 50er Jahre in Sachsen, Leipzig 2001.

Baacke, Dieter, Die Welt der Musik und die Jugend. Eine Einleitung, in: ders., Handbuch Jugend und Musik, a.a.O., S. 9–28.

Ders., Jugend und Jugendkulturen. Darstellung und Deutung, Weinheim/München 1993.

Ders./Volkmer, Ingrid/Dollase, Rainer/Dresing, Uschi, Jugend und Mode: Kleidung als Selbstinszenierung, Opladen 1988.

Barthes, Roland, Mythen des Alltags, Frankfurt a.M. 2003.

Bauhaus, Andreas, Jugendpresse, -hörfunk und -fernsehen in der DDR: ein Spagat zwischen FDJ-Interessen und Rezipientenbedürfnissen, Münster 1994.

Bennewitz, Inge, Die Glatzkopfbande. Ein DEFA-Spielfilm und seine Hintergründe, in: Timmermann, Deutsche Fragen, a.a.O., S. 335–351.

Brüsemeister, Thomas, Qualitative Forschung. Ein Überblick, Hagener Studientexte zur Soziologie, Bd. 6, Wiesbaden 2000.

Clarke, John, Stil, in: ders.: Jugendkultur als Widerstand, a.a.O., S. 132–145.

Ders./Berger, Hartwig/Honneth, Axel/Lindner, Rolf/Maas, Utz/Paech, Joachim/Paris, Rainer (Hg.), Jugendkultur als Widerstand: Milieus, Rituale, Provokationen, Frankfurt a.M. 1979.

Ders./Hall, Stuart/Jefferson, Tony/Roberts, Brian, Subkulturen, Kulturen und Klasse, in: ders., Jugendkultur als Widerstand, a.a.O., S. 39–131.

Engelmann, Roger, Zum Quellenwert der Unterlagen des Ministeriums für Staatssicherheit, in: Henke/Engelmann, Aktenlage, a.a.O., S. 23–39.

Ferchhoff, Wilfried, Musik- und Jugendkulturen in den 50er und 60er Jahren. Vom Rock 'n' Roll der »Halbstarken« über den Beat zum Rock und Pop, in: Baacke, Handbuch Jugend und Musik, a.a.O., S. 217–251.

Friedrich, Walter/Förster, Peter/Starke, Kurt, Das Zentralinstitut für Jugendforschung Leipzig 1966–1990: Geschichte, Methoden, Erkenntnisse, Berlin 1999.

Fuchs-Heinritz, Werner, Biographische Forschung. Eine Einführung in Praxis und Methoden, Hagener Studientexte zur Soziologie, Bd. 5, Opladen/Wiesbaden 2000.

Gieseke, Jens, Die DDR-Staatssicherheit. Schild und Schwert der Partei, Bonn 2000.

Grotum, Thomas, Die Halbstarken: Zur Geschichte einer Jugendkultur der 50er Jahre, Frankfurt a.M./New York 1994.

Gruchmann, Lothar, Jugendopposition und Justiz im Dritten Reich, in: Wolfgang Benz, (Hg.), Miscellanea: Festschrift für Helmut Krausnick zum 75. Geburtstag, Stuttgart 1980, S. 103–130.

Hebdige, Dick, Subculture: The meaning of style, London 1979 (Dt.: Diederichsen/Diedrich/Hebdige, Dick/Marx, Olaph-Dante, Schocker: Stile und Moden der Subkultur, Reinbek 1983).

Ders., Versteckspiel im Rampenlicht, in: Lindner/Wiebe, Verborgen im Licht, a.a.O., S. 186–205.

Henke, Klaus-Dietmar/Steinbach, Peter/Tuchel, Johannes (Hg.), Widerstand und Opposition in der DDR, Schriften des Hannah-Arendt-Instituts für Totalitarismusforschung, Bd. 9, Köln/Weimar/Wien 1999.

Ders./Engelmann, Roger, Aktenlage: Die Bedeutung der Unterlagen des Staatssicherheitsdienstes für die Zeitgeschichtsforschung, Berlin 1995.

Herrmann, Ulrich (Hg.), Protestierende Jugend: Jugendopposition und politischer Protest in der deutschen Nachkriegsgeschichte, Weinheim/München 2002.

Hofmann, Heinz Peter, Beat: Rock, Rhythm & Blues, Soul, Berlin (Ost) 1976.

Huck, Gerhard (Hg.), Sozialgeschichte der Freizeit. Untersuchungen zum Wandel der Alltagskultur in Deutschland, Wuppertal 1982.

Imbusch, Peter (Hg.), Macht und Herrschaft: Sozialwissenschaftliche Konzeptionen und Theorien, Opladen 1998.

Jerrentrup, Ansgar, Popularmusik als Ausdrucksmedium Jugendlicher, in: Baacke, Handbuch Jugend und Musik, a.a.O., S. 59–92.

Judt, Matthias (Hg.), DDR-Geschichte in Dokumenten: Beschlüsse, Berichte, interne Materialien und Alltagszeugnisse, Bonn 1998.

Ders., »Nur für den Dienstgebrauch«: Arbeiten mit Texten einer deutschen Diktatur, in: Lüdtke/ Becker, Akten, a.a.O., S. 30–38.

Kaelble, Hartmut/Kocka, Jürgen/Zwahr, Hartmut (Hg.), Sozialgeschichte der DDR, Stuttgart 1994.

Kaiser, Günther, Randalierende Jugend: Eine soziologische und kriminologische Studie über die sogenannten ›Halbstarken‹, Heidelberg 1959.

Kaiser, Monika, Machtwechsel von Ulbricht zu Honecker. Funktionsmechanismen der SED-Diktatur in Konfliktsituationen 1962 bis 1972, Berlin 1997.

Kleßmann, Christoph, Zwei Staaten, eine Nation: Deutsche Geschichte 1955–1970, Bonn 1997.

König, Ingelore/Wiedemann, Dieter/Wolf, Lothar (Hg.), Zwischen Bluejeans und Blauhemden: Jugendfilm in Ost und West, Berlin 1995.

Königstein, Horst, Tanz mit mir mein Mädel, in: Baacke, Handbuch Jugend und Musik, a.a.O., S. 320–335.

Kraushaar, Wolfgang, Die Protest-Chronik 1949–1959. Eine illustrierte Geschichte von Bewegung, Widerstand und Utopie, Frankfurt a.M. 2000.

Krenzlin, Leonore, Vom Jugendkommuniqué zur Dichterschelte, in: Agde, Kahlschlag, a.a.O., S. 154–164.

Krüger, Heinz-Hermann (Hg) »Die Elvis-Tolle, die hatte ich mir unauffällig wachsen lassen«: Lebensgeschichte und jugendliche Alltagskultur in den fünfziger Jahren, Opladen 1985.

Kunert, Christian »Kuno«, The Times They Are ä Wahnsinn: Gerste, Renft und Rebellion, in: Rauhut/Kochan, Bye bye, Lübben City, a.a.O., 84–85.

Lindenberger, Thomas, Herrschaft und Eigen-Sinn in der Diktatur: Studien zur Gesellschaftsgeschichte der DDR, Zeithistorische Studien, Bd. 12, Köln/ Weimar/Wien 1999.

Ders., Volkspolizei: Herrschaftspraxis und öffentliche Ordnung im SED-Staat 1952–1968, Zeithistorische Studien, Bd. 23, Köln/Weimar/Wien 2003.

Lindner, Bernd, »Bau auf, Freie Deutsche Jugend« – und was dann? Kriterien für ein Modell der Jugendgenerationen der DDR, in: Reulecke, Generationalität und Lebensgeschichte im 20. Jahrhundert, a.a.O., S. 188–215.

Lindner, Rolf, Apropos Stil: Einige Anmerkungen zu einem Trend und seinen Folgen, in: Lindner/ Wiebe, Verborgen im Licht, a.a.O., S. 206–216.

Ders., Die Entdeckung der Stadtkultur: Soziologie aus der Erfahrung der Reportage, Frankfurt a.M. 1990.

Ders. F./Wiebe, Hans-Hermann (Hg.), Verborgen im Licht, Neues zur Jugendfrage: Veröffentlichung der Diskussionsbeiträge der Englisch-Deutschen Konferenz für Jugendbuchforschung in der Evangelischen Akademie Nordelbien, Bad Segeberg, Frankfurt a.M. 1985.

Lüdtke, Alf (Hg.), Alltagsgeschichte: Zur Rekonstruktion historischer Erfahrungen und Lebensweisen, Frankfurt a.M./New York 1989.

Ders., »... den Menschen vergessen«? – oder: Das Maß der Sicherheit: Arbeiterverhalten der 1950er Jahre im Blick von MfS, SED, FDGB und staatlichen Leitungen, in: ders./ Becker, Akten, a.a.O., S. 189–222.

Ders., Sprache und Herrschaft in der DDR. Einleitende Überlegungen, in: ders./Becker, Akten, a.a.O., S. 11–26.

Ders./Becker, Peter (Hg.), Akten, Eingaben, Schaufenster: Die DDR und ihre Texte. Erkundungen zu Herrschaft und Alltag, Berlin 1997.

Maase, Kaspar, Bravo Amerika: Erkundungen zur Jugendkultur der Bundesrepublik in den fünfziger Jahren, Hamburg 1992.

Mählert, Ulrich/Stephan, Gerd-Rüdiger, Blaue Hemden – rote Fahnen: Die Geschichte der Freien Deutschen Jugend, Opladen 1996.

Mannheim, Karl, Das Problem der Generationen, in: ders., Wissenssoziologie. Auswahl aus dem Werk, Darmstadt 1964, S. 509–565.

Moser, Johannes, Jugendkulturen: Recherchen in Frankfurt am Main und London, Institut für Kulturanthropologie und Europäische Ethnologie, Frankfurt a.M. 2000.

Neubert, Ehrhart, Was waren Opposition, Widerstand und Dissidenz in der DDR? Zur Kategorisierung politischer Gegnerschaft, in: Hermann, Protestierende Jugend, a.a.O., S. 273–300.

Niethammer, Lutz (Hg), Lebenserfahrung und kollektives Gedächtnis: Die Praxis der »Oral History«, Frankfurt a.M. 1980.

Ders./Wierling, Dorothee/Plato, Alexander von, Die volkseigene Erfahrung: Eine Archäologie des

Lebens in der Industrieprovinz der DDR. 30 biographische Eröffnungen, Berlin 1991.

Ohse, Marc-Dietrich, Jugend nach dem Mauerbau: Anpassung, Protest und Eigensinn (DDR 1961–1974), Berlin 2003.

Park, Robert Ezra/Burgess, Ernest W./McKenzie, Roderick D., The City: Suggestions for the Investigations of Human Behavior in the Urban Environment, Chicago 1984.

Penzel, Katrin, Studien zur Institutionalisierung von Rockmusik. DDR-Rockmusik im Gefüge der Institutionen des gesellschaftlichen Kulturbereiches, Diss., Berlin (Ost) 1989.

Peukert, Detlev, Edelweißpiraten, Meuten, Swing: Jugendsubkulturen im Dritten Reich, in: Huck, Sozialgeschichte der Freizeit, a.a.O., S. 307–327.

Poiger, Uta G., Jazz, Rock and Rebels: Cold War Politics and American Culture in a divided Germany, Berkeley/London/Los Angeles 2000.

Rauhut, Michael, Beat in der Grauzone: DDR-Rock 1964 bis 1972. Politik und Alltag, Berlin 1993.

Ders., DDR-Beatmusik zwischen Engagement und Repression, in: Agde, Kahlschlag, a.a.O., S. 122–133.

Ders., Rock in der DDR: 1964 bis 1989, Bonn 2002.

Ders./Kochan, Thomas (Hg.), Bye bye, Lübben City: Bluesfreaks, Tramps und Hippies in der DDR, Berlin 2004.

Reulecke, Jürgen (Hg.), Generationalität und Lebensgeschichte im 20. Jahrhundert, München 2003.

Schelsky, Helmut, Die skeptische Generation: Eine Soziologie der deutschen Jugend, Düsseldorf/Köln 1957.

Schildt, Axel/Siegfried, Detlef/Lammers, Karl Christian (Hg.), Dynamische Zeiten: Die 60er Jahre in beiden deutschen Gesellschaften, Hamburg 2000.

Schnell, Rainer/Hill, Paul B./Esser, Elke, Methoden der empirischen Sozialforschung, München/Wien 1999.

Schöttler, Peter, Mentalitäten, Ideologien, Diskurse: Zur sozialgeschichtlichen Thematisierung der ›dritten Ebene‹, in: Lüdtke, Alltagsgeschichte, a.a.O., S. 85–117.

Schroeder, Friedrich-Christian: Die Entwicklung des politischen Strafrechts, in: Im Namen des Volkes? Über die Justiz im Staat der SED. Wissenschaftlicher Begleitband zur Ausstellung des Bundesministers der Justiz, Leipzig 1996, S. 107–111.

Schröter, Ulrich, Das leitende Interesse des Schreibenden als Bedingungsmerkmal der Verschriftlichung. Schwierigkeiten bei der Auswertung von MfS-Akten, in: Henke/Engelmann, Aktenlage, a.a.O., S. 40–46.

Skyba, Peter, Vom Hoffnungsträger zum Sicherheitsrisiko: Jugend in der DDR und Jugendpolitik der SED 1949–61, Köln/Weimar/Wien 2000.

Suckut, Siegfried (Hg.), »Politisch-operative Arbeit«, in: Wörterbuch der Staatssicherheit: Definitionen zur »politisch-operativen Arbeit«, Berlin 1996, S. 336f.

Sywottek, Arnold, Die DDR in den 60er Jahren, in: Schildt/Siegfried/Lammers, Dynamische Zeiten, a.a.O., S. 54–76.

Tenbruck, Friedrich, Jugend und Gesellschaft: Soziologische Perspektiven, Freiburg i. Br. 1965.

Thrasher, Frederick, The Gang. A Study of 1.313 Gangs in Chicago, Chicago 1927.

Timmermann, Heiner (Hg.), Deutsche Fragen: Von der Teilung zur Einheit. Dokumente und Schriften der Europäischen Akademie Otzenhausen e.V., Bd. 97, Berlin 2001.

Ulrich, Andreas/Wagner, Jörg (Hg.), DT 64: Das Buch zum Jugendradio 1964–1993, Leipzig 1993.

Vorländer, Herwart, Oral History: Mündlich erfragte Geschichte. Acht Beiträge, Göttingen 1990.

Waibel, Harry, Jugendliche Rechtsextremisten in der DDR und die Reaktionen der FDJ, in: Gotschlich, Helga (Hg.), »Links und links und Schritt gehalten ...«: Die FDJ. Konzepte – Abläufe – Grenzen, Berlin 1994, S. 276–289.

Weber, Hermann, Die DDR 1945–1990, Oldenborg Grundriß der Geschichte, Bd. 20, München 1993.

Wede, Jürgen, Erinnerungen eines Betroffenen, in: Rauhut, Beat, a.a.O., S. 151–155.

Whyte, William Foote, Die Street Corner Society: Die Sozialstruktur eines Italienerviertels, Berlin/New York 1996.

Wicke, Peter, Anatomie des Rock, Leipzig 1987.

Ders., Rock Around Socialism: Jugend und ihre Musik in einer gescheiterten Gesellschaft, in: Baacke, Handbuch Jugend und Musik, a.a.O., S. 293–304.

Wierling, Dorothee, Der Staat, die Jugend und der Westen. Texte zu Konflikten der 1960er Jahre, in: Lüdtke/Becker, Akten. a.a.O., S. 223–240.

Ders., Die Jugend als innerer Feind: Konflikte der Erziehungsdiktatur der sechziger Jahre, in: Kaelble/Kocka/Zwahr, Sozialgeschichte der DDR, a.a.O., S. 404–425.

Ders., Erzieher und Erzogene. Zu Generationsprofilen in der DDR der 60er Jahre, in: Schildt/Siegfried/Lammers, Dynamische Zeiten, a.a.O., S. 624–641.

Ders., Geboren im Jahr Eins: Der Jahrgang 1949 in der DDR. Versuch einer Kollektivbiographie, Berlin 2002.

Willis, Paul, Spaß am Widerstand. Gegenkultur in der Arbeiterschule, Frankfurt a. M. 1979.

Zinnecker, Jürgen, »Halbstarke« – die andere Seite der 68er-Generation, in: Herrmann, Protestierende Jugend, a. a. O., S. 461–486.

Artikel in wissenschaftlichen Zeitschriften

Baacke, Dieter/Ferchhoff, Wilfried, Der Abschied vom traditionellen Jugendsubkulturkonzept, in: Forschungsjournal Neue Soziale Bewegungen, Jg. 8, Heft 2, 1995, S. 33–46.

Geißler, Gert, Landfriedensbrecher: Eine zeitweilige Festnahme am 31. Oktober 1965 in Leipzig, in: Deutsche Lehrerzeitung, 44, 1997, S. 10–11.

Hofmann, Heinz Peter, Alles tanzte »Lipsi«, in: Musik und Gesellschaft, Jg. 9, Heft 2, 1959, S. 5–7.

Lüdtke, Alf, Die DDR als Geschichte. Zur Geschichtsschreibung über die DDR, in: Aus Politik und Zeitgeschichte, Beilage zur Wochenzeitung Das Parlament, 36, 1998, S. 3–16.

Maase, Kaspar, Körper, Konsum, Genuss: Jugendkultur und mentaler Wandel, in: Aus Politik und Zeitgeschichte, Beilage zur Wochenzeitung Das Parlament, B 45, 2003, S. 9–16.

Peukert, Detlev, Die »Halbstarken«: Protestverhalten von Arbeiterjugendlichen zwischen Wilhelminischem Kaiserreich und Ära Adenauer, in: Zeitschrift für Pädagogik, 30, 1984, S. 533–548.

Poiger, Uta G., Amerikanisierung oder Internationalisierung? Populärkultur in beiden deutschen Staaten, in: Aus Politik und Zeitgeschichte, Beilage zur Wochenzeitung Das Parlament, B 45, 2003, S. 17–24.

Autobiographische und literarische Quellen

Lange, Bernd-Lutz, Mauer, Jeans und Prager Frühling, Leipzig 2003.

Loest, Erich, Es geht seinen Gang, Halle/Leipzig 1977.

Renft, Klaus, Zwischen Liebe und Zorn. Die Autobiografie, Berlin 1997.

Presse

»Kamm drüber: Die Harlekine von Lichtenberg«, Eulenspiegel, Nr. 42, Oktober 1965.

»Eine Lektion für den Leitgammler«, JW, 19. Jg., Nr. 250 A, 23./24. 10. 1965

»Gerichtliches Rock 'n-Roll-Nachspiel«, LVZ, 29. 09. 1957.

»Arbeiter dulden keine Kudamm-Manieren«, LVZ, 03. 07. 1958.

»Vogelscheuchen in der Petersstraße«, LVZ, 23. 07. 1958.

»Der Zwinger auf dem Hinterteil. Leserbriefe zu unserem Beitrag ›Vogelscheuchen in der Petersstraße‹«, LVZ, 30. 07. 1958.

»Keine Frage der Mode, sondern der Politik. Was steckt hinter den ›Vogelscheuchen‹?«, LVZ, 14. 08. 1958.

»Rowdys in Haft genommen«, LVZ, 13. 10. 1959.

»Sie nannten sich ›Wilde 13‹«, LVZ, 14. 10. 1960

»Springer-Presse putschte zu schweren Ausschreitungen in Westberlin auf, Beat-Fans demolierten 17 S-Bahn-Züge«, LVZ, 17. 09. 1965.

»Pinscher, Index und Banausen. Zu Problemen der Westdeutschen Kulturpolitik«, LVZ, 13. 10. 1965.

»Dem Missbrauch der Jugend keinen Raum«, LVZ, 20. 10. 1965.

»Für Ordnung und Sauberkeit. Prozeß gegen junge Aufrührer auf der Leipziger Kleinmesse«, LVZ, 24. 10. 1965.

»Aufforderung an die Laientanzkapellen der Stadt Leipzig«, LVZ, 28. 10. 1965.

»Wer ist denn gegen Gitarrenmusik?«, LVZ, 30. 10. 1965.

»Ruhestörern und Rowdys das Handwerk gelegt«, LVZ, 01. 11. 1965.

»Im Geiste des Jugendkommuniqués an die Arbeit. Aus den Ausführungen des Genossen Harry Mahn, Erster Sekretär der FDJ-Bezirksleitung, auf der 4. Bezirksleitungssitzung der FDJ«, LVZ, 03. 11. 1965.

»›The Beatles‹, Ledernacken, Aggression. Noch einmal zum Thema ›Dem Mißbrauch der Jugend keinen Raum‹«, LVZ, 05. 11. 1965.

»Für Ordnung und Sauberkeit«, LVZ, 06. 11. 1965.

»Moderne Musik für moderne Menschen«, LVZ, 06. 11. 1965.

»US-Army – US-Dollar, Bezeichnende ›Lebensideale‹ von Beatkult-Anhängern«, LVZ, 06. 11. 1965.

»Rowdys beeinträchtigten ein normales Leben«, LVZ, 09. 10. 1989.

»Die Schlacht in der Waldbühne«, ND, 17. 09. 1965.

»Die Amateur-Gammler von Max Stiller«, ND, 17. 10. 1965.

»Im Zentrum warteten Vopo's mit Wasserwerfern«, Wochenkurier Leipzig, 21. 10. 1998

Herausgeber und Autorin

Rainer Eckert geboren 1950, 1969 bis 1972 Studium der Archivwissenschaft und Geschichte, 1972 Universitätsverweis im Zuge politischer Verfolgung, 1975 Diplom-Archivar, 1984 Promotion, 1997 Leiter der Projektgruppe Leipzig und ab 1998 der Stiftung Haus der Geschichte/Zeitgeschichtliches Forum Leipzig, 2001 Direktor der Stiftung Haus der Geschichte/Zeitgeschichtliches Forum Leipzig, 2001 Habilitation und Privatdozent an der Freien Universität Berlin, 2003 Privatdozent am Institut für Kulturwissenschaften der Universität Leipzig, seit 1989 zahlreiche Veröffentlichungen zum Thema Widerstand und Opposition u. a.

Uwe Schwabe geboren 1962, engagierte sich seit 1984 in der Bürgerbewegung, Mitbegründer der Initiativgruppe Leben, Leipzig, 1989 Mitbegründer und Regionalsprecher des Neuen Forums, 1990 Mitbegründer und Vorstand des Archivs Bürgerbewegung Leipzig e.V., seit 1994 Mitarbeiter der Stiftung Haus der Geschichte/Zeitgeschichtliches Forum Leipzig, Veröffentlichungen zur Oppositionsbewegung in Leipzig.

Yvonne Liebing geboren 1979 in Leipzig, Kindheit in Karl-Marx-Stadt (seit 1990 Chemnitz), dort 1997 Abitur, 1998 – 2005 Studium der Kulturwissenschaften, Ethnologie und Medien- und Kommunikationswissenschaften an der Universität Leipzig; ihre Magisterarbeit, im Fachbereich Kulturgeschichte liegt diesem Buch zugrunde. 1997/98 Au Pair in Connecticut (USA); 2000/01 unterstützte sie das australische Aboriginal Tent Embassy in Sydney und Wollongong, Lektorat für die Konzeption eines Readers der Indigenous Health Section der Universität Wollongong mit Gedichten und Geschichten unter dem Titel »My heroes will always be black fellas« von Frank Doolan, aktiv in der Unabhängigkeitsbewegung der Ureinwohner Australiens; seit 2005 angestellt im Archiv Bürgerbewegung Leipzig e.V. und dort mit der Vorbereitung DDR-spezifischer Projekte und der Koordination der Wanderausstellung »All you need is beat« befasst.